SBS 스페셜
상위 1% 두뇌를 만드는
집밥의 힘

상위 1% 두뇌를 만드는
집밥의 힘

SBS스페셜화제작
'밥상머리의 작은기적' 실천편

SBS스페셜 제작팀 지음 | 피정민 엮음

추 | 천 | 사

부모가 먼저 알아야 할 집밥의 비밀

발달 정도에 따라 조금씩 차이가 있지만, 돌이 지나면 아이는 본격적으로 밥과 반찬을 주식으로 먹게 된다. 이때쯤이면 먹는 문제에 대한 부모들의 고민도 조금 줄어드는데, 아이가 먹을 수 있는 음식이 그만큼 다양해지기 때문이다. 이때부터 엄마들의 고민은 '무엇을 먹일까'에서 '무엇을 가르칠까'로 옮겨간다. 무엇이든 일단 잘만 먹으면 안심하면서, 본격적인 학습에 몰입하는 것이다. 이후 아이가 자라 성인이 될 때까지 성적과 관련한 학업 문제는 부모들의 가장 큰 화두가 된다. 아이가 무엇을 어떻게 먹고 있는지에 대해 진지하게 고민하는 부모는 거의 없다고 봐도 좋을 정도다.

하지만 이런 부모들이 한 가지 모르는 사실이 있다. 부모들이 그토록 원하는 지능 발달이나 성적 향상의 비밀을 다름 아닌 음식에서 찾을 수 있다는 것이다. 학령기 자녀를 둔 부모 중 다수가 학원과 과외 등을 통해 학습 능력이 커진다고 생각하지만, 이는 커다란 착각이다. 진료실에서 아이들을 만나다 보면 변변한 사교육 없이 성적이 좋고 성격도 원만한 아이들이 있는 반면, 값비싼 과외에 학원순례까지 병행하면서도 성적이 오르기는커녕 갈수록 버릇이 나빠지는 아이들도 있다.

두 경우를 두고 보자면 가장 큰 차이는 바로 '식생활'에 있다. 전자의 아이들이 밥과 국, 나물과 생선으로 구성된 한국식 집밥을 먹는다면, 후자는 아침은 굶다시피 하고, 점심과 저녁도 인스턴트식품이나 패스트푸드로 대충 때우는 경우다.

한국 집밥의 특징은 다양한 음식재료를 쓴다는 것과, 같은 재료라도 조리법에 따라 색과 질감, 맛 등에 차이가 있다는 것이다. 음식 고유의 색과 향은 물론, 씹고 넘기기까지 입안에서 느껴지는 촉감이 제각각이다. 따라서 제대로 갖춰진 집밥을 먹는 것만으로도 오감이 자극을 받는 상황에 놓이게 된다. 결국 밥과 국, 반찬 몇 가지로 이뤄진 밥상을 끼니마다 잘 챙겨먹기만 해도 엄마들이 그토록 원하는 두뇌발달이 이뤄지는 것이다.

반면 패스트푸드나 인스턴트식품을 먹을 경우 그 안에 포함된 식품첨가물이 비타민과 미네랄을 급격히 소모시키고, 그 결과 지능과 감정을 통제하는 뇌의 신경전달물질이 제대로 분비되지 않아 학습 능력이 떨어지는 것은 물론 성격도 공격적으로 변하고 만다.

하지만 많은 부모가 이런 사실을 무시한 채, 뇌 발달에 좋다는 영양제나 특정 음식에만 관심을 두고 온통 가르치는 것에 집중한다. 심지어 학원이나 과외 시간을 맞추기 위해 밥 대신 햄버거나 피자를 사주기도 한다. '한두 번 먹는다고 큰 문제가 있을까', '괜찮으니까 팔겠지' 하며 말이다.

나는 그런 부모들에게 아이의 성장 발달에 대한 공부부터 먼저 하라고 말한다. 부모들이 그토록 원하는 '똑똑하고 건강한 아이'의 해답은 바로 발달에 대한 바른 이해에 있기 때문이다. 그러다보면 아이의 입으로 들어가는 음식이 수

학문제나 영어단어를 익히는 것보다 훨씬 중요하다는 것도 알게 될 것이다.

이와 함께 실천 가능한 현실적인 대안을 마련하라는 말도 덧붙이고 싶다. 한 예로 유기농 식품에 대한 집착이 그렇다. 밥상 위에 오르는 모든 음식은 일회성이 아닌, 우리가 생명활동을 하는 동안 계속 이어가야 할 대상이다. 물론 아이 입에 들어가는 음식이 농약 없이 깨끗하게 자란 것이라면 그보다 더 좋을 수는 없다. 하지만 고비용에 구하기도 쉽지 않은 유기농 식품을 가끔 먹는 것보다는, 다소 저렴해도 일반 농산물을 신선한 상태에서 때마다 자주 섭취하는 것이 더 바람직하지 않을까.

먹는 것 하나 안심하지 못하는 세상에서 부모 노릇을 하는 것이 쉽지는 않을 것이다. 진료실에서 "그럼 뭘 어떻게 먹여야 하나요?" 하고 묻는 엄마들도 많다. 하지만 이럴 때일수록 기본과 원칙을 제대로 지키는 마음가짐이 필요하다.

그런 의미에서 이 책은 부모들에게 바른 먹거리에 대한 원칙은 물론, 부모됨의 마음가짐도 되돌아보게 한다. 대대손손 이어져 내려온 한국의 집밥 속에 최신 교육이론도 뛰어넘을 수 없는 교육의 해법이 담겼다는 것을 깨닫게 된다.

온가족이 함께 모여 앉아 나눠먹는 '집밥 문화'가 점차 사라지는 요즘, 한국의 집밥 속에 담긴 교육적 가치와 성장 발달의 열쇠를 다룬 이 책이 우리 아이들에게 따뜻한 밥상을 되돌려줄 계기가 되었으면 하는 바람이다.

-고시환(소아청소년과 전문의)

추 | 천 | 사

집밥과 밥상머리 대화

정확히 이유를 들어 말하기 힘들지는 몰라도, 그저 막연히 집밥이 건강에 좋을 것이라는 생각은 어지간한 사람이라면 다 하는 것 같다. 하지만 1960년대처럼 국민의 반 이상이 농업에 종사했던 농업국가가 아니라, IT강국을 외치는 전형적 산업국가인 현재의 우리나라에서는 대부분의 사람들에게 하루 세 끼 집밥을 고수하는 것이 사실상 불가능해졌다.

특히, 전 세계적으로 여성 취업률과 국가 경제발전이 평행선을 긋는다는 것이 드러나면서, 우리나라에서도 여성 취업이 늘어 직업을 가진 어머니들이 늘고 가족의 식생활은 변했다.

솔직히 나 역시 이 시대에 살아가는 직업여성으로서, 가족의 식생활을 챙기기란 보통 힘든 일이 아니다. 누군가 나에게 "어머니가 영양학자이니 그 집 식구들은 정말 영양적으로 우수한 것만 먹고 살겠다"고 했지만 사실은 그렇지 못하다. 아이들이 자라고 나의 직장생활이 점점 바빠지면서 우리 집의 저녁 식사는 남들이 밤참을 먹는 9시 반이나 되어야 하니, 누군가 생각하는 것처럼 그리 영양학적인 식생활은 분명 아닌 것 같다. 그렇지만 중요한 것은 늦긴 해도 우리 식구가 먹는 저녁은 '모두가 함께하는 집밥'이라는 것이다.

물론 우리 아이들도 패스트푸드를 좋아하고, 엄마인 내가 늦는 날이면 배달 음식을 시켜 먹기도 했다. 다만 워낙이 먹는 것을, 특히 가족이 모여 함께 먹는 것을 중요하게 생각하는 아버지 때문에 우리 아들 녀석들은 외식할 기회가 생겨 무얼 먹겠느냐 물어도 '집밥'이라는 한 마디를 합창하고는 재론의 여지를 두지 않는다. 고맙게도 그 덕분에 우리 아이들은 다른 집보다는 그래도 가족이 함께하는 집밥을 많이 먹었다.

직장일을 하면서 가족의 밥까지 챙기느라 지금도 동분서주하고 있지만, 이제 와 생각하면 우리 아이들은 그 덕을 정말 많이 본 것 같다. 일단 밥이든 빵이든 무엇인가를 아침이라고 먹어야 학교에 갔고, 거의 매일 저녁을 가족이 모여 먹으니 자연히 밥상머리 대화가 길어졌다. 유전적으로 수다스런 부모와 그 애들이다 보니 밥상머리 대화의 내용은 그야말로 전 분야를 망라했고, 여기에 연예계의 가십까지 더해지니 큰 아들이 말하기를, 밥상머리에서 들은 내용으로 근 30년을 버티고 있단다.

요즈음 부모는 아이들을 위해 해야 할 일이 너무 많다. 단순히 의식주를 해결해 주는 것 말고도, 보다 나은 교육을 통해 아이가 보다 나은 미래를 보장 받을 수 있도록 돈과 시간과 노력을 아끼지 않는다. 그러나 가장 중요한 것은 아이의 건강이다. 굳이 WHO(세계보건기구)의 정의를 거론하지 않더라도 아이의 건강은 신체적 건강과 정신적 건강 모두를 챙겨야 한다. 우선은 건강해야 본인이 원하는 일이든 부모가 원하는 일이든 도전해 볼 엄두라도 낼 수 있다. 결국, 공부도 건강해야 잘 할 수 있는 것이고 그 건강의 원천은 식생활이다.

이 책은 우리 아이, 아니 우리 가족의 식생활에서 가장 신경 써서 지켜야 할 주옥같은 내용을 담고 있다. 그러나 여기에 언급된 내용을 모두 지켜야만 한다는 것은 아니다. 이 책을 만든 사람들도 그런 것을 기대하는 것은 아니라고 생각한다.

그저 늘 이 책을 가까이 두고, 그 내용을 염두에 두며, 내 가족의 식생활을 챙기다 보면 어느새 내 아이의 밝아진 얼굴을 발견하게 될 것이다. 그것이 바로 이 책의 힘이다.

-김초일(한국보건산업진흥원 건강보건사업단장)

Contents

추천사 | 부모가 먼저 알아야 할 집밥의 비밀 · 005
추천사 | 집밥과 밥상머리 대화 · 008

상위 1% 두뇌를 만드는 집밥의 비밀

: : 영국 꼴찌학교, 성적 상승의 비밀 · 019
음식이 두뇌를 만든다 | 대한민국 상위 1%, 사교육 대신 집밥을 선택하다 | 우등생 6남매의 집밥 메뉴

: : 아이의 미래를 위한 가장 확실한 투자 두뇌음식 · 028
두뇌가 좋아지는 음식은 따로 있다 | 광양제철초등학교의 특별한 실험 – 두뇌음식(Food for the brain) 프로젝트
보릿고개 세대가 더 똑똑한 이유 | 조기 교육보다 집밥부터 챙겨라

: : 머리 좋은 아이로 키우려면? · 035
뇌세포 보호망, 비타민의 효과 | 좌뇌와 우뇌의 통합능력 높이기 | 최고의 두뇌음식 '나물'에 주목하라
우등생 집안의 채소 & 나물 섭취 노하우

: : 거친 음식에 답이 있다 · 042
현미밥으로 우등생이 된 아이들 | 현미밥 1그릇에 백미밥 19그릇의 영양소가 | 거친 음식으로 두뇌를 신나게 하라
통곡식이 성적을 올려주는 또 다른 이유 | 하얗고 부드러운 음식이 뇌를 죽인다

: : 두뇌음식의 보고 한국의 집밥 · 049
세계적인 두뇌음식 전문가가 분석한 한국의 집밥 | 집밥의 힘으로 우등생이 된 아이들
아이가 똑똑하기를 바란다면 기름진 음식부터 버려라

: : 하루 세 끼 정해진 시간에 먹어야 하는 이유 · 056
뇌 활동을 막는 기름진 간식 | 지각을 하더라도 아침밥은 꼭 먹어라 | 아침식사 만큼은 빵 대신 밥으로

: : 온가족이 모이지 않으면 절반의 성공 · 062
미네소타대학이 밝힌 가족 식사의 비밀 | 영국이 가족식사 캠페인을 벌인 이유

부모가 알아야 할 밥상 위의 두뇌음식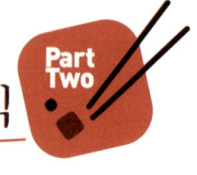

: : 부모의 첫째 조건, 두뇌음식을 절대 놓치지 마라 · 067
지능뿐 아니라 마음도 바꾸는 두뇌음식 | 공부하는 부모가 되어라 | 영양보조제에 대한 잘못된 오해
오케스트라의 합주를 기억하라 | 지키지 못할 원칙보다 현실적인 대안을

: : 6개월 만에 평균성적을 따라잡은 학업부진아들 · 075
사교성을 좌우하는 오메가3 | 당신의 아이가 ADHD라면 | 밥상 위의 오메가3

: : 비행청소년을 예방하는 지름길 · 081
일본 천황 일가에 치매환자가 없는 이유 | 레시틴 부족, 청소년 비행과 폭력의 원인
두뇌활동을 돕는 최고의 치료제

: : 아이에게 '학습미네랄'을 제공하라 · 086
두뇌음식의 숟가락, 아연 | 심각한 아연 결핍, 한국의 아이들

: : 공부하는 아이를 위한 최고의 안정제 · 089
칼슘이 뼈만 키운다? | 일본의 영양학자가 밝힌 칼슘 결핍의 충격적인 영향
칼슘의 기능이 아이에게 제대로 발현하려면

: : 학업스트레스를 잊게 해주는 7가지 두뇌음식 · 094
학업스트레스와 혈당수치의 상관관계 | 아이의 스트레스, 음식으로 해결하라
감자 – 미래학자들이 추천하는 미래의 식량 | 고사리 – 스트레스로 인한 열독 배출에 탁월
돼지고기 – 학습을 돕는 천연 미네랄 식품 | 대추 – 위장보호와 정서안정을 동시에
호두 – 탁한 뇌를 맑게 | 우유 – 우울증 치료 효과까지 | 바나나–두뇌회전을 원활하게

문제음식이 문제아를 만든다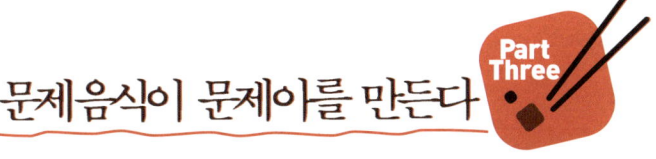

: : 외식을 할 때마다 폭력적으로 변하는 아이 – 영국 소년 '리(Lee)'의 이야기 · 103
음식일기로 드러난 충격적인 사실 | 문제아였던 리, 음식을 바꾸고 학교로 돌아가다 | 탄광 속의 카나리아

: : 집밥으로 큰 아이 VS 외식으로 큰 아이 · 113
외식, 단지 입맛만 망칠 뿐일까? | 밥 짓는 남자 황철규 씨 아이들 | 집밥으로 큰 아이 VS 외식으로 큰 아이

: : 마약보다 심각한 패스트푸드 · 126
패스트푸드가 성적을 떨어뜨린다 | 내 아이의 뇌세포를 살려라 | 프렌치프라이, 몸에 좋은 감자라고? 텅 빈 열량으로 자라는 아이들 | 침묵의 살인자, 트랜스지방 | 식품 첨가물 투성이, 패스트푸드 마약보다 심각한 칼로리 중독

: : 식품첨가물에 속다 · 134
첨가물 범벅 저급 고기가 미트볼로 환생 | 햄과 소시지 속, 아질산나트륨의 위험
인산염이 지능발달을 저해한다 | 타르를 먹는 아이들 | 천연색소는 괜찮다고? | 흥분독소 MSG
MSG 무첨가, 믿어도 될까? | 내 아이가 1년 동안 먹는 식품첨가물은 4kg

: : 두뇌음식 권위자가 말하는 두뇌를 망치는 음식 · 148
아이의 뇌를 망치는 치명적인 독약 | 설탕이 아이를 싸움꾼으로 키운다
우는 아이를 달래기 위해 사탕을 준다고? | 신이 내린 설탕 '아스파탐'의 진실

: : 청량음료로부터 아이의 뇌를 보호하라 · 155
학교 폭력을 불러오는 청량음료 | 당신 아이의 두개골이 얇아지고 있다 | 청량음료 한 캔에 설탕 9스푼 오렌지주스엔 오렌지가 없다

: : 일본 소년원생 식생활 조사 결과가 주는 경고 · 162
일본 소년원 아이들의 충격적인 식생활 | 환경호르몬의 결정체 육가공품을 피하라
식사대용 1위인 라면, 두뇌 파괴도 1위 | 어떤 음식이든 집밖에서 먹으면 문제

내 아이의 두뇌, 소금에 절이시겠습니까

: : 사람의 몸엔 소금을 분해할 기관이 없다 · 175
단일영양소 중 가장 많은 질병을 유발하는 나트륨 | 나트륨 과다 섭취가 일으키는 병들
나트륨 섭취는 자연식품만으로 충분하다

: : 내 아이의 두뇌, 소금에 절이시겠습니까? · 183
소금 범벅인 내 아이의 간식 | 나트륨에 중독된 아이는 어떻게 될까?

: : 학습장애와 ADHD, 문제는 음식 · 188
내 아이가 혹시 고혈압? | 고혈압 어린이, 학습장애와 ADHD 위험 4배
아이의 밥상에서 더욱 위험한 나트륨

: : 짬뽕 한 그릇의 비밀 · 194
나트륨 섭취가 많아지는 또 다른 이유 – 외식 vs 가정식 비교 실험 | 집밥이 나트륨을 배출시킨다
자연식품의 놀라운 힘

: : 빵과 아이스크림에도 숨어있는 나트륨 · 201
자연식품 완두콩에도 소금이? | 식빵 2쪽에 밥 1공기 11배의 나트륨

: : 일본 나가노현의 장수비결 · 205
단명지역이 장수촌으로 | 아이를 위한 맞춤식 집밥

: : 손쉽게 나트륨 줄이기 9계명 · 212
국그릇을 줄여라 | 식초나 향신료를 사용하라 | 향이 강한 채소나 과일을 사용하라
천연조미료를 활용하라 | 간은 먹기 직전에 맞춰라 | 생선을 소금에 절이지 마라
김치를 적정 염도로 담궈라 | 햄과 소시지는 반드시 데쳐라 | 나트륨 배출 식품을 함께 먹어라

내 아이를 위한 특별한 집밥 레서피

: : 곡류 · 218
고구마 타락죽 | 궁중 떡볶음 | 두부 채소 볶음밥 | 미역 조랭이 떡국 | 서리태 잣국수 | 쌀국수 볶음면
영양밥 | 호박만두 | 채소 팬케익 | 누룽지 과자 | 단호박 경단

: : 채소 및 버섯류 · 230
모듬탕수 | 양상추와 닭고기 요리 | 가지볶음 | 감자냉채 | 단호박 두부찜 | 단호박전 | 도라지 검은깨 튀김
아시아식 채소 두부 볶음 | 호박 프리타타 | 고구마 빠스

: : 두류 및 유제품 · 241
검은콩 스프 | 곤약 콩조림 | 도토리묵 콩국 | 두부 달걀전 | 삼색 콩튀김 | 청국장 시래기전
카레소스를 얹은 두부 스테이크 | 카프라제 | 크램블레 | 두부 다시마말이

: : 육류 · 252
닭고기롤 | 닭고기 양배추쌈 | 돼지고기 찹쌀부침 | 등심 배구이 | 사태떡찜 | 쇠고기 감자찜
양송이버섯과 포도주스를 가미한 등심구이 | 구운 닭고기를 곁들인 두부 샐러드 | 돼지고기 수육 부추무침
쇠고기 채소볶음

: : 어패류 · 263
금태찜 | 두부 해산물 꼬치구이 | 마 두부 오징어전 | 멸치 찹쌀양념 튀김 | 부추조갯살 콩비지조림
연어냉채 | 오징어말이 케첩조림 | 오징어보쌈과 저나트륨 된장소스 | 해산물볶음 | 황태강정

: : 과일류 · 274
아보카도 두부 샐러드 | 과일 젤리 | 복숭아 샤벳 | 과일 주스 조림

에필로그 | 집밥의 전통은 계속 이어져야 한다 · 279
역은이의 말 | 밥상이 바뀌면 아이가 바뀌고, 아이가 바뀌면 세상이 바뀐다 · 290
〈밥상머리의 작은 기적2—집밥의 힘〉 제작진 · 294

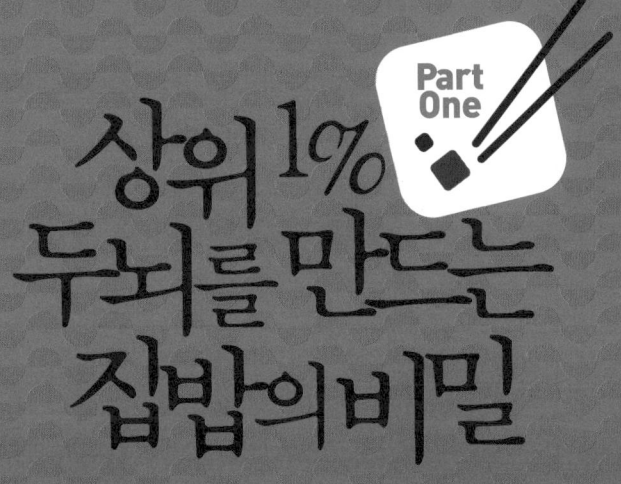

두뇌음식을 먹는다는 건 단순히

지금 당장의 지능개발을 위한 것이 아니다.

더 중요한 것은 성장기에 어떤 음식을 먹느냐에 따라

음식에 대한 기호도와 선택 능력이 결정된다는 점이다.

평생학습 시대를 살아갈 아이들이

일생을 걸쳐 좋은 두뇌활동을 할 수 있으려면,

두뇌를 좋게 하는 음식을 선별해서 먹을 줄 아는 능력이 필요하다.

두뇌음식은 평생의 건강과 품성,

학습능력까지 좌우하는 가장 확실한 투자이다.

영국 꼴찌학교, 성적 상승의 비밀

세계적인 두뇌음식 전문가로 알려진 영국의 심리학자 패트릭 홀포드 박사는 1980년대 중반부터 음식이 두뇌 활동에 미치는 영향에 대해 연구해왔다. 그는 세계 최초로 두뇌 활동과 음식의 상관관계를 실험했는데, 그 결과 영양 섭취의 개선이 IQ 향상에 도움이 된다는 사실을 입증했다. 쉽게 말해 음식만 잘 선택해도 지금보다 훨씬 더 똑똑해질 수 있다는 것이다. 현재 브레인바이오센터(Brain Bio Center) 회장을 맡고 있는 그는 초등학생들을 대상으로 한 흥미로운 실험 결과를 들려줬다.

패트릭 홀포드 박사는 영국 전체 초등학교 중 학업성적이 끝에서 11번째였던 친햄파크초등학교에서 급식을 바꾼 뒤, 아이들의 학업 성적 변화 양상을 면밀히 검토했다. 우선 급식으로 제공되는 메뉴 중 튀김과 감자칩, 햄버거 등을

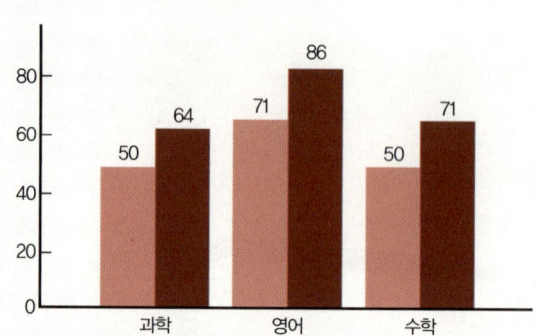

《친햄파크초등학교 성적 향상》 급식을 바꾼지 불과 7개월 만에 친햄파크초등학교 학생들의 성적은 크게 향상되었다. 뿐만 아니라 집중력과 사회성도 놀라울 정도로 높아졌다.

일체 금지하고 인스턴트식품도 없앴다. 대신 정제하지 않은 현미를 사용하고, 신선한 과일, 채소 위주의 제철 음식을 제공하고, 튀기거나 볶는 대신 굽거나 찌는 조리법을 택했다. 조리사에겐 인공조미료는 물론 소금도 쓰지 못하게 했으며, 모든 학생에게 종합비타민과 오메가3 보충제를 공급했다. 그렇게 음식을 바꾼 결과 7개월 후에 놀라운 변화가 일어났다.

❋ 그곳 학생 대부분은 빈곤지역에 살았습니다. 좋은 음식을 가려 먹일 형편도 되지 않았고, 음식의 중요성을 아는 학부모도 드물었지요. 사회적인 문제를 일으키는 학생들도 많았는데, 그런 학생들도 음식을 바꾸는 것만으로 학업 성적을 올릴 수 있었습니다. 급식을 개선한지 불과 7개월 후 영어, 과학 과목 성적이 좋아졌고, 특히 수학 성적은 평균 21%나 높아졌어요. 패트릭 홀포드 박사

단지 식단을 자연식 위주로 바꾼 것만으로 영어성적은 15%, 과학성적은

14%, 수학성적은 21%가 올라갔다. 좋아진 것은 성적뿐이 아니었다. 검사 결과 아이들은 집중력도 향상되었고, 친구들과 싸우는 횟수도 현저히 줄었으며, 분노 표출 빈도도 낮아졌다. 학부모들은 "열 번을 말해도 말을 듣지 않던 아이가 급식이 바뀐 뒤 한 번만 말을 해도 듣는다"며 놀라워했다.

음식이 두뇌를 만든다

패트릭 홀포드 박사는 단지 음식을 바꿨을 뿐인데, 읽기와 쓰기 능력이 향상된 경우도 있다고 했다. 그가 연구한 학생 중 한 명이었던 리즈(Reece)를 예로 들었다. 리즈는 수업에 집중하지 못할 뿐 아니라, 반에서 문제가 터질 때마다 늘 관련이 되는 아이였다. 다음은 리즈의 작문시험지이다. 왼쪽이 음식을 바꾸는 실험을 시작하기 전에 작성한 것이고, 오른쪽이 음식을 바꾼 뒤 일주일 만에 다시 쓴 것이다.

> 작문시험 비교 결과예요. 일주일 만에 이렇게 큰 변화가 생겼어요. 리즈는 우리가 연구한 학생 중 한 명으로 실험을 시작하기 전에 작문 시험을 봤습니다. 그 뒤 설탕과 고기를 줄이고 무색소 음식과 채소, 과일, 생선을 더 먹게 했지요. 그 후 작문시험 성적이 몰라보게 좋아졌어요. 읽기 능력은 불과 한 달 만에 평균 이상으로 향상되었어요. 패트릭 홀포드 박사

패트릭 홀포드 박사는 신체기관 뿐 아니라 두뇌 역시 음식으로 만들어지기

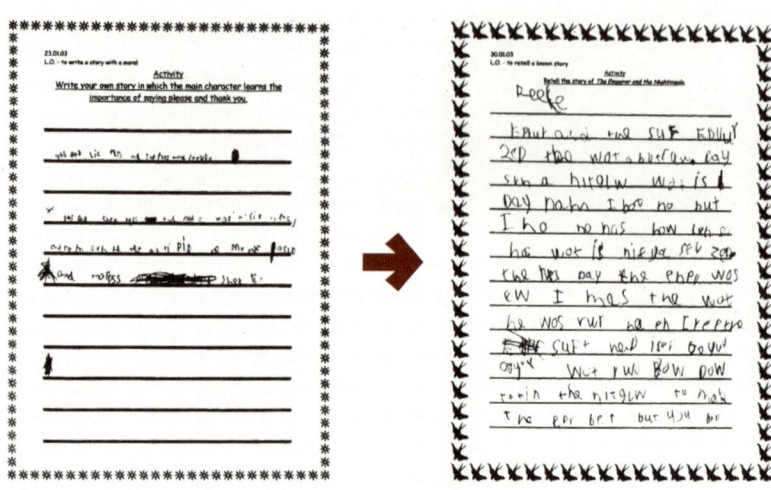

〈작문시험 결과〉 일주일동안 설탕과 착색제가 들어간 음식을 일체 주지 않고 과일과 생선, 채소를 더 많이 먹게 한 결과 리즈의 작문 능력은 몰라볼 정도로 향상되었다. 글씨체가 반듯하게 달라진 것은 물론, 문제 행동도 사라졌다.

때문에 지능이 발달하는 성장기에 특히 좋은 음식을 먹어야 한다고 말한다. 뇌에 좋은 영양분을 공급하지 않으면, 아이가 배우지 못해 성적이 나빠지고 행동에도 문제가 생긴다는 것이다.

음식을 바꾼 지 일주일 만에 작문시험 성적이 향상되고 7개월 만에 학업성적

▶세계 최초로 음식이 뇌에 미치는 영향에 대해 연구한 패트릭 홀포드 박사. 세계적인 두뇌음식 전문가로 알려진 그는 뇌 기능을 하는 데 음식이 결정적인 영향을 미치며, 그중 비타민과 미네랄 섭취가 지능 향상의 중요한 요소라고 말한다.

전반이 상승되는 것은 외국에서만 일어나는 일이 아니다. 우리나라에도 자녀의 공부비결 첫 번째로 음식을 꼽는 사람들이 늘고 있다.

◉대한민국 상위 1%, 사교육 대신 집밥을 선택하다

아이들에게 별다른 사교육을 시킨 적이 없다는 구윤성 씨 부부. 그런데 6남매나 되는 아이들은 모두 이름난 대학을 다니거나 우수한 성적을 자랑한다. 첫째는 서울대 4학년, 둘째는 미국 브리검영대학교 3학년, 셋째는 이화여대 2학년, 넷째는 성균관대 1학년, 아직 중고등학생인 다섯째와 여섯째도 우등생이다.

요즘 같은 세상에 정말 사교육 없이 아이 모두를 우등생으로 키워냈을까? 매년 대학입시가 끝나면 명문대 수석 합격생들을 취재한 기사엔 '사교육 없이'란 말이 붙는다. 하지만 그 말을 곧이곧대로 믿는 부모는 없다. 말은 저렇게 해도 실은 학원깨나 보냈을 거라며 다른 비결을 찾는다.

구윤성 씨 부부는 제작진의 물음에, 절대 학원은 보내지 않았다며 고개를 저었다. 이미 대학교에 간 첫째부터 넷째까지, 사교육이라면 둘째 딸 미술학원 보낸 게 전부란다.

주변에선 이들 가족을 부러워하며 비결을 묻는다는데, 엄마 최은정 씨의 대답이 의외다. 오로지 신경 쓴 것은 아이들이 먹는 음식이라는 것. 영양을 생각해 그 흔한 빵조차 먹이지 않았다는 설명과 함께, 가족 모두가 모여 '집밥'을 먹는 것을 규칙으로 삼았다고 한다. 심지어 집에서 저녁밥을 먹게 하려고 고등학생인 다섯째는 자율학습까지 빼먹고 오게 한다는 것이다.

> 원래는 매일 열시에 와요. 그런데 제가 선생님께 가족끼리 저녁을 먹는 날은 일찍 보내달라고 부탁을 드렸어요. 보통은 흔쾌히 빼주세요. 다섯째 뿐만 아니라, 누나 형들이 학교 다닐 때도 제가 매번 선생님께 부탁드렸어요. 엄마

아이들이 어릴 때부터 꼬박 꼬박 '집밥'을 챙겨 먹게 했다는 구윤성 씨 부부. 아이들이 자라면서 하루 세 끼 모두를 집에서 해결할 수는 없지만, 요즘도 매일 아침은 물론 일주일에 두 번은 시간을 정해놓고 무슨 일이 있어도 온 가족이 함께 집밥을 먹는다고 했다. 집밥을 챙긴 것이 아이들이 명문대에 들어간 비결이라는데, 도대체 이들의 밥상엔 어떤 특징이 있는 걸까?

집밥을 먹는 날, 대학생인 아이들이 일찌감치 들어와 엄마의 식사준비를 돕는다. 딸들은 물론이고, 아들들의 살림 솜씨도 제법이다. 식구가 많다 보니 마치 명절상이라도 차리듯 음식의 가짓수와 양도 많다. 저녁 7시가 가까워오자 서둘러 아빠가 들어오고, 다섯째와 여섯째가 뒤따라 들어온다. 심지어 고등학생인 다섯째는 내일이 시험인데도 자율학습을 하지 않고 집밥을 먹으러 왔다.

피 디▶ 내일이 시험인데 공부보다 집밥이 더 중요해요?
다섯째▶ 조금 손해 보는 감이 없지 않지요. 하지만 누나 형들도 그렇게 했는데 공부에 크게 지장이 없었어요.
엄 마▶ 공부는 뭐, 그 시간에 안 하더라도 다른 시간에 보충할 수 있으니까요. 다른 아이들도 그렇게 키웠어요.

▶구윤성 씨 가족은 특별한 일이 없으면 외식을 하지 않는다. 당장은 맛있을지 몰라도, 아이들 건강에 좋지 않은 영향을 미칠 것이 확실하기 때문에 '직접 조리한 집밥을 세 끼 충실하게 먹는다'는 원칙을 고수해왔다. 아이들이 어릴 적 소원이 '소시지 먹는 것'일 만큼 철저하게 자연식 위주의 식사를 한 결과, 6남매 모두 잔병치레 없이 건강하게 자랐고 학업 성적 역시 뛰어나다.

다음 날 아침에도 구윤성 씨 가족은 식탁에 둘러앉았다. 첫 수업이 오후 1시부터 시작된다는 대학생에게도 늦잠은 허용되지 않는다. 몇 시간 후면 시험이 시작될 다섯째는 학교 갈 준비에 바쁠 텐데도 부엌에 나와 수저를 놓는다. 아침을 안 먹으면 학교에 보내지 않는 게 구윤성 씨 부부의 원칙으로, 아이들이 아침밥을 먹느라 지각하는 일도 종종 있다고 한다.

●◎우등생 6남매의 집밥 메뉴

이제, 구윤성 씨 가족의 집밥 메뉴를 살펴보자. 그런데 메뉴에 값비싼 음식은 없다. 대신 어머니의 어머니로부터 대대로 이어져 온 전통 한국 음식이 대부분이다. 한국인이라면 익히 알고 있는 평범한 음식이지만, 종류가 다양하고 쓰인 식재료들이 풍성하다.

특이한 점이라면 아침상에 놓인 야채의 양이 꽤 많다는 것과 메뉴 전부가 철저한 자연식이라는 것. 녹두부침개만 해도 마트에 가면 집에서 부치기만 하면 되는 제품들이 많이 나와 있지만, 엄마 최은정 씨는 유기농 녹두를 사다 직접 불리고 갈아 반죽하는 번거로운 과정을 거친다. 한 가지 덧붙이자면 세 끼 이외에 간식은 거의 먹지 않는다는 것이다.

> 저는 아이들에게 세 끼를 충분히, 밥으로만 먹이려고 노력했어요. 한국식 집밥에 익숙하게 하려고 어릴 때부터 간식도 잘 안 줬어요. 과일 정도만 주고, 집에서 직접 만든 빵 조차도 잘 주지 않았죠. 간식을 먹으면 그만큼 밥을 적게 먹더라고요. 밥상을 차리는 원칙이라면 우선 인스턴트식품은 안 올린다는 거죠. 고기는 일주일에 한 번쯤 올리고요. 단백질은 콩이나 두부나 생선으로 대신하고, 외식은 거의 안 해요. 엄마

음식이 두뇌에 직접적인 영향을 미친다고 믿고, 좋은 음식만을 선별해 먹는다는 원칙을 철저히 지켜왔다는 것이다.

2009년 7월에 방영된 SBS스페셜 '밥상머리의 작은 기적'에서는 아이들이 가족식사 자리에서 배우는 어휘량이 책을 읽을 때보다 10배에 가깝고(하버드대 연구진 실험 결과), 가족과의 정기적인 식사만으로도 청소년의 비행을 막을 수 있다(콜롬비아대 연구진 실험 결과)고 밝힌 바 있다.

그런데 여기에 반드시 짚고 넘어가야 할 중요한 요소가 한 가지 더 있다. 가족식사가 성장기 발달에 큰 영향을 미치지만, 그와 함께 밥상 위에 어떤 음식이 놓이느냐에 따라 아이들의 두뇌와 성격이 결정된다는 점이다. 이에 관한 연구 결과

구윤성 씨 가족의 밥상 메뉴
▶현미밥(아이들이 어렸을 땐 현미의 비율이 80%에 이르기도 했음)
뇌의 연료가 되는 포도당을 일정하게 공급, 아연 공급
▶생선, 꽁치김치찌개
단백질과 풍부한 오메가3 공급
▶녹두부침개
양질의 식물성 단백질 공급
▶김치, 시금치나물, 숙주나물, 가지나물, 고사리나물
발효나 데치는 과정을 거쳐 각종 비타민과 섬유소를 효과적으로 공급, 칼슘과 마그네슘 공급

는 영국을 비롯한 세계 곳곳에서 계속 발표되고 있다. 그렇다면 아이를 똑똑하게 키울 수 있는 두뇌음식이 무엇이고, 그것이 한국의 '집밥'과는 어떤 관계가 있을까?

아이의 미래를 위한 가장 확실한 투자 두뇌음식

'두뇌음식'이란 뇌가 최상의 상태로 활동하는 데 꼭 필요한 영양소를 공급하는 모든 음식을 말한다. 아이에게 두뇌음식이 골고루 갖춰진 밥상을 차려주면 사고력과 집중력은 물론 학습능력이 총체적으로 향상된다. 뿐만 아니라 폭력적이거나 문제 행동도 예방할 수 있다는 연구 결과가 세계 곳곳에서 발표되고 있다. 쉽게 말해 음식을 통해 머리도 좋고 성격도 원만한 아이를 만들 수 있다는 얘기다.

아이가 성적이 부진하거나 문제 행동을 보일 경우 영양학적 원인이 동반되어 있을 것이라고 생각하는 부모는 많지 않다. 하지만 성장 환경이나 심리적인 문제와 더불어 영양 공급의 문제는 아이의 두뇌와 성품을 결정하는 중요한 요소다.

◎두뇌가 좋아지는 음식은 따로 있다

패트릭 홀포드 박사는 오랜 실험과 연구를 통해 두뇌가 좋아지는 음식이 따로 있다는 것을 밝혀냈다.

탄수화물의 당분은 뇌세포가 움직이는 연료가 되고, 단백질은 세포막과 신경전달물질을 만들어낸다. 특히 아이의 뇌 발달을 위해 좋은 지방을 섭취하는 일이 무엇보다 중요하다. 지방은 세포 안팎으로 영양소가 이동하는 것을 조절해주며, 특히 뇌세포의 주요 구성성분으로 신경계의 발달을 돕기 때문이다.

또한 당분을 태우는 데 필요한 비타민과 미네랄의 공급도 충분해야 한다. 비타민과 미네랄은 뇌신경세포끼리 정보를 주고받는 화학적 전달을 원활하게 한다. 특히 브로콜리에 많이 들어있는 엽산이 세포간의 정보전달에 꼭 필요한데, 엽산을 많이 섭취하면 집중력과 기억력이 향상된다. 그리고 콩이나 계란 노른자 등에 많은 레시틴은 신경전달물질인 콜린의 공급원으로 기억력 향상에 필수적이다.

두뇌음식이란?

역할	영양소	주요음식
뇌에 필요한 연료	당분	현미 등 통곡식과 과일 등의 자연식품
뇌세포와 뇌신경전달망 구축	필수지방산, 레시틴	생선, 호두 등의 견과류, 씨앗, 들깨, 콩 등
뇌의 의사소통	비타민, 미네랄	시금치·브로콜리 등의 채소와 과일
정신안정	필수지방산, 미네랄	생선, 견과류 등

그러나 두뇌음식이라고 해서 특정 음식 하나만 집중적으로 먹이는 것은 큰 효과가 없다. 뇌 활동에 꼭 필요한 영양소를 고르게 공급할 때 아이의 두뇌는 발달한다.

반면 설탕이나 탄산음료, 가공식품이나 과자에 들어있는 온갖 식품첨가물은 두뇌발달에 심각한 악영향을 준다. 라면같은 인스턴트식품이나 패스트푸드도 좋지 않다. 영양상의 불균형을 가져오는 것은 물론, 탈 칼슘이나 미네랄 부족을 초래해 두뇌활동이 둔해지고 기억력도 떨어진다. 심할 경우 성질이 급해지고 과잉행동장애를 일으키기도 한다. 아이의 두뇌를 생각한다면 반드시 피해야 할 음식이다.

광양제철초등학교의 특별한 실험
— 두뇌음식(Food for the brain) 프로젝트

집중력 부족, 성적 부진, 폭력성에 이르기까지 해답은 역시 음식에 있다. 최근의 한 연구 결과에 따르면 아이가 태어나서 성인이 될 때까지 먹는 음식이 그 후 50년간 섭취하는 음식보다 건강 및 두뇌활동에 미치는 영향이 더 크다고 한다.

전라남도 광양시에 소재한 광양제철초등학교에서는 이 같은 사실을 기반으로 2009년 5~12월 '두뇌음식 프로젝트(Food for the brain)'를 시행했다. 실험 참여 의사를 밝힌 학생 624명을 대상으로 집중력을 검사한 뒤, 학부모의 협조로 대상 아이들에게 두뇌음식을 공급하고 집중력 변화 양상을 확인하는 실험이었다.

프로젝트가 시행되는 동안 학교에서는 학생들에게 패스트푸드, 인스턴트식품, 탄산음료 등을 금지토록 하고, 그 대신 학습능력을 높이고 심성을 교정하는 데 도움이 된다고 알려진 두뇌음식을 먹도록 했다. 학부모들에게 공문을 보내 집에서도 아이들이 건강한 두뇌음식을 먹을 수 있도록 유도하면서, 매일 2교시 후 휴식 시간에 국산 유기농 호두와 해바라기씨, 서리태와 오메가3 지방산을 제공했다. 그 결과 두뇌음식 프로젝트를 시행한지 불과 7개월 만에 아이들의 집중력은 크게 향상됐다.

집중력 검사의 6개 하위영역 모두 두뇌음식 프로젝트를 시행하기 전보다 점수가 높아졌고, 집중력 점수의 총점은 14.72점이나 향상됐다. 또한 실험 후의 설문조사를 통해 아이들은 두뇌음식을 먹고 좋아진 점으로 학습집중력(36%), 식사습관 개선(24.8%), 편식 해소(20%)를 들었다. 검사 결과로도 입증되었지만, 프로젝트에 참여했던 아이들 스스로도 두뇌음식을 섭취한 뒤 공부에 더 집중할 수 있다는 것을 체험한 것이다.

두뇌음식 프로젝트 전후, 집중력 검사 결과 비교

	정보처리속도	시각주의력	청각주의력	선택적집중력	청각집중력	지속적집중력
사전검사결과 (2009년 5월)	65.91	8.46	9.24	24.90	7.52	8.66
사후검사결과 (2009년 11월)	75.20	9.23	9.80	27.01	8.60	9.57

●◉보릿고개 세대가 더 똑똑한 이유

20~30년 전 한국의 경제 부흥을 일으킨 세대에게는 공통점이 있다. 이른바 배고픈 어린 시절을 보냈다는 것. 소위 보릿고개라 일컫는 그 시절에는 죽 한 그릇 배불리 못 먹는 아이가 대부분이었다. 영양학적으로 보자면 두뇌발달은 고사하고 굶어죽지 않는 것이 다행일 정도다.

그런데 통계적으로 보았을 때, 그렇게 못 먹고 자란 세대의 성인병 발병 수치가 지금의 성인들보다 훨씬 낮고, 신체건강도는 그 어떤 세대보다 높은 편에 속한다. 그들이 먹고 자란 음식에 무슨 비밀이 있을까.

세 끼 먹는 것이라고는 고작 보리밥에 고기 한 점 없는 배춧국, 나물 몇 가지가 전부. 하지만 그 밥상에는 지금처럼 제철 아닌 음식, 기름투성이의 정크푸드, 전자레인지에 돌리기만 하면 되는 반조리식품 따위는 찾아볼 수 없었다.

보릿고개 시절의 밥상을 면면히 살피면 영양학적으로 가장 중요한 원칙이 고스란히 담겨있다. 도정 과정을 거쳐 영양소가 다 빠져나간 흰쌀 대신 무기질과 섬유소가 풍부한 현미와 보리가 주식을 이루었고, 비타민과 미네랄이 풍부한 채소가 반찬의 대부분이었다. 더구나 채소와 과일은 하루 넘게 보관하는 법 없이, 껍질 그대로의 질감을 살린 채 그날 바로 먹었다. 음식을 장기간 보관하기 위해 쓰이는 보존제는 말 그대로 무용지물이었던 셈. 엄마들은 화학조미료 대신 무와 채소 찌꺼기로 국물 맛을 냈고, 아이들은 청량음료 대신 깨끗한 생수를 마셨다. 지금처럼 돈만 있으면 쉽게 사먹을 수 있는 패스트푸드는 아예 이름조차 없던 시절이었다.

아이가 좋아하는 것은 무엇이든 다 해주려고 하는 요즘 부모들. 학원에 가는 아이 손에 햄버거 사먹을 돈을 쥐어주며 "아이가 그저 먹어주는 것만으로 고맙다"라고 말하기 전에, 오늘 하루 내 아이가 먹은 음식과 냉장고 안의 식재료들을 점검해보는 것은 어떨까.

◉조기교육보다 집밥부터 챙겨라

아이들에게 아무것이나 먹이지 말라고 하면 엄마들은 당혹스러워한다. 어떻게 끼니마다 좋은 음식을 가려먹이냐는 말이다. 하지만 수학문제 하나, 영어 단어 하나를 모르더라도 음식만큼은 제대로 챙겨야 한다.

태어날 때 뇌의 무게는 체중의 13% 정도인데, 생후 1년간 뇌세포가 커지면서 2배가 된다. 그 후 2세 때는 성인의 50%, 4세에는 75%, 6세 무렵에는 90% 이상 두뇌가 완성된다. 두뇌를 구성하는 여러 기관 중 중추신경계는 이 성장기의 영양 상태에 따라 발달 정도가 좌우된다. 따라서 성장기에는 두뇌발달에 꼭 필요한 음식을 먹어야 한다. 두뇌음식을 잘 선별해 제때 먹이는 것만으로도, 엄마들이 그토록 바라는 '똑똑한 아이'로 키울 수 있다는 것이다.

그리고 더 중요한 사실은 성장기에 어떤 음식을 먹느냐에 따라 음식에 대한 기호도와 선택 능력이 결정된다는 점이다. 평생학습시

두뇌음식 섭취 요령

1. 엄마가 먼저 공부하라
아이가 매일 먹는 과자와 음료수, 습관적으로 사용하는 조미료에 대해 공부하라. 엄마가 정확한 정보가 없으면 제대로 된 두뇌음식을 공급할 수 없다.

2. 인내심을 가져라
아이에게 바른 두뇌음식을 먹이는 것은 결코 쉽지 않다. 두뇌음식은 가공되지 않은 제철 음식이 대부분으로, 자극적인 패스트푸드나 인스턴트식품에 비해 맛이 덜하다. 두뇌음식을 먹게 하려면 엄마의 단호한 태도와 인내심이 요구된다.

3. 처음부터 무리하지 마라
좋은 것을 먹이기에 앞서 좋지 않은 음식을 먹던 모든 습관을 바꾸는 것이 우선. 한꺼번에 음식을 바꾸려들지 말고, 실천 가능한 것부터 조금씩 시도해본다. 작은 보상(칭찬스티커 등)을 마련하는 것도 좋다.

대를 살아가는 아이들이 일생을 걸쳐 좋은 두뇌활동을 할 수 있으려면, 두뇌를 좋게 하는 음식을 선별해서 먹을 줄 아는 능력이 필요하다. 두뇌음식은 평생의 건강과 품성, 학습 능력까지 좌우하는 가장 확실한 투자이다.

아이의 밥상을 바꾸는 것은 가족 전체의 밥상을 바꾸는 것과 같다. 부모가 평소 라면이나 피자를 즐겨 먹었다면 부모부터 식습관을 바꿔야 한다. 두뇌음식은 비단 아이뿐 아니라 어른에게도 효과가 있다.

> **머리 좋은 아이로 키우려면?**

한국의 집밥과 두뇌음식의 관계를 분석하면서 제작진에게 두뇌음식에 대한 놀라운 연구 결과들을 전해준 패트릭 홀포드 박사. 심리학자였던 그가 '머리 좋아지는 음식'에 관심을 갖고 급기야 두뇌음식 연구에 인생을 바치게 된 것은, '비타민과 두뇌활동'에 대한 놀라운 실험 결과를 얻으면서부터였다.

저는 1980년대부터 지능에 대해 연구했습니다. 처음엔 비타민과 미네랄이 뇌에 미치는 영향을 연구했어요. 90명의 학생들을 대상으로 실험을 했는데, 세 그룹으로 나눠서 A그룹 30명에게는 비타민과 미네랄을, B그룹 30명에게는 아무 효과가 없는 가짜 알약(dummy pill, 플라시보)을 주었고, C그룹 30명에게는 아무것도 주지 않았어요. 그 결과 가짜 알약을 먹은 B그룹의 지능지수가 3점 증가한데 비해, 비타민과 미네랄을 먹은 A그룹 아이들의 지능지수는 10점이 높아졌어요. 그 실험으로 비타민과 미네랄이 지능을 높이는 데 결정적인 역할을 한다는 사실을 확인할 수 있었지요. 패트릭 홀포드 박사

그 후 패트릭 홀포드 박사는 앞서 소개한 '친햄파크초등학교 실험'에서 두뇌에 긍정적인 영향을 미치는 다른 음식들과 함께 과일과 채소를 충분히 먹게 한 뒤 수학점수가 평균 21%나 향상되는 결과를 얻었다. 일주일 만에 작문실력이 놀랄 만큼 향상된 리즈(Reecs)에게도 과일과 채소를 충분히 먹게 한 것은 물론이었다.

예방의학의 최고 전문가인 미국의 의사 조엘 펄먼도 《아이를 변화시키는 두뇌음식》에서 과일과 채소의 중요성을 언급한 바 있다. 쥐를 대상으로 한 실험에서 사과를 많이 먹은 쥐가 미로찾기 테스트에서 훨씬 높은 점수를 받았고, 또 다른 실험에서는 블루베리 추출물을 먹인 쥐가 대조군과 비교해 기억력과 집중력이 월등했다는 것이다.

> 미국 코넬대 식품화학팀이 농업식품화학저널에 발표한 논문에 따르면 다른 과일이나 야채보다 특히 사과가 뇌세포 파괴 방지에 탁월한 효과가 있었다고 한다. 사과 속 '케르세틴'이라는 항산화물질이 뇌세포를 파괴시키는 원인 중 하나인 '코르티졸'을 크게 줄여준다는 것. 이 성분은 사과의 과육보다 껍질에, 녹색 사과보다 붉은 사과에 더 많다.

●◎뇌세포 보호망, 비타민의 효과

음식에 관한 이론에도 유행이 있다. 한동안 우유예찬론이 우세였다가 매스컴을 필두로 우유가 오히려 몸에 나쁜 영향을 미친다는 주장이 펼쳐진 것처럼

말이다. 그러나 동서고금을 막론하고 건강을 위한 음식으로 항상 손꼽히는 것이 바로 채소와 과일이다. 채소와 과일에는 우리 몸에서 생성되지 않는 비타민이 풍부하기 때문이다.

> 과일은 비타민이 풍부하기 때문에, 두뇌를 위해서라면 매일 먹어야 하는 음식이다. 그러나 과일은 칼로리가 높으므로 하루 두 번 정도, 한 번에 사과·복숭아 반쪽이나 포도 반송이 정도가 무난하다.

자체적으로 생성되지 않아 반드시 음식으로 섭취해야 하는 비타민. 비타민을 섭취하지 않으면 체내의 활성산소를 제거할 수 없다. 활성산소는 몸의 신진대사 과정에서 생기는 노폐물로, 몸 안에서 만들어지기도 하고 오래된 식물성 기름을 통해서 섭취되기도 하는데, 사람의 몸에서 활성산소에 의해 가장 크게 손상을 받는 기관이 바로 뇌조직이다. 뇌세포 하나하나는 하루에도 수천 번 가까이 활성산소의 공격을 받는다.

녹황색채소와 껍질째 먹는 신선한 제철과일 속에 풍부한 비타민A, 비타민C, 비타민E 등은 유해산소의 발생을 차단하거나 중화하는 항산화작용을 해서 뇌세포를 안전하게 보호하는 역할을 한다.

●◎좌뇌와 우뇌의 통합능력 높이기

성장기 아이를 둔 부모라면 특히 비타민C의 효과에 주목할 필요가 있다. 비타민C는 다른 비타민들과 함께 보조효소로 작용하는데, 신경전달물질의 합성을 돕고 좌뇌와 우뇌간의 통합능력을 높여 머리를 좋게 한다.

사람의 우뇌와 좌뇌는 역할이 다르다. 우뇌는 창조성과 예술적·직관적 능력과 연관되어 있고, 좌뇌는 수리·계산·탐구 등 이성적이고 논리적인 기능을 담당한다. 우뇌와 좌뇌 사이에는 둘 간의 정보교류를 담당하는 '뇌량'이 있는데, 이 뇌량을 건강하게 유지하려면 반드시 비타민C가 있어야 한다. 다시 말해 비타민C가 풍부해야만 좌뇌와 우뇌가 골고루 발달하는 것이다. 당신의 아이가 머리만 좋은 냉혈한이 되거나 감수성만 풍부해 현실감이라곤 없는 어른으로 자라지 않길 바란다면 비타민C에 주목해야 한다.

그러니 아이에게 종합비타민제를 먹이고 마음을 놓겠다고? 아니다. 아이의 바른 성장을 위한다면 비타민제에 의존하기 보다는 채소와 과일을 먹어야 한다. 채소와 과일에는 비타민 외에도 섬유소와 아이의 성장 발달에 꼭 필요한 피토케미컬(phytochemical)이 풍부하기 때문이다. 식물성 화학물질인 피토케미컬은 식물이 자체적으로 자신을 보호하기 위해 가지고 있는 성분으로 토마토의 라이코펜, 포도의 안토시아닌, 녹차의 카테킨 등이 이에 해당한다. 피토케미컬은 혈관의 지방찌꺼기를 제거해 동맥경화증으로 인한 심장질환이나 뇌졸중의 위험을 낮추는 것은 물론, 항암효과도 우수하다.

우리 주변의 채소와 과일 속에는 적게는 수십 가지에서 많게는 수백 가지의 피토케미컬이 들어있으며, 이는 인공적인 비타민제로 섭취할 수 없다. 몸도 건강하고 머리도 똑똑한 아이를 바란다면 성분도 잘 모르는 비타민제보다는 손쉽게 구할 수 있는 제철 과일과 채소를 먹여야 한다.

◉최고의 두뇌음식 '나물'에 주목하라

그렇다면 채소도 잘 먹는 방법이 있을까? 많은 사람이 비타민이 열에 의해 파괴되기 때문에 날것으로 먹어야 한다고 생각한다. 하지만 꼭 그렇지만은 않다. 채소의 영양은 세포벽에 싸여있으므로 살짝 데치거나 익혔을 때, 또는 발효 과정을 거쳤을 때 세포벽이 붕괴되어 더 많은 비타민과 섬유질을 섭취할 수 있다.

바로 여기에 한국 밥상에 오르는 나물의 우수성이 있다. 살짝 데쳐 조물조물 무쳐낸 도라지나물, 고사리나물, 취나물, 고구마순, 두릅나물, 시금치나물, 가지나물 등. 종류도 많은 온갖 나물은 데치면서 비료와 농약 같은 오염물질을 충분히 제거할 수 있고, 세포벽을 붕괴시켜 더 많은 영양소를 섭취할 수 있다. 또한 나물로 먹으면 채소의 수분이 빠져나가기 때문에 날것으로 먹을 때보다 훨씬 많은 비타민과 섬유소를 섭취할 수 있다. 채소의 수분함량은 90%에 이르기 때문에, 날것으로 먹는다면 충분한 양의 섬유소와 비타민을 섭취할 수 없다. 게다가 나물을 무칠 때 들기름을 사용한다면 더 큰 효과를 볼 수 있다. 들기름에는 두뇌음식으로 둘째가라면 서러울 양질의 오메가3가 듬뿍 들어있기 때문이다.

●◉우등생 집안의 채소&나물 섭취 노하우

다만 한 가지 문제는 있다. 채소와 나물은 요즘 아이들이 유독 싫어하는 음식이라는 것이다. 고기나 각종 인스턴트식품, 패스트푸드에 길들여진 아이들에게 채소를 먹이기란 쉽지 않다. 아이들이 채소와 나물을 잘 먹게 하는 방법은 없을까.

여기에 제작진이 만난 두 가정의 노하우를 소개한다. 6남매나 되는 아이들을 사교육 없이 명문대에 보내거나 우등생 자녀로 키워낸 구윤성 씨 가정, 그리고 아침 저녁으로 집밥을 먹이느라 과외와 학원을 포기했지만, 딸 곽온별 양을 당당히 서울국제고등학교에 입학시킨 장재년 씨 가정이다.

❋ 채소를 많이 먹게 하려고 늘 애를 써요. 온갖 채소를 몽땅 넣고 샤브샤브를 해 준다든지, 채소 먹이는 걸 목적으로 고기를 줘서 쌈을 싸먹게 한다든지. 다양한 채소에 좋아하는 과일과 견과류를 섞어 샐러드를 만들기도 하고요. 온별이 엄마 장재년

❋ 아이들이 어렸을 때 나물을 해서 식탁에 올려도 잘 먹질 않아서 오래 남더라고요. 나물을 어떻게 잘 먹일 수 있을까 많이 연구했어요. 비빔밥도 해주고, 김밥에다 온갖 나물과 채소를 섞어서 말아주기도 했죠. 포기하지 않고 시도하다 보니 점점 습관이 되어 이제는 잘 먹게 됐어요. 6남매의 엄마 최은정

여기에 패트릭 홀포드 박사가 전하는 또 다른 방법이 있다.

❋ 저는 마당에서 직접 콩과 양파, 마늘,

▶서울국제고등학교에 다니고 있는 온별이는 현재 기숙사에서 생활하고 있다. 학교 급식 메뉴에 고기반찬이 많은데, 엄마는 온별이가 집에 올 때면 급식에서 부족할지 모를 채소를 더 많이 준비한다. 온별이는 고기반찬 없이 풀로 가득한 밥상이지만, 집밥을 먹을 때 제대로 먹은 느낌이 든다고 한다.

당근, 양상추, 딸기, 토마토 등을 길러 먹고 있는데, 아이들에게는 이것도 좋은 방법입니다. 학교 프로젝트를 하면서 아이들에게 직접 땅에서 채소를 길러 먹게 했는데, 직접 기른 것으로 음식을 만들어 주니 아이들이 서로 먹으려고 했어요. 패트릭 홀포드 박사

> **과일을 껍질째 먹어야 하는 이유**
>
> 과일은 제철 과일을 껍질째 먹는 것이 좋다. 과일의 껍질에는 섬유질과 항산화 영양소가 풍부해 농약과 같은 화학물질, 환경오염물질, 중금속을 흡착해 배설한다. 농약을 쳤다고 해도 백미보다 현미가 좋듯이 과일 역시 껍질째 깨끗이 씻어 먹는 것이 좋다.

꼭 넓은 땅이 아니어도, 마당이 없는 집이어도 가능하다. 베란다에 화분 몇 개를 두고 시작해도 좋다. 아이들은 곧 흙에서 먹을 것을 얻는 재미를 알게 될 것이고, 하루하루 수확하게 되기를 기다릴 것이며, 결국 신이 나서 채소를 입으로 가져갈 것이다.

거친음식에 답이있다

대부분의 부모는 '쌀'이라고 하면 백미부터 떠올린다. 밥상에 오른 김이 모락모락 나는 흰쌀밥은 '맛있는 밥', '정성이 담긴 밥', '잘 차린 밥'과 동의어다. 흰쌀밥이 이렇게 대접받는 이유는 우리의 어머니 아버지 세대, 할머니 할아버지 세대까지 거슬러 올라간다.

못 먹고 가난하던 시절, 매일 입에도 껄끄러운 거무튀튀한 통곡식만 먹었을 때 하얀 쌀밥은 부와 청결의 상징이었다. 통곡식으로 지은 밥은 가난한 시절의 음식이라는 고정관념 탓인지, 끼니 걱정 없이 잘 먹게 된 지금도 흰쌀밥은 좋은 음식이라는 생각은 여전히 남아있다. 거기에 수 차례의 도정 과정을 거쳐 윤기가 자르르 흐르는 모양새가, 통곡식으로 지은 밥보다는 훨씬 식욕을 돋우는 것도 사실이다.

◉ 현미밥으로 우등생이 된 아이들

아이의 건강과 두뇌 발달에 관심이 있는 부모들은 흰쌀밥에 콩과 약간의 잡곡을 섞어 먹이며 안심한다. 그러나 그것만으로는 부족하다. 흰쌀과 밀가루 등 지나치게 정제된 음식들은 밥상에서 아예 치우는 것이 좋다.

과외와 학원 대신 집밥을 선택해 딸 온별이를 서울국제고등학교에 보낸 장재년 씨는 밥상에 흰쌀밥을 올리는 일이 거의 없다. 흰쌀밥을 대신해 현미밥이 상에 오른다.

> 현미를 주로 먹고, 돌아가면서 검은 쌀도 섞고 그러거든요. 한꺼번에 여러 잡곡을 섞으니 아이들이 안 좋아하더라고요. 그래서 현미에 어느 때는 보리를 섞고, 검은 쌀을 넣기도 하고, 콩을 넣을 때도 있고…. 흰밥 먹는 경우는 거의 없는 것 같아요. 어쩌다 한 번 정도? 온별이 엄마 장재년

사교육 없이 6남매 모두를 우등생으로 키워낸 구윤성 씨 가정도 마찬가지다. 최근에 현미밥으로 살도 빼고 고혈압도 잡을 수 있다는 사실이 알려지면서 현미 붐이 일었지만, 현미가 각광받기 훨씬 이전부터 이들은 밥그릇의 80% 이상을 현미로 채웠다. 아이들은 어렸을 때부터 집에선 현미밥을 먹은 기억밖에 없다고 할 정도다. 비타민과 미네랄은 물론 섬유소까지 풍부한 현미를 매일 먹은 덕분인지 6남매 모두 감기나 변비 따위는 앓아본 적이 없다. 아이들을 키우면서 약값 걱정은 해본 적 없다는 엄마의 말은 농담이 아니었다.

●◎현미밥 1그릇에 백미밥 19그릇의 영양소가

추수한 쌀은 말려서 도정하는 과정을 거친다. 그런데 도정을 몇 번 하느냐에 따라 영양소가 달라진다. 우리나라의 경우 쌀의 도정률이 10분도가 넘는다. 보기에 좋을 뿐더러, 부드러운 질감을 살리려고 깎고 또 깎는 것이다. 결국 10번을 깎은 백미는 윤기 흐르는 흰빛에 부드럽고 맛도 좋다. 하지만 보기에 좋고 맛있을지 몰라도 도정 과정에서 씨눈과 겉껍질까지 제거되어 영양분은 거의 없다.

이에 반해 왕겨만 벗겨낸 현미는 필수아미노산, 필수지방산, 단백질, 섬유질, 비타민, 미네랄 등 22가지나 되는 영양소가 풍부하게 들어있다. 특히 현미의 씨눈과 껍질에는 전체 영양소의 95%에 해당하는 영양성분이 모여 있기 때문에, 현미밥 1그릇의 영양분 함량은 백미밥 19그릇의 영양분 함량과 같다.

현미의 영양성분 중에 아이의 두뇌발달상 가장 주목해야 할 성분은 바로 비타민B1(tiamine)이다. 곡식의 씨눈에 가장 많이 들어있는 비타민B1은 쌀의 포도당을 에너지로 전환시킬 때 가장 중요한 중요한 역할을 한다. 흰쌀밥만 먹는다면 정작 뇌에 포도당을 공급하기 위해 꼭 필요한 영양소를 놓치고 있는 셈이다. 포도당의 대사가 불완전해지면 몸에서 젖산이 생겨 피로감을 많이 느끼게 된다.

뿐만 아니라 비타민B1이 부족하면 기억력 감퇴는 물론 집중력도 떨어진다. 비타민B1은 두뇌 속에서 신경전달물질을 만들어내기 때문이다. 또한 비타민B1이 부족하면 일차적으로 소리에 예민해져서 주변의 소음에 민감해지기 때문에 자연히 학습능력이 떨어질 수밖에 없다.

현미에는 비타민B1 외에도 아이들 학습에 도움이 되는 성분이 많다. 쌀눈에 든 니코틴산은 신경을 안정시키고 혈액을 정화해 독소를 배출하며, 판토텐산은 두뇌활동을 원활하게 한다. 감마오리자놀은 뇌세포의 활동을 활발하게 해 뇌졸중과 치매를 예방하는 것으로 알려져 있다.

현미에 싹을 틔운 발아현미도 좋다. 발아현미에는 신경을 안정시키고 집중력을 높이는 가바(GABA) 성분이 함유되어 있고, 싹이 트는 과정에서 소화흡수율도 좋아지고 부드러워져 아이들에게 좋은 음식이다.

현미밥과 백미밥의 영양소 비교(150g 밥 한공기 기준)

	현미밥	백미밥
식물섬유(g)	5.30	0.60
단백질(g)	5.00	3.90
지방질(g)	2.00	0.80
당질(g)	47.10	47.60
칼슘(mg)	6.00	3.00
인(mg)	195.00	45.00
철(mg)	0.80	0.20
칼륨(mg)	165.00	41.00
비타민B1(mg)	0.24	0.05
비타민B2(mg)	0.03	0.02
비타민E(mg)	1.10	0.30
마그네슘(mg)	72.00	6.00
아연(mg)	1140.00	810.00

◉거친 음식으로 두뇌를 신나게 하라

현미 외에도 모든 통곡식(전립곡물 全粒穀物; whole grain foods)에는 영양소가 풍부하다. 제2차 세계대전 당시 식량 부족으로 곡식의 도정률을 줄였을 때 당뇨병을 비롯한 모든 암 발생률이 현저히 줄었다고 한다.

2006년 5월 호주 영양사협회에서는 55~69세 여성들을 10여 년 동안 추적 조사한 결과 매주 10회 정도 통곡식을 꾸준히 섭취한 그룹이 심장병과 당뇨병 등의 발병률이 낮았고 이른 나이에 사망하는 비율도 훨씬 낮았다고 발표했다.

자연 상태에 가까운 통곡식은 뇌를 비롯한 전신의 혈액순환을 좋게 한다. 인체의 모든 장기는 원활한 혈액순환을 통해서 제 기능을 할 수 있는데, 통곡식은 콜레스테롤의 수치를 낮추고 혈액순환을 좋게 한다. 이것은 혈류에 그 기능을 의존하는 두뇌를 포함해, 각종 장기에 매우 중요한 것이다.

◉통곡식이 성적을 올려주는 또 다른 이유

탄수화물의 포도당은 뇌를 움직이는 데 꼭 필요한 연료이다. 뇌와 신경계는 오직 포도당을 에너지원으로 쓰기 때문에 혈액 속의 당, 즉 혈당은 항상 일정하게 유지되어야 한다. 혈당이 떨어지면 뇌세포의 기능 역시 떨어진다.

아이들이 배가 고프면 신경질과 짜증을 내고 안절부절못하거나 집중력과 기억력이 떨어지는 것도 일차적으로는 뇌에 당분이 부족하기 때문이다. 특히 저혈당은 뇌 기능을 정지시켜 더 위험하다. 아이들이 두뇌활동을 활발히 하기 위해 통곡식을 먹어야 하는 이유가 여기에 있다.

백미나 흰 밀가루 등의 정제된 곡류는 당지수(GI)가 높다. 당지수란 음식을 먹었을 때 포도당이 얼마나 빠른 속도로 혈액내로 흡수되어 포도당 농도를 증

> **통곡식은 이왕이면 유기농으로**
>
> 농약은 쌀의 호분층(바깥쪽)에 93%가 잔류하므로, 현미 등의 통곡식을 먹을 때는 농약이나 제초제 등을 사용하지 않고 유기농으로 재배한 것을 고르는 것이 좋다. 만일 여의치 않으면 쌀을 불릴 때 썼던 물은 버리고 새로운 물을 넣고 밥을 짓는다.

가시키는지를 표시한 수치이다. 당지수가 높은 음식을 먹으면 혈액 내 포도당의 수치가 급격히 올라 혈당을 조절하는 인슐린 분비를 자극한다. 인슐린이 많이 나오면 이번에는 또 혈당이 한꺼번에 떨어진다. 금세 배가 고파지는 것은 물론 일정하게 혈당을 유지하기가 어려워, 뇌기능에 지장을 주는 것이다.

아이들의 뇌에 일정하게 당분을 공급하는 가장 좋은 방법은 당지수가 낮은 식품을 먹는 것이다. 즉 자연 그대로의 음식, 도정하거나 정제하지 않은 통곡식을 먹을 때 아이의 뇌는 지치지 않고 활발하게 움직인다.

주요 식품의 당지수	
설탕	92
흰쌀밥	70~90(88)
크루아상 빵	67
치즈피자	60
현미밥	56
옥수수	55
고구마	54
메밀	54
바나나	53
초콜릿	49
국수	47
혼합잡곡밥	45
토마토	38
보리	25
콩	18
요구르트(저지방,무설탕)	14

●◎하얗고 부드러운 음식이 뇌를 죽인다

늘 먹는 흰쌀밥을 문제 삼는 사람은 많지 않다. 하지만 10번을 깎아낸 백미는 두뇌에 좋은 수많은 영양성분은 하나도 없고 오직 탄수화물만 남아 있다. 한마디로 백미는 '죽어있는 쌀'이고 현미는 '살아있는 쌀'이다. 백미는 땅에 심으면 썩지만 현미는 3년간 보관한 후 심어도 싹이 난다.

많은 부모가 아이들의 입으로 들어가는 흰 밀가루로 만든 국수나 빵에 대해서 심각하게 생각하지 않는다. 거칠고 텁텁한 통밀가루보다 정제하고 표백한 밀가루가 더 깨끗한 식재료, 더 믿을 만한 식재료라고 생각하는 부모도 있다. 하지만 원래 밀가루가 주식인 나라에서 먹던 빵은 지금 한국인이 먹는 빵처럼 달고 부드러운 것이 아니었다. 통밀이나 귀리처럼 거친 곡식들을 갈아서 만든, 반나절만 지나면 먹기조차 힘든 딱딱하고 질긴 빵이었다.

아이의 두뇌를 지켜주고 싶다면 하얗고 부드러운 흰밥 대신 통곡식으로 된 밥을 먹여야 한다. 조나 기장 같은 곡식은 아무리 도정을 하려고 해도 2~3분도를 넘지 못하고, 보리는 도정을 해도 가운데 패인 홈 안에 영양과 섬유질 성분을 보존한다. 또한 흑미는 노화방지, 율무는 부종개선, 수수는 소화계 및 호흡기 개선, 차조는 조혈, 보리와 팥은 피로회복에 도움이 되는 등, 통곡식의 기능은 무척 다양하다. 따라서 현미에 3~4가지 잡곡을 섞어 먹는다면 아이의 두뇌발달은 물론 가족 모두의 건강을 보장받을 수 있을 것이다.

> **아이가 현미밥 먹기를 괴로워한다면**
>
> 부드럽고 맛도 좋은 흰쌀밥만 먹다가 갑자기 현미밥을 먹기는 쉽지 않다. 하물며 좋은 음식에 대한 개념이 바로 서지 않은 아이들에게 현미밥 먹기란 곤욕스럽게 마련. 아이가 현미밥 먹는 것을 괴로워한다면 다음의 방법을 써보자.
> 1. 백미에 현미를 조금씩 섞다가 그 비율을 점점 높인다.
> 2. 오분도미나 칠분도미를 이용해도 좋다.
> 3. 밥을 짓기 전에 5시간 이상 충분히 불려 압력솥에 앉힌다.
> 4. 현미찹쌀을 섞으면 밥에 찰기가 생겨 100% 현미밥보다 먹기가 수월하다.

두뇌음식의 보고
한국의 집밥

　　　　　　　　　　　　세계 각국의 연구로 아이들의 두뇌발달 및 인성함양에 음식이 결정적인 역할을 한다는 사실은 이미 밝혀졌다. 두뇌음식은 성장기의 아이 뿐 아니라, 각종 시험 준비로 바쁜 수험생, 취업을 앞둔 대학생은 물론이고 자기계발에 끊임없이 투자해야 하는 직장인, 항상 아이 교육에 신경을 곤두세워야 하는 엄마 자신에게도 꼭 필요한 음식이다. 그런데 이렇게 인간의 모든 활동에 반드시 필요한 두뇌음식이 한국의 집밥에 풍부하다는 사실이 새롭게 등장하고 있다.

　이제 뇌활동에 꼭 필요한 두뇌음식이 한국의 집밥과는 어떤 관계가 있는지, 한국 집밥의 힘에 대해 알아보자. 밥과 국, 다양한 종류의 반찬이 한데 오른 한국의 집밥이야말로 두뇌를 위한 최고의 영양을 제공한다는 것이다.

◉세계적인 두뇌음식인 전문가가 분석한 한국의 집밥

다큐멘터리를 제작하는 과정에서 제작진이 많은 자문을 구한 패트릭 홀포드 박사. 그에게 한국의 한 끼 집밥을 선보였을 때 그는 감탄을 연발했다. 콩밥(콩+백미), 김치, 된장찌개, 콩나물무침, 계란말이, 두부조림, 생선구이, 멸치볶음, 생채소로 만든 샐러드, 불고기로 차려진 밥상이었다. 집집마다 한두 가지 차이는 있겠지만 한국 사람이라면 누구나 아침 저녁으로 먹을 수 있는 평범한 밥상이었다.

> 한국 음식은 오늘 처음 먹는데 정말 맛있네요. 게다가 이 식탁의 모든 음식은 최고의 두뇌음식이에요. 생선에는 오메가3가 풍부하고, 기억력과 인지능력, 언어능력을 높이는 엽산이 풍부한 채소도 많고요. 찌개에도 채소가 들어있고, 김치, 콩나물무침, 샐러드 역시 모두 채소네요. 밥은 탄수화물로 뇌의 연료가 되고, 두부, 생선, 계란 등 단백질도 잘 갖추어졌어요. 탄수화물과 단백질이 균형을 이뤄야 뇌가 잘 활동할 수 있는데, 식사의 반은 채소이고, 1/4은 단백질, 1/4 정도가 탄수화물이므로 이 식사는 아주 훌륭합니다. 여기에 흰쌀 대신 현미를 먹으

▶패트릭 홀포드 박사는 한국 전통 집밥과 영국 식사를 비교하면서, 영국 식사에 고기가 더 많고 생선은 더 적다고 했다. 특히 영국식사엔 채소가 부족하다며, 전통 한국 집밥이 영국의 식사보다 훨씬 더 건강식이라고 강조했다. 또 한국의 양념 중 고추를 예로 들면서, 고추가 자연 진통제와 같은 역할을 한다는 말도 덧붙였다.

면 정말 완벽한 두뇌음식이에요. **패트릭 홀포드 박사**

한국 음식을 처음 먹는다는 패트릭 홀포드 박사는 서툰 젓가락질로 하나하나 맛을 음미하고, 각각의 재료는 무엇이고 어떤 조리법을 쓰는지 꼼꼼히 묻더니, 한국의 집밥이야말로 최고의 두뇌음식이라고 감탄했다.

다만 한국의 대표 음식인 불고기는 먹지 않았다. 개인적 취향으로 고기를 먹지 않는다는 패트릭 홀포드 박사는 고기도 좋은 단백질이지만 고기보다는 생선을 많이 먹는 것이 뇌에 좋다고 했다.

◉집밥의 힘으로 우등생이 된 아이들

6명의 자녀들을 사교육 없이 우등생으로 키운 데는 집밥의 힘이 컸다는 구윤성 씨 가정의 밥상을 기억해보자. 앞서 언급한 바 있지만, 우선 주식으로 포도당을 일정하게 공급하고 아연이 풍부한 현미밥을 택했다. 반찬으로는 생선과 꽁치김치찌개로 양질의 단백질과 오메가3를 제공하고 있었으며, 직접 갈아 만든 녹두부침개로 단백질을, 김치와 각종 나물을 통해 비타민과 섬유소, 칼슘과 마그네슘을 효과적으로 제공하고 있었다. 아이들의 두뇌에 꼭 필요한 영양소가 두루 갖춰진 밥상이다. 게다가 구윤성 씨 가정은 고기 섭취는 일주일에 1~2번 정도로 제한했다. 지금까지 밝혀진 두뇌음식의 정석이다.

서울국제고등학교에 입학한 곽온별 양네 밥상도 마찬가지이다. 엄마 장재년 씨는 시골에서 직접 담은 된장을 풀어 맑은 국을 끓이고, 아빠는 식사준비를 거들며 소금기가 거의 없는 신선한 고등어를 굽는다. 아이들에게 채소를 많이 먹일 목적으로 불고기와 쌈을 함께 올리고, 신선한 양상추샐러드에는 견과류인 호두와 아몬드를 뿌린다. 아삭아삭한 오이와 김치, 마늘장아찌도 곁들인다. 밥은 현미잡곡밥이고, 어떤 음식에도 화학조미료는 사용하지 않는다. 마지막 후식으로는 방울토마토. 두 집 모두 두뇌발달에 꼭 필요한 영양소들이 밥상에 고스란히 올라있다.

한국 집밥의 우수성은 한마디로 '두뇌음식의 보고'라는 데에 있다. 특히 한국 밥상에서만 볼 수 있는 나물은 들기름으로 무쳐 오메가3까지 더했고, 나물에 생야채를 곁들인 상차림은 생채와 숙채를 골고루 먹기 때문에 다양한 비타민을 손실 없이 제공한다. 레시틴이 풍부한 콩을 두부, 콩나물, 된장, 청국장, 고추장, 간장 등 다양한 방법으로 먹을 수 있다는 것도 한국 밥상의 장점이다. 한국 사람들은 콩 음식을 먹으면서 자연스럽게 레시틴을 섭취하지만, 서양 사람들은 고가의 레시틴 분말을 일부러 구입해 먹기도 한다.

기억력과 집중력을 높이는 레시틴, 뇌신경 회로망을 만들고 사교성을 좋게 하는 오메가3, 뇌세포를 안전하게 보호하는 항산화물질들과 좌뇌와 우뇌의 통합능력을 높이는 비타민C, 기억력과 집중력을 높이는 비타민B1과, 인지능력과 언어능력을 높이는 엽산, 뇌세포의 흥분을 진정시키는 칼슘과 마그네슘 등, 밥상 위에 놓인 각각의 영양소들은 오케스트라의 연주와 같이 화려하고 웅장한 에너지가 되어 뇌를 춤추게 한다(각각의 영양소와 두뇌발달의 상관관계에 대해서는 PART2에서 자세하게 다룰 것이다).

세계적인 두뇌음식 권위자가 감탄한 한국의 집밥. 하지만 정작 한국에서는 뇌발달에 이렇게 효과가 있는 집밥을 챙겨먹는 아이들이 많지 않다. 2008년 국민건강영양조사 결과, 12~18세 청소년 중 하루 1회 이상 외식을 하는 경우는 33.4%, 2회 이상 외식을 하는 경우도 14.1%에 달했고, 그 수치는 점점 늘고 있다. 부모의 맞벌이와 학원 순례 덕에 아이들이 집밥 대신 패스트푸드나 배달음식, 거리의 간식들로 크고 있다는 것은 안타까운 현실이다.

> **가정식 백반을 사먹는 것이 대안이 될까?**
>
> 요리할 시간이 없어 어쩔 수 없이 외식을 하거나 배달 음식으로 끼니를 해결하는 집이 많다. 이때 치킨이나 피자, 자장면 대신 '가정식 백반'을 사먹으면 집밥을 대신할 수 있을까? 물론 치킨이나 자장면, 그밖에 칼로리만 높고 영양가는 부족한 음식들을 사먹는 것보다는 낫다. 그러나 식당 어느 곳에서도 현미밥을 주는 일은 없고, 부모가 아이를 위하는 것처럼 신선하고 질 좋은 식재료를 사용하지 않는다. 일반적인 가격의 가정식 백반의 경우 농약이 많이 사용된 수입 농산물로 만들어지는 것이 대부분이다. 가정식 백반을 사먹을 바엔 반찬이 한두 가지여도 직접 만든 집밥이 낫다.

●◉아이가 똑똑하기를 바란다면 기름진 음식부터 버려라

전 서울대병원 가정의학과 유태우 교수는 영양학자들과 함께 한국의 집밥과 건강식으로 알려진 지중해식, 그리고 전형적인 미국식 식사를 비교연구한 바 있다. 각 나라의 암, 당뇨병, 고혈압, 비만, 심장병 등과 영양의 연관성을 분석했는데, 한국의 집밥이 각종 질병을 예방하는 데 가장 효과적이라는 사실이 증명되었다.

한국의 집밥은 미국식 식사에 비해 칼로리가 낮고 지방질 역시 적다. 기름기가 많고 칼로리가 높은 식사는 암, 당뇨병, 고혈압, 비만, 심장병 등의 원인이 된다. 뿐만 아니라 한국의 토종 밥상은 채식과 육식의 비율이 8 : 2 정도인데, 이는 영양학적으로 가장 이상적인 황금비율이다.

이 외에도 한국 집밥의 장점은 무수하다. 전통적으로 한국 음식엔 '약과 음식은 그 근본이 같다'는 '약식동원(藥食同原)' 사상이 있다. 찹쌀에 밤과 잣 등

한국식사의 우수성			
비교항목	한식	미국식	지중해식
칼로리	1976kcal	2146kcal	1815kcal
당질 : 단백질 : 지방질	65 : 15 : 20	52 : 15 : 33	45 : 20 : 35
육류	42kg/년	122kg/년	91kg/년
동물성식품 비율	15%	27%	25%
포화지방 비율	6.3%	11.3%	11.8%
포화지방산 : 단불포화 : 다불포화	1 : 1.1 : 1.3	1 : 1.1 : 0.6	1 : 1.7 : 0.4
오메가6 지방산 : 오메가3	6.4 : 1	16.7 : 1	2 : 1
생선류	51kg/년	21kg/년	25kg/년
야채	223kg/년	125kg/년	178kg/년
콩류	34g/일	9.6g/일	8.5g/일
마늘과 양파	28.8g/일	-	19.4g/일

다양한 잡곡을 섞어 지은 밥을 약식이라 부르고, 고추장에 다진 소고기와 꿀을 넣어 볶은 고추장을 약고추장이라 부르는 것도, 음식에서 약의 효과를 기대한 것이었다. 온갖 음식에 들어가는 '양념(藥念)'도 마찬가지이다. 양념을 만들때는 특히 질병의 예방 및 치료 효과가 있는 마늘과 생강을 많이 사용했다.

그러나 서구적인 입맛에 길들여진 우리 아이들은 점점 채소와 나물 반찬을 싫어하고, 고기가 없는 밥상엔 투정을 부린다. 심지어 밥상을 차리기 귀찮다는 이유로 부모가 먼저 햄버거나 피자, 각종 튀김을 비롯한 인스턴트식품을 권하기도 한다. 패트릭 홀포드 박사가 한국의 집밥을 맛보고 분석한 후 건넨 말은 우리 모두가 진지하게 고민해 볼 필요가 있다.

> 건강하기를 원한다면 한국의 전통 음식을 계속 먹고, 서양 음식은 피해야 합니다. 서양 음식이 보기에 좋고 매력적으로 느껴질지 모르지만 두뇌와 몸 건강에는 결코 좋지 않아요. 서구 세계의 최악의 수출은 음식과 질병입니다. 패트릭 홀포드 박사

기름진 음식을 아이에게 배불리 먹였다고 만족하는 시대는 지났다. 어떤 음식을 먹이느냐에 따라 아이의 두뇌는 거대한 잠재력을 나타내기도 하고, 반대로 예상치 못한 심각한 문제를 일으키기도 한다. 아이들이 똑똑하고 건강하게 자라 타고난 역량을 맘껏 발휘하길 바란다면 지금 당장 음식부터 관리해야 할 것이다.

> ## 하루 세 끼
> ## 정해진 시간에
> ## 먹어야 하는 이유

 아이들의 체력과 더불어 기억력과 집중력을 높이려면, 하루 세 끼 정해진 시간에 밥을 주어야 한다. 그래야만 뇌의 에너지인 포도당을 일정하게 공급할 수 있기 때문이다. 뇌에는 저장세포가 없기 때문에 포도당이 떨어지면 금세 지치고 만다.

 한 끼 식사를 거르면 우리 몸은 비상상태로 돌입하는데, 이때 혈당을 높이기 위해 스트레스 호르몬을 분비한다. 스트레스 호르몬이 나오면 혈당과 함께 혈압이 오르고, 심장 박동수가 늘어나 심리적으로 불안하고 초조해진다. 결국 배가 고프면 공부든 놀이든 집중을 못하게 되는데, 이는 아이의 집중력에 문제가 있는 것이 아니라 혈당이 떨어져서 일어나는 현상이다.

 이렇듯 하루 세 끼 식사를 정해진 시간에 규칙적으로 하지 않으면 혈당이 반복적으로 떨어지고, 이것이 습관이 되어 결국 신경질과 짜증이 많은 아이가 되고 만다. 성격 좋은 아이로 키우기 위해서라도 시간을 정해두고 세 끼 식사를 제대로 해야만 하는 것이다.

◉ 뇌 활동을 막는 기름진 간식

하루 세 끼를 건강하게 먹으려면 간식에 주의해야 한다. 온종일 입에 간식을 달고 살면 자연히 주식을 소홀히 할 수밖에 없다. 많은 부모가 빵이나 과자처럼 당분이 많은 음식을 간식으로 주는데, 빵이나 과자의 단 성분은 식욕을 떨어뜨려 다음 끼니를 거르게 하는 악순환을 가져온다. 골고루 차려진 집밥으로 영양분을 섭취해야 할 시기에 간식 때문에 끼니를 거르면 두뇌에 심각한 타격을 줄 수 있다.

구윤성 씨 가정에서는 아이들에게 간식으로 소량의 과일만 먹게 했다. 다음 끼니에 영향을 미칠까 봐 집에서 만든 빵조차도 많이 주지 않았다고 한다. 온별이 엄마 장재년 씨도 집에 과자를 사다두는 일은 거의 없었고, 오메가3 지방산이 풍부한 호두와 아몬드를 간식으로 먹게 했다.

햄버거, 피자, 핫도그 등 달고 기름진 간식은 포만감을 주어 다음 끼니에 건강한 영양분을 섭취할 수 없게 한다. 영양학 전문가들은 감자, 고구마, 과일 등 맛이 담백하고 칼로리가 낮은 음식이 간식으로 좋다고 말한다. 부모는 기름진 간식을 만드느라 시간과 공을 들일 필요가 없고, 아이들도 끼니를 거르는 일이 없게 된다는 것이다.

지각을 하더라도 아침밥은 꼭 먹여라

제작진이 처음 구윤성 씨 가정을 보고 놀란 것은 두 가지 이유 때문이었다. 고등학생인 아들이 가족과 집밥을 먹기 위해, 그것도 시험이 다음날인데도 불구하고 자율학습을 빼먹고 집으로 왔다는 것. 그리고 아침밥을 먹지 않으면 학교에 보내지 않아 지각을 하기도 한다는 것.

아이들에게 지각을 시키면서까지 아침밥을 먹인다는 건 대부분의 부모들이 쉽게 이해할 수 없는 일이다. 하지만 아침밥의 힘은 아이들의 오전 학습능력을 좌우하기 때문에 제시간에 학교에 보내는 것보다 훨씬 더 가치가 있다.

아침식사가 아이들의 건강과 두뇌에 매우 중요하다는 연구 결과는 수없이 많다. 미국 메사추세츠병원 머피 박사팀이 볼티모어와 필라델피아 초등학교 학생 100명을 대상으로 아침식사와 학업성적, 정서함양의 관계를 조사했다. 그 결과 아침을 먹은 아이들의 수학성적이 아침을 걸렀을 때보다 더 높았고, 우울·불안·과잉행동 등 정서장애를 보이는 경향도 훨씬 적었다. 또 규칙적으로 아침식사를 한 아이들은 아침밥을 거른 아이들보다 사고력이 더 빠르고 명확했으며, 문제를 쉽게 해결했다.

> 아침을 거르는 아이들은 문제를 해결하는 데 필요한 정보를 능숙하게 찾지 못합니다. 또한 공복감으로 인해 새로운 정보를 기억해내거나 이용하는 능력, 언어구사능력, 주의력 등이 약해질 수 있습니다. 머피 박사

아침밥을 거르면 아이의 몸은 저녁식사를 끝낸 후부터 16시간의 공복을 견

뎌야 한다. 아침에 일어나면 혈중 포도당 농도가 떨어져 뇌에 필요한 당분을 공급할 수 없기 때문에 두뇌활동이 원활하게 이뤄지지 않는다.

아침밥이 중요한 또 다른 이유는 우리 몸이 아침에 더 많은 에너지를 필요로 하기 때문이다. 사람은 잠을 자는 동안 기초대사량이 최소화되고 에너지 소비 역시 줄어든다. 하지만 아침에 깨어나면 밤새 떨어져 있던 기초대사량이 급격히 늘어난다. 엔진에 시동을 걸 때 많은 에너지가 필요한 것처럼 우리 몸의 각 기관도 아침에 더 많은 영양소가 필요하다. 이 때 아침밥을 거르면 우리 몸은 비상용으로 축적해 놓은 에너지를 꺼내 쓰는데, 몸에 축적된 에너지원에는 한계가 있어 대략 오전 10시 전후면 바닥이 난다.

> **일본에선 아침밥을 먹지 않아야 건강하다는데?**
>
> 일본의 자연식 요법 중에 '조식 폐지'가 있다. 아침식사를 안 하는 것이 건강에 좋다는 것이다. 하지만 이것은 아이들의 현실과 우리의 밥상 문화에 적절하지 않다. 아침식사를 폐지하자는 주장은 아침식사가 배설과 해독기능을 방해한다고 보지만, 이는 일찍 일어나 배설한 다음 식사를 하는 것이 좋다고 수정되어야 한다. 우리 몸은 새벽에 대장 운동이 원활해진 다음 위장의 운동이 활발해져 음식을 받아들이게 되어있다.
> —김수현 著, 《내 아이 똑똑하게 만드는 천재밥상》 중

그 결과 저혈당 상태에 빠진 몸은 생존 본능에 따라 점심 때 폭식을 하게 되고, 몇 시간 전까지만 해도 급격히 떨어졌던 혈당 수준을 지나치게 올려버린다. 이런 상태가 반복되면 당뇨나 혈압 이상 등 성인병의 위험이 높아지고, 폭식으로 과잉섭취 된 당분은 지방으로 쌓여 비만의 원인이 된다. 아침을 거른 사람은 비만 위험이 4.5배에 달한다고 한다. 혈당이 급격히 떨어졌다가 지나치게 올라가는 상태가 뇌기능에도 지장을 주는 건 물론이다.

고등학교 교사인 장재년 씨는 식생활과 학업의 관계에 관심이 많은데, 학교 교육의 현장에서도 아침밥을 먹는 학생과 그렇지 않은 학생들의 차이가 확연하다고 말한다.

❋ 작년에 제가 맡았던 반에서 조사해 봤는데, 확실히 아침밥을 먹고 다니는 아이들이 감기에 덜 걸리고, 아침에 조는 아이들도 적었어요. 아침을 굶고 오는 아이들은 2교시가 끝나면 배가 고파 매점에 달려가고, 군것질로 배를 채우고 나니 점심시간엔 밥을 적게 먹어요. 그런 악순환이 계속 되더군요. 특히 고3은 거의 체력전인데, 아침을 먹는 습관이 든 아이들은 확실히 잘 버티지만, 그렇지 않은 아이들은 힘겨워 하는 것 같아요. 온별이 엄마 장재년

특히 아침부터 늦은 밤까지 공부하는 고3 수험생의 뇌는 일반 성인보다 2배 이상의 포도당을 소모하기 때문에 아침밥을 거르지 않는 것이 더욱 중요하다.

◉ 아침식사 만큼은 빵 대신 밥으로

한국식으로 반찬까지 차려 아침을 먹으려면 적지 않은 시간이 소요된다. 특히 직장을 가진 부모가 아침마다 밥을 하고 국을 끓이고 반찬을 준비하는 일은 만만치 않다. 그래서 아침을 먹는다고 해도 밥 대신 빵이나 우유, 시리얼을 주는 부모가 많다. 아침을 굶는 것보다는 무엇이라도 먹는 것이 좋을 것이다. 하지만 아이의 두뇌를 생각한다면 빵이나 우유, 시리얼보다 집밥을 주어야 한다.

우선 빵은 99%가 수입 밀가루로 만들어진다는 데에 문제가 있다. 농약과 화학비료로 자란 밀가루는 태평양을 건너오기 위해 방부제까지 뿌려진다. 독한 방부제 덕에 1년 넘게 보관해도 부패하지 않을 정도다. 재래식 화장실에서 볼 일을 보고 난 뒤 수입 밀가루를 뿌리면 절대 구더기가 생기지 않는다고 할 정

도다. 방부제 덩어리인 빵은 아무리 갓 구워냈다고 해도 아이에게 좋을 리 없다. 전세계 인구의 2/3가 밀을 주식으로 하지만 그들이 먹는 것은 어디까지나 자국산 밀이다.

빵보다 밥이 두뇌발달에 좋은 이유가 또 있다. 우리의 뇌는 씹는 활동을 통해 발달하는데, 음식을 잘 씹을수록 턱이 발달하고, 턱이 움직이면 뇌를 자극한다. 이때 뇌의 혈류는 평소보다 7배나 증가하는데, 활발한 혈류 덕에 뇌기능이 크게 향상된다. 그러므로 대충 씹어도 부드럽게 넘어가는 빵보다는 꼭꼭 씹어야 삼킬 수 있는 현미잡곡밥을 먹이는 것이 아이의 뇌발달에 훨씬 효과적이다.

시리얼의 경우 제조 과정에서 자연식품을 도정하고 제분하고 가공하기 때문에 자연식 밥보다 영양의 질이 떨어질 수밖에 없다. 가공 과정에서 잃어버린 영양소를 보충하기 위해 몇 가지 인공 영양소를 첨가한다고 해도, 신선한 채소와 곡식에 들어있는 풍부한 영양소를 따라갈 수 없다. 영양이 부족한 아침식사를 하면 뇌의 집중력이 떨어지는 것이 당연하다.

아침에 제대로 된 집밥을 먹지 않으면 아이는 두뇌음식을 먹을 기회가 없다. 대부분의 초중고생들은 급식으로 점심을 해결하는데, 칼로리 계산이 잘 된 식사일지는 몰라도 두뇌에 주는 영향까지 고려한 음식은 아닌 경우가 많다. 식중독을 확실하게 예방한다는 이유로 생선은 구이보다는 튀김 위주일 때가 많고, 아이들이 잘 먹는다는 이유로 거의 매일 햄, 소시지 등의 가공식품이 나온다. Part3에서 자세히 다루겠지만 이러한 가공식품은 두뇌에 악영향을 미친다. 아침만이라도 정성이 담긴 집밥을 주어 아이의 두뇌를 지켜주자.

> ## 온가족이 모이지 않으면 절반의 성공

우리나라 청소년의 45.6%가 가족과 함께 아침밥을 먹지 못한다. 저녁의 경우도 청소년 38.6%가 가족과 함께 밥을 먹지 못한다고 하는데 안타까운 현실이다(2005년 국민건강 영양조사 결과). 아무리 두뇌음식에 대한 정보를 꼼꼼히 기억하며 집밥을 차려준다고 해도 가족이 함께 밥상에 둘러앉지 않는다면 절반의 성공이기 때문이다.

대부분의 아이는 혼자 식사를 하면 밥상 위에 다양한 반찬들이 있어도 편식이 심해진다. 입에 맞는 반찬만 골라 먹어도 옆에서 바로 잡아줄 사람이 없으니 말이다. 또, 집에 아무도 없다면 컴퓨터를 하거나 TV를 보면서 반찬 한가지로 밥을 먹는 경우도 많다. 또래 친구들과 밥을 먹을 경우 편식으로 인한 영양상의 불균형은 더욱 심해진다.

◉ 미네소타대학이 밝힌 가족식사의 비밀

미국 미네소타대학의 공중보건학교는 가족들과 식사를 많이 하는 아이일수록 편식 없이 음식을 골고루 섭취한다는 연구 결과를 발표했다. 1998~1999년까지 민족과 계층이 다양한 5천명의 10대 학생을 대상으로 연구한 결과, 가족과 식사를 많이 할수록 과일과 채소, 곡류, 칼슘이 풍부한 음식을 더 많이 먹는다는 것이다. 또 단백질과 철분, 엽산, 섬유질, 그리고 비타민A, C, E 와 B6도 더 많이 섭취했고, 탄산음료는 더 적게 마셨다.

가족식사를 많이 하는 아이들이 주로 섭취한 영양소는 지금까지 강조한 머리를 좋게 하는 영양소들이다. 반면 더 적게 마시는 것으로 드러난 탄산음료는 두뇌에 나쁜 영향을 주는 대표적인 음식이다. 그 결과, 미네소타대학의 연구에서는 가족식사를 많이 하는 아이들이 학업성적도 높은 것으로 나타났다.

이와 비슷한 시기에 미국 시러큐스대학은 가족이 모두 모여 식사를 많이 하는 가정은 천식에 걸릴 확률이 낮다는 연구 결과를 발표하기도 했다(2000년 86개 가구 대상 연구 결과). 이 두 대학의 연구 결과에서 밝혀진 진실은 다음의 한 문장으로 요약된다. '아이들은 가족식사를 통해 다양한 영양분을 섭취하고, 그 영양분이 건강과 뇌발달의 기초가 된다.'

◉ 영국이 가족식사 캠페인을 벌인 이유

온 가족이 밥상에 둘러앉는 기회가 점점 줄어들어 전체 가구의 30%만이 일주일에 한 번 이상 가족식사를 한다는 영국. 영국에서는 가족식사의 중요성이 속속 밝혀진 뒤 정부가 직접 나서서 '온가족이 한자리에 모여 함께 식사하자'는 캠페인을 벌이기도 했다. 가족이 함께 식사하면 따로 먹을 때보다 영양상 균형 있는 식사를 하게 되고, 정크푸드를 먹을 확률도 줄어든다는 이유에서다.

가족이 함께 밥상에 둘러앉으면 부모는 두뇌에도 좋고 몸에도 좋은 음식들을 자녀에게 권하게 된다. 편식이 심한 아이라도 부모가 맛있게 먹는 모습을 지켜 보고 여러 번 음식을 접하게 되면, 싫은 음식에 대한 거부감도 작아지게 마련이다. 또한 식사중에 영양에 대한 대화가 자연스럽게 이뤄져 아이 스스로 무엇을 먹어야 하고, 먹어서는 안 될 음식이 무엇인지 깨닫게 된다. 가족식사를 통해 건강한 식습관을 갖게 되는 것이다.

가족이 전부 모일 수는 없더라도 아이 혼자 밥을 먹도록 두는 것은 좋지 않다. 엄마든 아빠든 옆에 앉아 밥상을 지켜줘야 한다. 아이 혼자 쓸쓸히 밥을 먹는다면 제대로 된 식사를 하기보다 끼니를 때우는 수준이 되기 쉽다. 음식에 대한 이야기와, 하루 동안 있었던 일들을 공유하는 즐거운 식사라야 입에 맞지 않는 음식도 쉽게 먹을 수 있다.

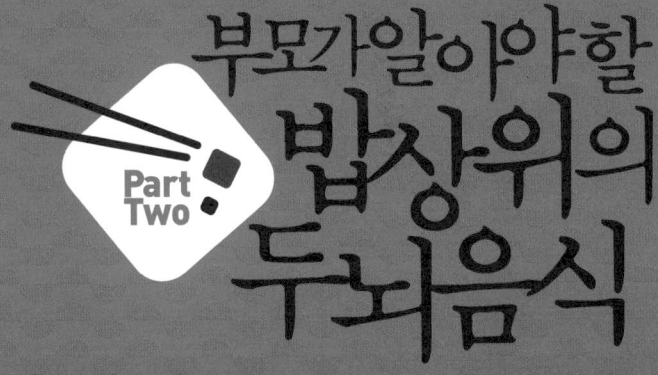

한국 집밥의 우수성은 한마디로

'두뇌음식의 보고' 라는 데에 있다.

특히 한국 밥상에서만 볼 수 있는 나물은

들기름이 더해져 완벽한 영양을 갖추었고,

나물에 생야채를 곁들인 상차림은 생채와 숙채를

골고루 먹기 때문에 다양한 비타민을 손실 없이 제공한다.

레시틴이 풍부한 콩을

두부, 콩나물, 된장, 청국장, 고추장, 간장 등

다양한 방법으로 먹을 수 있다는 것도

한국 밥상만의 장점이다.

부모의 첫째 조건, 두뇌음식을 절대 놓치지 마라

대한민국의 부모치고 아이의 지능과 학습능력에 관심을 두지 않는 사람이 없다. 내 아이가 남부끄럽지 않을 실력을 갖췄다면 몰라도 행여 학습능력이 조금이라도 떨어지거나 성적이 기대에 미치지 못한다면, 학원 수를 늘리고 과외 선생을 붙이는 등 비상태세에 들어간다.

문제는 아이의 지능을 키우고 학습능력을 향상시키는 방법이 오로지 읽고 쓰고 외는 것에만 집중된다는 점이다. 하지만 평범한 아이라면 억지로 강요받는 주먹구구식 학습을 달가워할 리 없다. 부모나 선생님이 시키는 대로 공부하더라도 그 효과는 미미하다. 교육 전문가들은 한결같이 '강제로 시킨 학습은 부모가 바라는 대로 교육적 효과를 거두기 힘들며 오히려 정서적으로 심각한 악영향을 끼칠 수 있다'고 말한다.

우리 주변을 보면 별반 가르친 것도 없는데 공부를 잘하는 아이가 있는 반면, 아무리 돈을 들여도 성적이 나아지지 않는 아이가 있다. 후자는 당장 실천할 수 있는 가장 손쉬운 방법을 두고 엉뚱한 곳에서 길을 찾은 결과다.

생각해보자. 아이의 지능과 학습능력을 결정하는 것은 다름 아닌 두뇌이다. 두뇌가 건강하면 부모들이 그렇게 바라는 똑똑하고 인성도 바른, 이른바 '엄친아'로 자란다. 두뇌가 곧 아이 인생의 엔진인 셈이다. 그 엔진에 활력을 넣어줄 원료는 다름 아닌 음식이다. 좋지 않은 기름을 넣은 엔진이 제 역할을 할 리 만무하듯 아이의 두뇌 역시 좋은 원료, 질 좋은 음식을 주지 않으면 제 몫을 해낼 수 없다. 반면 두뇌가 바라는 이른바 '두뇌음식'이 제공되면 아이의 뇌는 저절로 춤을 춘다. 탄력을 받아 신나게 움직이는 두뇌는 남다르게 사고하고, 평소보다 더 집중하며, 위기상황이 오더라도 긍정적인 결정을 내린다.

지능뿐 아니라 마음도 바꾸는 두뇌음식

음식이 성장기 아이에게 미치는 영향은 비단 지능과 체력에 국한되지 않는다. 인성과 품격, 인내심 등 정서적 문제에도 음식이 미치는 영향은 크다. 갈수록 폐해가 심각해지고 있는 주의력결핍과잉행동장애(ADHD)만 해도 그렇다. 집중력이 부족하고 통제할 수 없을 만큼 지나치게 산만한 행동을 보이는 이 병은, 현재 초등학생의 9% 정도에게서 나타나고 있다.

여기에는 유전적인 요인, 성장환경 문제 등 여러 원인이 제시되고 있지만, 주목할 점은 칼슘·아연 등의 미네랄 부족, 인스턴트식품과 과다한 당 섭취, 오염된 음식재료 섭취로 인한 중금속 축적 등 음식 문제가 공통적으로 나타난다는 것이다.

이와 관련하여 미국의 ADHD 전문연구기관 페인골드협회는 인스턴트식품에 들어 있는 화학첨가물을 주목하고 있다. 화학적으로 처리된 인공감미료와 색소, 보존제 등이 아이들의 공격성을 자극하며 주의집중력을 떨어뜨리는 등 학습능력과 정서 발달을 막는다는 것이다.

ADHD는 아닐지라도 공부에 집중 못하고 산만하게 행동하며 또래와 잘 어울리지 못하고 과격하게 구는 아이들이 많은 것을 볼 때, 간편하고 빠른 음식에 길들여진 요즘 아이들의 식습관을 심각하게 재고해볼 필요가 있다.

◉공부하는 부모가 되어라

아이가 먹는 음식에 무관심한 부모가 있을까. 어릴 때부터 보약과 영양제를 챙기고 시판하는 성장식과 값비싼 유기농 식품에 아낌없이 돈을 쓰는 부모도 많다. 문제는 과대광고와 잘못된 정보로 인해, 아이에게 검증되지 않은 음식들을 너무 쉽게 제공한다는 것이다. 잘못된 교육은 바로잡으면 되지만 한번 입에 들어간 음식은 다시 돌이킬 수 없다. 입에 들어가는 순간 아이 몸의 각 기관이 영향을 받고 그 결과는 반드시 드러난다.

어떤 특정 음식이 좋다고 하면 '좋다고 하니 먹여서 나쁠 건 없겠지' 하며 검증된 정보 없이 아무렇게나 먹이는 부모도 있고, 식습관을 개선할 생각은 못하고 무조건 아이의 기호식품을 금지한 나머지 오히려 아이에게 정서 문제를 일으키는 부모도 있다.

인터넷을 떠도는 수많은 정보, 대중매체가 제공하는 상업광고, 소문으로 전해들은 정체불명 처방들의 폐해에서 벗어나려면 두뇌음식, 바른 먹을거리에 대해 부모 스스로 공부해야 한다.

여기에 하나 더, 내 아이의 상태에 대해 제대로 파악하고 있어야 한다. 아무리 좋은 두뇌음식일지라도 아이의 발달 상태에 따라 득보다 실이 많을 수 있다. 비만인 아이에게 성장을 이유로 고기 반찬만 잔뜩 먹였다가 고혈압 등 성인질환을 유발하는 것과 같은 이치이다.

한 예로 정서 안정에 좋은 칼슘이 뇌에서 제 기능을 발휘하려면 상대적으로 마그네슘과 균형을 이루어야만 한다. 아이에게 마그네슘 성분이 부족한데, 정서 안정을 이유로 칼슘을 과다하게 제공하면 오히려 아이는 집중력을 잃고 더 큰 심리적 불안 상태에 놓일 수 있다. 아이는 실험용 쥐가 아니다. 여러 가지 정보에 현혹되어 좋은 음식을 찾기에 앞서, 스스로 공부하는 부모가 되어야 한다.

●◎영양보조제에 대한 잘못된 오해

아이가 제대로 먹지 않을 때 부모들은 영양보조제를 떠올린다. 제작진이 만난 외국 전문가들도 연구 대상인 아이들에게 비타민 등의 영양보조제를 제공하고 있었다. 그러나 이것은 어디까지나 정확한 진단 하에 어떤 두뇌음식이 필요한지 결론을 내리고, 음식의 보조적 수단으로 제공된 것이다.

외국의 경우 비타민과 미네랄 영양제는 이미 대중화되었는데, 이는 제철 음식에서 비타민과 미네랄을 충분히 섭취할 수 없다는 근거 아래 나타난 현상이다. 즉, 비닐하우스 재배나 농약 사용 등으로 자연에서 나는 음식의 비타민과 미네랄 함유량이 과거보다 현저히 떨어졌기 때문에, 그 대체식품으로 비타민과 미네랄 영양제를 섭취하기 시작한 것이다. 이렇듯 영양제를 복용하는 것이 이미 일반화된 외국의 경우, 복용 효과가 확실하고 부작용이 나타나지 않도록 전문적인 연구가 계속 이뤄지고 있다.

반면 국내의 영양제에 대한 인식은 아직 초보적인 단계에 머물고 있다. 말 그대로 '좋아진다더라' 하는 소문만 믿고 선택하는 경우가 허다하다. 뇌를 비롯한 각 기관이 아직 완성 단계에 이르지 못한 아이는 성인에 비해 이런 보조영양제의 영향이 훨씬 더 크다. 아이에게 음식 대신 보조영양제를 제공할 생각이라면, 전문적인 처방이 따라야 한다. 아이의 상태와 개선해야 할 음식이 무엇인지 파악하고, 부족한 성분을 음식으로 충당하지 못할 때 영양제를 선택해야 한다.

뒤에 소개할 두뇌음식 역시 보조영양제로 시판되는 것들이다. 밥투정이 심한 아이를 둔 부모라면 두뇌음식 안의 영양소를 보다 쉽게 제공하기 위해 보조영양제를 택할지 모른다. 그러나 모든 두뇌음식은 자연 상태에서 인공적 가미 없이 섭취할 때 가장 효과가 크다. 또한 시간이 걸릴지 몰라도 그 효과는 반드시 드러난다. 가공된 영양제가 천연의 자연식품에 비해 많은 영양을 제공할지는 몰라도, 엄마가 정성들여 만들어준 제철 음식만큼이나 양질의 영양을 제공하지 못하는 것은 분명하다.

오케스트라의 합주를 기억하라

성장기 아이에게 두뇌음식은 반드시 필요하지만 어느 특정 음식만 제공하는 것은 큰 의미가 없다. 음식이 아이의 두뇌에 영향을 미칠 때에는 특정 성분 하나만 작용하는 것이 아니기 때문이다. 어떤 영양소가 부족할 경우 문제가 되는 것은 분명하지만, 그 성분이 넘치게 제공된다고 뇌 발달에 도움이 되는 것은 아니다. 더구나 특정 음식만 제공할 경우, 오히려 영양 불균형을 가져와 뇌발달을 저해할 가능성이 있다.

두뇌음식이 아이의 뇌에 작용하는 원리는 오케스트라의 합주와도 같다. 두뇌에 긍정적인 작용을 하는 여러 음식이 서로 조화를 이뤄 상호작용을 할 때 비로소 그 효과가 제대로 발현된다.

두뇌음식을 먹이기에 앞서 내 아이가 영양의 기본 공급원인 음식들을 제대로 먹고 있는지부터 살펴보자. 균형있는 식습관을 지니고 있는지 파악하고, 부족한 부분을 채워주는 것이 시작이다.

지키지 못할 원칙보다 현실적인 대안을

제작진은 취재 과정에서 온갖 유해식품이 두뇌에 미치는 악영향을 눈으로 확인할 수 있었다. 또한 앞서 설명한 대로 자연에서 자란 제철 음식이 아이의 두뇌발달에 결정적인 역할을 한다는 사실 역시 수많은 연구 결과를 통해 입증되었다. 그러나 그 어떤 교육 이론도 실생활에서 실천할 수 없다면 무슨 소용이 있겠는가. 부모와 교사의 적극적인 노력으로 아이들에게 두뇌음식을 공급하는 것은 가능하지만, 아이가 사회생활을 시작할 무렵이면 그런 노력만으로 음식에 대한 문제가 모두 해결되지 않는다. 피자나 햄버거, 과자와 음료수 등 아이들을 유혹하는 유해식품은 너무 많고, 절에 들어가 살지 않는 한 그런 유혹부터 아이를 100% 지켜내기란 불가능하다.

그렇다면 현실적인 차선책을 마련해야 한다. 아이가 소시지나 햄을 너무 원한다면, 우선 양을 줄이고 조리 전에 뜨거운 물에 데쳐 염분과 발색제, 보존제 등을 최소화하는 것이 좋은 예가 된다. 통조림 식품의 경우 구입한 후 바로 다른 용기에 옮겨 담으면 통조림을 통해 음식에 흡착되는 첨가물을 최소화할 수 있다. 정제된 밀가루를 사용하는 면 종류를 먹을 때 역시, 조리 전에 뜨거운 물에 한 번 데치면 산화방지제와 보존제를 없애는 데 도움이 된다. 아이가 자랄수록 얼마든지 두뇌는 물론 신체 발달에도 좋지 않은 정크푸드를 먹을 수 있다는 사실을 기억하자. 지키지 못할 원칙을 고수하기보다, 융통성을 갖고 조금씩 식습관을 개선하면서 현실적인 대안을 마련해야 한다.

PART2에서는 아이들이 매일 먹는 집밥 메뉴에 반드시 있어야 할 두뇌음식에 대해 다루고 있다. 성장기 아이의 두뇌와 신체 발달에 없어서는 안 될 성분

우리 집 집밥 점검해보기

1. 식용유 사용은 어느 정도?
현실적으로 식용유를 사용하지 않는 것은 불가능하다. 하지만 조금만 신경 쓰면 양을 줄일 수는 있다. 기름을 많이 사용해야 하는 음식은 가능한 한 줄이고, 식용유 대신 참기름이나 들기름을 사용하자.

2. 수분 섭취량은?
연령별로 차이가 있지만 인체에서 수분이 차지하는 비중은 60% 정도이다. 수분은 인체의 가장 큰 구성성분인 만큼 하는 역할도 많다. 특히 성장기의 아이는 신진대사가 활발하기 때문에 수분이 충분해야 한다. 하지만 부모 대부분은 음식에 신경을 써도 수분 섭취에 신경 쓰지 않는다. 두뇌음식이 제 역할을 하려면 충분한 수분 섭취가 이뤄지고 있는지 점검해야 한다.

3. 재료의 신선도는?
건강에 대한 관심과 함께 유기농 식품이 주목받고 있다. 하지만 값비싼 유기농을 끼니마다 준비하는 것은 일반 가정에 적지 않은 부담이 된다. 값비싼 유기농 식품을 찾는 대신 그날 먹을 식재료를 그날 준비하는 것이 현명하다. 두뇌음식의 영양성분은 재료의 신선도에 따라 양과 질이 결정된다.

들이다. 하지만 앞서 설명한 대로 이 모든 성분들은 단독으로 작용하는 것이 아니라, 다른 요소와 유기적으로 결합되었을 때 비로소 효과가 나타난다. 또한 아이에게 특정 음식만을 고집할 경우, 아이가 집밥 자체를 거부하는 등 식습관 자체에 문제가 될 수 있다. 한창 긍정적인 시각으로 세상을 배워야 할 아이가 매일 먹는 음식에 대해 부정적인 인식을 갖는 것은 인성 발달에 좋지 않은 영향을 미칠 것이 자명하다.

성장기 자녀를 둔 부모라면 원칙과 기준을 분명히 밝히되, 내 아이에 대해 정확히 알고 아이의 눈높이에 맞춰 아이가 원하는 것을 융통성 있게 수용할 줄 알아야 한다.

다음에 소개하는 두뇌음식들은 아이의 식생활을 책임져야 할 부모들에게 원칙과 기준이 될 수 있을 것이다. 내 아이에게 가장 필요한 두뇌음식이 무엇인지, 기준과 원칙을 마련하자. 단, 아이의 눈높이에 맞춰 적절한 대안을 마련하고 수위를 조절하는 자세를 잊어서는 안된다.

6개월 만에 평균 성적을 따라잡은 학업부진아들
-오메가3 지방산

옥스퍼드대학의 알렉스 리처든슨 박사는 오메가3 지방산을 먹은 아이의 학습능력이 놀랍게 향상된 것을 확인했다. 한 초등학교에서 학업성적이 부진한 117명의 학생들을 대상으로 실험한 결과, 오메가3 지방산을 꾸준히 섭취한 학생들의 경우 읽기는 9개월, 쓰기는 6개월 만에 또래 아이들의 평균점수까지 상승한 것이다.

실험에 참여한 학업부진아들은 또래 아이들에 비해, 학습능력이 2년 정도 뒤떨어져 있었습니다. 그런데 오메가3 지방산을 섭취한지 불과 6~9개월 만에 동급생들의 평균수준을 따라잡았습니다. 알렉스 리처든슨 박사

오메가3 지방산이 들어있는 생선을 많이 먹은 임부들이 두뇌가 좋은 아이를 낳는다는 연구결과도 있다. 미국 메릴랜드주 베데스다 국립보건원의 조지프 히번 박사는 9천 명의 엄마와 아이들을 대상으로 연구한 결과 '오메가3 지방산의 양이 아이의 지능과 운동기능, 작은 물체 조작능력에 영향을 주는 것으로 밝혀졌다'고 발표했다.

임신 기간 중 오메가3 지방산을 가장 적게 먹은 엄마 그룹의 아이들은 전체 평균보다 언어지능지수가 6점 낮게 나왔다. 그리고 아이들이 태어난 지 3년 6개월이 됐을 때 운동 기능이 가장 좋은 아이들은 임신 기간 중 오메가3 지방산을 가장 많이 먹은 엄마 그룹의 아이들이었다.

사교성을 좌우하는 오메가3

오메가3 지방산이 대표적인 두뇌음식이라는 건 이미 많은 부모가 알고 있는 사실이다. 하지만 오메가3 지방산이 아이들의 사교성에도 영향을 미친다는 사실을 아는 부모는 많지 않다. 조금이라도 사회생활을 해 본 부모라면 학교를 졸업한 후엔 머리 좋은 사람이 결코 사교성이 뛰어난 사람을 이기지 못한다는 것에 공감할 것이다. 아이의 사교적 능력은 학교생활에도 적지 않은 영향을 미친다. 수줍음이 많고 소심한 아이가 친구들과 잘 어울리지 못하고, 심하면 왕따의 대상이 되는 것을 심심찮게 목격한다.

오메가3는 아이의 사교성, 즉 사회 적응력에도 크게 작용한다. 조지프 히번 박사는 영국 브리스톨대학 골딩 박사와의 공동 연구에서 아이를 임신했을 때 엄마가 섭취하는 오메가3 지방산의 양이 반사회적 행동 경향을 결정하는 데도 영향을 준다는 것을 밝혀냈다.

임신 기간 동안 오메가3 지방산을 적게 먹을 경우 아이가 자라면서 친구를 못 사귀는 등 사회성과 관련한 문제 수치들이 증가했다. 7세 아이들을 대상으로 분석한 결과 오메가3 지방산을 가장 적게 먹은 엄마 그룹의 아이들 중 14%가 반사회적 행동을 보였다. 이것은 오메가3 지방산을 많이 먹은 엄마 그룹의 아이들 중 8%가 반사회적 행동을 보인 것에 비해 현저히 높은 수치라고 연구자들은 덧붙였다.

◉ 당신의 아이가 ADHD라면

패트릭 홀포드 박사는 오메가3 지방산의 중요성은 아무리 강조해도 지나치지 않다고 말한다.

> 오메가3는 뇌에 굉장히 중요해요. 최근에는 ADHD의 심각성이 많이 언급되는데요. 아이가 오메가3 지방산을 충분히 섭취하지 못하면 집중력이 떨어져서 과잉행동을 훨씬 많이 보입니다. 패트릭 홀포드 박사

패트릭 홀포드 박사는 그리켓그린학교에서 진행한 의미 있는 실험 결과를 언급했다. 이 학교는 ADHD, 자폐증, 다운증후군 등 문제가 있는 아이들이 다니는 곳이다.

부모와 교사, 급식담당자, 요리사와 학생들에게 좋은 음식에 대해 배우도록 권장하고, 더 좋은 음식을 공급하게 했어요. 설탕이 든 과자나 음료수를 금지하고, 건강한 식사를 제공하고, 과일을 많이 주고, 아침을 먹지 않고 등교한 학생들을 위해 아침 클럽도 만들었어요. 모든 학생에게 미네랄, 종합 비타민, 오메가3 보충제를 먹였더니, 행동이 굉장히 좋아졌어요. 일부 학생들은 더 이상 특수 교육이 필요하지 않을 정도로 크게 개선됐죠. - 패트릭 홀포드 박사

그린켓그린학교에서 아이들의 변화에 영향을 미친 것은 오메가3 지방산 외에도, 설탕과 음료수를 금지하고 과일을 많이 섭취하게 하는 등 복합적인 요인이었다(아이를 똑똑하게도 하고, 화나게도 하는 등의 각각의 음식들에 대해선 앞으로 자세히 다룰 것이다). 하지만 패트릭 홀포드 박사는 그 중에서도 오메가3 지방산의 효능에 더 많은 주의를 기울여야 한다고 말한다.

오메가3 지방산은 몸 속에서 DHA와 EPA로 나누어지는데, 학습이 제대로 되지 않을 만큼 산만하고 집중력이 떨어지거나 ADHD 진단을 받은 아이들의 혈액을 검사해보면 DHA 수치가 매우 낮다고 한다. 전문가들은 이런 아이들의 경우 보통 아이들보다 오메가3 지방산을 2배 이상 먹어야 한다고 조언한다.

현재 우리나라에서는 ADHD 진단을 받는 아이들이 해마다 늘고 있다.

오메가3 지방산 복용법

식품의약품안전청의 오메가3 지방산 하루 권장량은 500~1500mg이고 세계보건기구(WHO)는 3000mg까지 먹을 것을 권장한다.

오메가3 지방산은 생선에 풍부한데, 보통 생선 한 토막에는 1700~4500mg의 오메가3 지방산이 들어있다. 특히 참치나 연어 등 기름진 생선에 풍부하다.

오메가3 지방산은 신선한 음식으로 섭취하는 것이 가장 좋지만, 생선을 매일 챙겨먹기 어렵다면 오메가3 지방산 제품으로 대신할 수 있다. 건강보조제로 오메가3 지방산을 복용할 경우 한 알에 오메가3 지방산의 순수 물질인 EPA와 DHA의 총량이 500mg 이상, 오메가3 지방산의 총량이 1000mg 이상인 제품을 택한다. 또한 생산 과정에서 멸균 위생 처리를 철저히 거쳤는지를 따져봐야 한다.

ADHD의 원인은 뇌의 구조적 이상이나 신경전달물질의 불균형, 유전적인 요인, 특정 약물이나 식품첨가물 등의 화학물질 과다 섭취, 부적절한 양육환경 등 다양한 것들로 추정되지만, 아직 정확한 원인은 밝혀지지 않았다. 원인 모를 자녀의 ADHD로 잠 못 이루는 부모라면, 혹시 밥상 위에 오메가3 지방산이 부족한 건 아닌지 점검해보자.

밥상 위의 오메가3

뇌신경세포는 일반 세포보다 더 많은 오메가3 지방산으로 둘러싸여 있다. 뇌신경세포가 시냅스라는 신경전달물질과 뇌신경 회로망을 만들 때 필요한 것

생선의 오메가3 함유량

식품명	한끼 섭취 분량 (g)	EPA 함유량 (g)	DHA 함유량 (g)
고등어	1토막 80g	1.5	1.4
양식방어	1토막 80g	1.2	1.4
장어구이	1꼬치 100g	0.9	1.5
꽁치	1마리 80g	0.8	1.4
참치뱃살	50g	0.7	1.5
삼치	1토막 80g	0.5	1.0
연어	1토막 80g	0.4	0.7

또한 오메가3 지방산이다. 오메가3 지방산은 필수지방산으로 아이의 성장에 꼭 필요하지만, 체내에서 합성이 되지 않거나 합성되더라도 그 양이 부족하기 때문에, 반드시 음식의 형태로 섭취해야 한다. 성장기에 오메가3 지방산을 충분히 섭취하지 못하면 정상적인 뇌 발육을 기대할 수 없다.

오메가3 지방산이 풍부한 음식으로는 생선과 호두, 들깨, 들기름, 아마씨 등이 있다. 호두, 들깨, 아마씨 등을 섭취하는 것은 오염되지 않은 천연 원료에서 맛있고 건강한 오메가3 지방산을 얻는 좋은 방법이다. 생선 중에서는 등푸른생선의 대표주자 고등어와 꽁치를 비롯해, 연어, 청어, 정어리에 많이 들어있다. 붉은 살 생선은 흰 살 생선에 비해 오메가3 지방산이 10배가 많다.

> **생선 속 수은이 걱정된다면?**
>
> 최근 미국에서는 어린아이와 임산부들에게 상어, 금눈돔, 북대서양 고등어는 수은 함유량이 높기 때문에 섭취를 자제하라는 권고안을 마련했다. 이 외의 다른 생선은 일주일에 340g(7토막) 정도를 먹어도 안전하다고 한다. 참치의 수은 함유량을 걱정하는 사람들도 많은데, 참치캔은 셀레늄이라는 무기질을 다량 함유하고 있어 수은을 자체적으로 중화시키기 때문에, 가끔 먹는 참치 때문에 건강에 해를 입지는 않는다.

많은 부모가 아이가 책상 앞에 10분 이상 앉아 있지 못하고 금세 한눈을 팔거나, 걸핏하면 친구들과 다툰다고 걱정을 한다. 아이에게 공부 좀 하라고 다그치거나 친구들과 사이좋게 지내라고 잔소리를 하기에 앞서 오메가 3 지방산을 챙겨보자. 당장 오늘 저녁 밥상 메뉴에 신선한 고등어 한 토막을 올리는 것부터 시작이다.

비행청소년을 예방하는 지름길 -레시틴

보글보글 된장찌개, 구수한 청국장, 두부조림, 두부부침, 콩나물무침, 콩자반, 계란찜, 메추리알 장조림…. '집밥' 하면 누구나 쉽게 떠올리는 음식들이다. 값비싼 재료도 아니고, 실제로 어느 집 밥상에나 흔히 올라오는 것들이라 특별한 대접을 못 받지만, 이 음식들엔 뇌를 춤추게 하는 특별한 영양소 하나가 공통적으로 들어있다. 임산부의 양수에 이것이 부족하면 태아의 뇌가 잘 자라지 못해 지능이 떨어지는 아이를 출산할 확률이 높아진다는 이 성분은 바로 '레시틴'이다.

최근에 들어서야 그 효능이 입증되어 우리에게는 아직 낯설게 느껴지는 레시틴. 레시틴은 생선과 조류의 알이나 콩에 많이 함유되어 있는데, 특히 두부·된장·고추장·청국장 등 콩이 원료인 음식들은 모두 레시틴이 풍부하다.

두뇌 신경세포의 약 30%를 차지하고 있는 레시틴은 세포막의 중요한 구성성분이기도 하다. 신경세포의 세포막은 사람이 보고 듣고 생각할 때 몸의 여러 부위에서 보내는 신호를 전달하거나, 반대로 뇌의 지시를 몸의 각 부위에 전달하는 역할을 한다. 따라서 이 세포막이 제 기능을 못하면 지각능력이나 학습능력 역시 떨어질 수밖에 없다.

일본 천황 일가에 치매환자가 없는 이유

일본의 한 정신병동에서는 노인성 치매예방 및 치료용으로 레시틴이 풍부한 생청국장(낫또)을 먹게 한다. 일본 천황과 왕실의 주치의였던 오또모 박사는 자신이 운영하는 병원에서 치매로 고생하는 환자들을 레시틴으로 치료해 효과를 봤다고 한다.

> 일본 천황과 그 일가에 치매환자가 한 명도 없는 것은 레시틴의 역할이 큽니다. 신선한 콩을 이용한 음식을 매일 먹으면 레시틴을 효과적으로 섭취할 수 있지요. _오또모 박사_

일본 고지의과대학의 이케다 교수는 세계 정신의학회에서 레시틴의 효과를 발표하기도 했다. 알에서 추출한 난황레시틴과 비타민B12를 17명의 환자에게 섭취하게 한 결과, 11명에게서 증상이 호전됐다는 것이다. 치매에 걸린 쥐를 대상으로 한 실험에서도 레시틴이 학습능력을 증가시킨다는 것이 입증됐다.

레시틴이 분해되면 콜린이라는 물질이 생성되는데, 바로 이 콜린이 치매환자에게 부족한 신경전달물질(아세틸콜린)의 양을 늘리는 효과가 있다는 것이다.

일본 뿐 아니라 미국도 레시틴의 효과에 주목하고 있다. 미국 신경학자들이 평균 60.5세 치매환자 50명에게 레시틴 성분 중 하나인 포스파티딜세린(PS)을 매일 300mg씩 2년간 투여한 결과, 평균적으로 기억력은 13.9년, 학습능력은 11.6년, 전날 본 사람의 인지능력은 7.4년, 10자리 숫자 암기능력은 3.9년 젊어졌다. 미국에서는 이미 레시틴의 성분 중 하나인 PS가 치매치료제 쓰이고 있다.

> **콩 대신 두유를?**
>
> 아이가 콩이나 우유를 좋아하지 않아서 두유를 먹인다는 엄마들이 있다. 두유는 콩처럼 씹지 않아도 되고, 우유보다 단맛이 나기 때문에 특히 어린 아이들이 좋아한다. 문제는 두유를 많이 마시면 식사량이 줄어든다는 것이다. 특히 제조과정에서 단맛을 내는 첨가물이 들어가기 때문에 지나친 섭취는 좋지 않다. 아이의 뇌발달을 위한다면 어떤 음식이든 자연 상태 그대로 섭취하는 것이 가장 좋다.

◉ 레시틴 부족, 청소년 비행과 폭력의 원인

현대영양학에 혁명을 일으킨 얼 민델 박사(퍼시픽웨스턴대학 영양학과 교수, 국제임상영양학회, 미국약제사협회, 국립건강재단, 미국영양학소사이어티 등에서 이사 역임)는 아이들이 학교나 가정에서 폭력을 일으키는 원인은 식생활에 있으며, 특히 레시틴 부족이 중요한 원인 중 하나라고 말한다.

미국 의학계에서 작은 자극에도 쉽게 화를 내고, 흥분하고, 폭력적이 되는 아이들이 왜 그런 행동을 하는지 조사했는데, 흰설탕과 식품첨가물의 과잉섭취가 원인이었다. 즉, 식품첨가물이나 흰설탕에 혼입된 좋지 않은 성분이 뇌의 식품이라 불리는 레시틴과 칼슘의 흡수를 방해하거나 파괴해버렸던 것이다(흰

설탕과 식품첨가물의 끔찍한 영향력은 따로 다룰 것이다).

●◉두뇌활동을 돕는 최고의 치료제

제대로 차린 밥상은 아이의 지능을 발달시키는 것은 물론 정서에 영향을 미친다. 아이의 두뇌에 최적의 영양을 공급하면 아이의 두뇌는 무한한 가능성을 가지게 된다.

> **다양한 콩 요리로 오감을 자극하라**
>
> 한국 집밥의 특징은 한 가지 재료라도 조리 방법에 따라 질감과 맛, 모양 등이 다양하다는 점이다. 향이나 입안에서의 촉감, 씹거나 삼킬 때의 느낌이 제각각이다. 즉, 콩 하나를 두고도 조리 방법을 바꿔 다양한 요리를 제공하면, 아이의 오감은 여러 가지 자극에 놓이게 된다. 성장기 아이의 뇌는 오감이 다양하게 자극받을 때 더욱 발달하므로, 아이에게 콩을 먹일 때에는 다양한 방법으로 요리해주자.

일부 학자들은 이제 '레시틴의 시대'가 왔다고까지 말한다. 아이의 두뇌가 무한한 잠재력을 꽃피우길 바란다면 밥상에 콩을 놓아야 한다. 콩은 일주일에 한두 번 먹으면 되는 음식이 아니라, 매일매일 빼놓지 않고 먹어야 하는 중요한 음식이다. 물론 레시틴은 콩뿐만 아니라 계란 등에도 많이 들어 있지만, 콩에 들어있는 레시틴의 함유량은 계란의 3~4배에 이른다. 레시틴이 듬뿍 들어 있는 콩은 가장 서민적인 식품이면서도 두뇌활동을 가장 많이 촉진시키는 놀라운 치료제이다. 다행히 한국의 집밥엔 콩을 원료로 한 음식이 무궁무진하다. 한국의 밥상에서 콩은 매일매일 먹어도 질리지 않게, 콩밥, 콩자반, 콩국수, 두부, 콩나물, 된장, 청국장, 고추장 등 자유자재로 변신한다.

그리고 항상 밥상에 오르는 음식은 아니지만 레시틴이 가장 많이 들어있는 식품은 맥아, 즉 엿기름이라고 한다. 엿기름은 보리에 싹을 틔워 말린 것으로,

엿기름에 쌀과 물을 넣고 졸이면 엿이 된다. 엿은 곧 레시틴 덩어리인 것이다. 게다가 엿 중에서 단연 맛이 일품인 것은 구수한 콩을 넣고 만든 콩엿이다.

《우리 콩, 세계로 나아가다》의 저자인 유미경 씨에 의하면 중요한 시험을 앞두고 엿을 주고받는 우리 전통은 상당히 과학적인 근거가 있다고 한다. 아쉽게도 요즘은 엿 대신 사탕이나 초콜릿을 주고받으니 레시틴의 효과를 기대할 수가 없다. 사랑하는 내 아이에게 시험 전날은 콩엿을 선물하자.

> 아이에게
> '학습미네랄'을
> 제공하라
> —아연

아연의 별명은 많다. '아이의 두뇌 건강을 지키는 숨은 영웅'부터, 학습미네랄, 두뇌미네랄, 면역미네랄, 성장미네랄, 미각미네랄, 후각미네랄 등, 이 모두가 아연의 또 다른 이름이다. 그만큼 아연은 아이 몸에서 하는 일이 많다. 몸에서 일어나는 수백 가지 효소 작용에 사용되기 때문에, 아이의 성장과 두뇌발달에 꼭 필요한 성분이다.

◉ 두뇌음식의 숟가락, 아연

아연은 뇌세포막의 구조와 기능을 정상적으로 유지하고 기억물질을 합성하는 데 관여한다. 쉽게 설명해 아연을 충분히 섭취하면 기억력이 향상된다. 미국 노스다코타주 그랜드포크에 위치한 인간영양리서치센터 제임스 펜랜드 박사 팀은 2002~2004년 중학생 209명을 대상으로 실시한 실험 결과, 하루에 아연 20mg이 들어 있는 오렌지주스를 섭취한 학생들이 10mg을 섭취하거나 아예 섭취하지 않은 학생들보다 정보를 기억하는 데 뛰어난 능력을 발휘했다고 밝혔다.

> 아연을 많이 섭취한 학생들은 학교 활동이나 사회적 상호작용에서 거의 문제를 보이지 않는다. 또한 아연은 사춘기 청소년의 기억력을 증가시키며, 아연 결핍은 성장기의 청소년에게 보다 높은 리스크를 안긴다.
> ―제임스 펜랜드 박사

아연이 부족한 아이는 난폭하게 행동하기도 하고 자폐증이나 과잉행동장애 같은 중증의 뇌발달 장애를 일으키기도 한다. 이해할 수 없는 아이의 산만하고 난폭한 행동이, 사실은 아이가 먹는 음식 때문이라는 것은 놀랍지만 분명한 사실이다.

그뿐 아니라 아연이 결핍되면 면역세포 수가 감소되어 감기도 잘 걸리고 잔병치레가 많아진다. 단백질과 콜라겐이 잘 합성되지 않아 키도 잘 크지 않고, 상처도 더디게 회복된다. 아토피성 피부염이 악화되기도 하고, 미각과 후각이 떨어져 식욕이 없어지기도 하며, 편식의 원인이 되기도 한다.

부모가 두뇌음식에 관심을 가지고 아무리 훌륭한 밥상을 차려준다고 해도, 아이가 미각과 후각이 떨어져 식욕을 잃는다면 무슨 소용이 있겠는가. 아연은 결국 두뇌음식을 아이 입에 넣어주는 숟가락 같은 역할을 하는 셈이다.

그밖에 아연은 좋지 않은 피부 상태를 개선하거나, 전립선 비대증 등 전립선 관련 질환을 치료하고 예방하는 효과가 있어 아이뿐 아니라 어른에게도 상당히 유용하다. 피부미용에 관심이 있는 엄마나 전립선 질환이 걱정인 아빠에게 필요한 성분인 만큼 밥상 위에서 빼놓지 말아야 한다.

⦿ 심각한 아연 결핍, 한국의 아이들

아이의 몸 속 아연 수치가 낮다는 것은 뇌발달은 물론, 신체의 성장 발육에도 문제를 일으킬 수 있다는 것을 의미한다. 엄마들은 소아기 때는 아연이 조금만 부족해도 성장에 지장이 생긴다는 사실을 알아야 한다.

하지만 현재 한국의 많은 아이들은 아연섭취가 부족한 상태다. 빵이나 시리얼을 만드는 데 쓰이는 곡류는 정제 과정에서 아연이 대부분 제거되며, 최고의 아연 공급원인 굴과 그밖의 자연식품은 아이들이 그다지 좋아하지 않는다. 한국인의 아연 1일 섭취 권장량은 남자 12mg, 여자 10mg(임산부 13mg)이지만, 전문가들은 한국인 대부분이 권장량을 충분히 섭취하지 않는 것으로 보고 있다. 평균적으로 한국의 10대들은 식사를 통해 5~10mg의 아연을 섭취하는데 이중 20%만 몸에 흡수된다.

아연은 주로 동물성 식품에 많이 들어있다. 특히 생선과 굴, 게, 새우 등의 어패류와, 쇠고기 같은 육류에 풍부하다. 식물성 식품은 아연 함유량이 적긴 하지만, 도정되지 않은 곡류와 콩은 비교적 좋은 공급원이 된다.

아이가 감기에 자주 걸리고 편식을 하며 기억력이 떨어질 때 가장 먼저 떠올려야 하는 영양소는 아연이다. 아이가 아연이 든 음식을 싫어할 때 무심히 넘기면, 몸도 허약하고 기억력도 부실한 사람으로 성장할 가능성이 커진다는 사실을 기억하자.

공부하는 아이를 위한 최고의 안정제
-칼슘

　　　　　　2010년 9월 우리나라 유아·청소년의 필수 영양소인 칼슘의 평균섭취량이 권장섭취량의 58.1%로 무척 낮다는 기사가 보도됐다. 식품의약품안전청에서 2007~2009년 전국의 영유아, 어린이, 청소년 등 6천6백여 명을 대상으로 조사한 결과였다. 특히 조사대상자의 연령이 높을수록 칼슘의 섭취량이 부족하다고 하니 심각한 문제가 아닐 수 없다.

◎칼슘이 뼈만 키운다?

　칼슘은 부모가 자녀의 키를 쑥쑥 키우기 위해서 가장 중요하게 생각하는 영양소다. 하지만 그보다 중요한 칼슘의 역할은 따로 있다.

일반 식품의 칼슘 함량	
참깨 1/4컵	350mg
두부 1컵	300mg
우유 1컵	291mg
흰콩 1컵	261mg
시금치 1컵	244mg
아몬드 1/2컵	180mg
브로콜리 1컵	180mg
뱅어포 1장 (15g)	58mg

칼슘은 99%가 뼈에 저장되고 1%만이 혈액에 녹아 산과 알칼리의 균형을 유지하는 데 사용된다. 그런데 사람의 생명을 좌우하는 것은 뼈에 있는 99%의 칼슘이 아니라 혈액에 존재하는 1%의 칼슘이다. 혈액의 칼슘 농도가 떨어지면 몸은 경련을 일으키거나 굳어지고, 당장 생명까지 위협한다. 두뇌활동에도 금세 지장이 생긴다.

칼슘은 세포와 세포 사이에 메시지를 전달하는 미네랄이다. 앞서 오메가3에 대해 얘기하면서, 뇌신경세포는 자극을 통해 신경전달물질이 담긴 주머니인 시냅스를 만든다고 설명한 바 있다. 이 시냅스가 많을수록 뇌는 고도로 복잡한 두뇌활동을 활발하게 해낼 수 있다. 시냅스 밖에서 시냅스 안으로 칼슘이 들어오면 시냅스는 자기 주머니를 터뜨리고, 이때 방출된 신경전달물질이 다른 신경세포에게 메시지를 전달하는 것이다.

이 일련의 과정이 순조롭게 진행될 때 비로소 아이의 두뇌는 왕성하게 활동한다. 이렇듯 아이의 키를 키우고 뼈를 튼튼하게 하는 것보다 더 중요한 칼슘의 작용은, 집중력과 기억력을 높이고 과잉행동을 제어하는 등 뇌의 모든 기능과 관련되어 있다.

◉ 일본의 영양학자가 밝힌 칼슘 결핍의 충격적인 영향

일본의 영양학자 가와시마 시로는 칼슘이 행동에 미치는 충격적인 영향력에 대해 말한다. 칼슘의 중요성에 대해 실험을 하다가 알게 된 뜻밖의 결과였다. 그 내용은 다음과 같다.

> 칼슘의 중요성에 대한 실험을 한 적이 있습니다. 모르모트 6마리를 두 그룹으로 나누어 한쪽에는 푸른잎 채소나 칼슘을 충분히 주고, 다른 그룹에는 칼슘이나 푸른잎 채소를 제외한 먹이를 먹였지요.
> 체중을 확인하려고 매일 한 마리씩 무게를 기록했는데, 일반 먹이를 먹은 모르모트는 잡아도 가만히 있는 반면, 칼슘과 푸른잎 채소의 섭취가 부족한 모르모트는 잡으려고 하면 몇 번이나 물더군요. 일반적으로 칼슘이라고 하면 뼈나 치아 형성에 도움을 주는 영양소로만 생각하는데, 사실 칼슘은 정신안정제입니다. 칼슘이 체내에서 제대로 작용하면 차분한 사람이 됩니다. 가와시마 시로 박사

> 감정 동요가 없는 명랑한 성격을 가진 사람은 혈액 내 칼슘량이 많다. 그러나 쾌활했다가 순간적으로 우울해지거나 비관적으로 바뀌는 등 감정의 동요가 심한 사람은 혈액 내 칼슘량이 적다.
> —미국 콜게이트대학 연구

칼슘에 대해 연구한 일본의 병리학자 가타세 아와시도 《칼슘의학》에서 칼슘의 역할을 다음과 같이 언급했다.

> 칼슘 보유량에 따라 중추신경의 기능은 엄청나게 달라집니다. 뇌 안의 칼슘량에 따라 중추신경의 기능이 결정되지요. 칼슘이온은 뇌신경세포의 흥분을 억제

하는 작용을 합니다. 따라서 칼슘 결핍은 병적 이상 흥분을 초래하지요. 뇌신경세포 내에 칼슘이 충분하면 신경세포의 기능도 활발해져 약간의 정신적 충동에는 동요하지 않지만, 반대로 칼슘이 부족하면 미미한 자극에도 예민해지고 정신적 동요도 심해집니다. 또한 칼슘 보유량이 많으면 정신적 피로감이 적어지고 회복도 빠릅니다. _가타세 아와시 박사_

●◎칼슘의 기능이 아이에게 제대로 발현하려면

칼슘에 대해 꼭 짚고 넘어가야 할 것이 또 있다. 칼슘은 부족해도 문제지만 지나쳐도 문제를 일으키며, 무엇보다 마그네슘과 균형을 이뤄야 한다는 것이다. 시냅스 안의 마그네슘은 시냅스 밖의 칼슘과 전기적인 균형을 이루고 있기 때문이다.

혈액 속에 칼슘은 지나치게 많은데 마그네슘은 부족할 경우 아이의 뇌에서는 어떤 일이 발생할까? 칼슘은 시냅스 밖에서 시냅스 안으로 메시지를 전달하는 역할을 한다. 그런데 칼슘만 지나치게 많고 마그네슘은 부족하다면 시냅스는 계속되는 메시지 전달로 만성적으로 긴장하여 수축과 경련을 반복하고, 그 결과 아이는 불안증을 느끼거나 가슴이 두근거리게 된다.

아이의 두뇌가 좋다는 것은 뇌세포 안의 생화학 반응이 원활히 이루어지는

마그네슘 결핍 체크리스트

1. 평소 팔, 다리에 쥐가 잘 나는 편이다.
2. 과도하게 예민해져서 쉽게 화를 낸다.
3. 눈꺼풀이 씰룩거리는 등 근육경련이 자주 일어난다.
4. 쉽게 잠들지 못하고 숙면을 취하지 못한다.
5. 화장실에 자주 들락거리는 빈뇨 증상이 나타난다.
6. 때때로 심장이 불규칙하게 뛴다.

* 3가지 이상 해당된다면, 마그네슘 부족일 가능성이 크다.

것, 즉 정보 전달이 원활하고 그 전달 속도가 빠르다는 것을 의미한다. 이를 위해서는 칼슘과 마그네슘이 혈액 속에서 부족함 없는 상태로 균형을 이루어야 한다.

마그네슘은 칼슘과 마찬가지로 뇌 건강에 있어 중요한 영양소이다. 특히 자폐증이나 과잉행동장애 아이들의 영양 치료에 필요하다. 하지만 요즘 아이들은 칼슘뿐만 아니라 마그네슘도 결핍되어 있다. 마그네슘은 견과류나 콩, 푸른잎 채소의 엽록소를 통해 섭취할 수 있는데, 아이들은 마그네슘이 풍부한 이런 음식을 싫어한다. 여기에 육식을 좋아하는 요즘 아이들의 식습관은 혈액을 산성화해 칼슘과 마그네슘을 지나치게 소모시키기 때문에, 혈액 속 칼슘과 마그네슘의 결핍을 더욱 부추기고 있다.

고기를 많이 먹어 영양을 채운다는 고정관념을 버리자. 아이를 키우는 부모라면 이제 음식으로 신체는 물론 정서 발달까지 신경 써야만 한다. 특히 칼슘으로 아이의 키를 크게 할 생각만 했던 부모라면 칼슘의 기능이 아이의 뇌에 제대로 발현되도록 노력해야 할 것이다.

> **불안하고 초조한 수험생 자녀에겐**
>
> 시험을 앞두고 불안, 초조 등 스트레스가 심한 수험생 자녀에겐 칼슘과 마그네슘을 충분히 섭취하게 하자. 칼슘과 마그네슘은 뇌세포의 흥분을 가라앉히고 진정시키는 역할을 하기 때문에, '항스트레스 영양소'라고도 불린다.

학업 스트레스를 잊게 해주는 7가지 두뇌음식

요즘 아이들은 세 살이 되면 바빠지기 시작하고, 초등학교에 들어가면서부터 성적 스트레스에 시달린다. 우리나라 고3 수험생들의 스트레스 지수는 배우자가 사망했을 때 느끼는 스트레스 지수보다 높다는 조사 결과도 있었다. 이렇게 정서가 불안한 상태에선 집중력이 떨어져 공부를 잘할 수 없다.

◎ 학업 스트레스와 혈당수치의 상관관계

몸을 움직이지 않아도 머리를 많이 쓰면 시간당 약 6g 정도의 당이 소모된다. 특히 갑자기 극심한 스트레스를 받으면 우리의 뇌는 평소보다 10배나 많은 당을 소모한다. 앉아서 공부만 하는 수험생의 경우 성인보다 훨씬 더 많은 당이 필요한 것은 이런 이유에서다. 스트레스로 인해 몸에 축적된 당이 모두 소진되면, 뇌는 비상사태에 돌입해 빨리 당을 보충하라는 신호를 보낸다. 스트레스를 받고 갑자기 초콜릿이나 아이스크림 같은 단 음식이 먹고 싶을 때가 바로 이 순간이다.

하지만 갑자기 많은 양의 당분을 섭취하면 혈당이 급격히 올라 오히려 불쾌감을 느끼게 된다. 여성들이 무엇에 홀린 듯 단 음식을 먹은 뒤 금세 언짢은 기분을 느끼며 후회는 것이 바로 이런 이유이다. 뿐만 아니라 케이크, 과자, 아이스크림 등 설탕 함유량이 높고 영양가는 낮은 정크푸드는, 먹을수록 자율신경계를 흥분시켜 통제력을 잃게 한다.

이런 사실을 잘 모르는 부모는 공부하는 아이의 간식으로 달고 기름진 음식을 내놓는다. 이렇듯 영양가 없이 당만 높은 음식들은 순간적으로 아이의 기분을 좋게 해줄지는 몰라도, 집중력과 안정을 요하는 학습활동에는 오히려 방해가 된다.

아이의 스트레스, 음식으로 해결하라

초콜릿이나 과자 등의 가공식품 대신 아이들을 스트레스와 폭식의 악순환에서 벗어나게 해 줄 음식들은 우리의 밥상에도 많다. 다음은 정서안정과 스트레스 해소에 특히 도움이 되는 식품들이다.

감자 – 미래학자들이 추천하는 미래의 식량

감자는 부신피질호르몬의 생산을 촉진시키는데, 이 호르몬은 우리 몸을 스트레스로부터 지켜주는 기능을 한다. 또한 감자 속에는 뇌가 정상적으로 활동하게 도와주는 비타민B1(thiamine)이 풍부해, 불안하고 초조한 증상을 완화시키고 우울증을 예방한다. 또한 감자의 식이섬유에는 지방 흡수를 막아 혈중 콜레스테롤을 낮추고 장내 세균 중 유익한 균을 증식시키고 변비를 개선하는 효과가 있어 수험생에게 특히 좋다.

감자의 알칼리 성분은 사과(3.4g)의 2배(6.7g)에 이를 만큼 높아 농산물 중 최고의 알칼리성 건강식품으로 불린다. 미래학자들은 인류의 주식 중 유일한 알칼리성 식품인 감자를 미래의 식량으로 일컫기도 한다.

흔히 감자를 껍질을 벗겨 적당한 크기로 썬 후 요리하는 경우가 많은데, 이렇게 하면 비타민이 물에 녹아 없어지고 감자의 전분질이 요리 속에서 쉽게 흩어진다. 따라서 감자를 먹을 때에는 통째로 삶은 후 껍질을 벗겨 요리하는 것이 좋다.

고사리 – 스트레스로 인한 열독 배출에 탁월

한의학에서는 스트레스가 축적되는 것을 가리켜 '체내에 열독이 쌓인다'고 한다. 열독이 쌓이면 피로감이 커지는데, 열독을 풀어주는 데 효과적인 식품이 고사리다. 고사리에는 철분, 비타민A 등 다양한 영양소가 들어 있고, 특히 칼슘 함량이 높아 수험생의 정서안정에 효과를 볼 수 있다. 그러나 고사리에는 비타민B1을 파괴하는 효소가 있으므로 나물을 무칠 때는 물에 삶아 충분히 우려낸 후, 비타민B1의 흡수를 도와주는 마늘을 넣는 것이 좋다.

돼지고기 – 학습을 돕는 천연미네랄 식품

돼지고기에는 우리 몸에 꼭 필요한 필수아미노산이 풍부하고, 비타민B1이 쇠고기보다 10배나 많아 날카로운 신경을 완화시켜주는 효과가 있다. 또한 인, 칼륨 등과 각종 미네랄이 풍부하기 때문에 수험생의 영양식으로도 좋다.

공부하는 아이에게는 지방을 제거하고 물에 살짝 삶는 조리법이 좋다. 전자레인지에 약간 익힌 뒤 조리하면 조리 시간이 줄어 영양소의 손실이 적을 뿐 아니라 기름 사용량도 줄일 수 있다. 튀김을 할 때에는 크게 썰어 기름에 닿는 면적을 줄이는 것이 요령이다. 새우젓과 콩비지, 메밀 등은 돼지고기 지방의 소화를 돕는다.

대추 – 위장보호와 정서안정을 동시에

'날마다 대추 세 알만 먹으면 늙지 않는다'는 말이 있을 만큼, 대추는 인체의 신진대사를 조절해주고 면역기능을 높인다. 특히 위장을 튼튼히 하고 비장을 보호하며 기운을 북돋아주는 효능이 있다. 피로와 정서불안, 노이로제 등에 효과가 있어 수험생들에게 추천할만한 식품이다. 천연수면제라 불릴 만큼 숙면을 취하는 데 도움이 되기 때문에 학업 스트레스로 잠을 이루지 못하는 아이들에게 권할 만하다. 씨를 빼지

머리가 좋아진다는 총명탕, 과연 효과가 있을까?

총명탕은 《동의보감》 내경 편에 건망증을 치료할 수 있는 처방으로 소개되어 있다. 이를 근거로 그 효능에 대해 실험한 결과 뇌세포 손상의 회복, 치매, 학습효과 증진, 기억력 향상 등에 도움이 된다는 사실이 밝혀졌다. 총명탕의 구성 약재는 백복신, 원지, 석창포 등인데 이 약재들은 마음을 진정시키고 집중력을 키운다고 알려져 있다. 지속적인 스트레스로 인해 화가 자주 나고 머리가 맑지 않은 상태가 지속되면 총명탕이 도움이 된다. 자주 피곤해하거나 학습이나 놀이에 오래 집중하지 못하는 아이에게도 좋다.

단 아이에게 총명탕을 먹일 때에는 한방전문의의 정확한 처방이 있어야 한다. 사실 총명탕은 수험생만을 위한 처방은 아니다. 한방전문의들은 오히려 만 5~6세, 즉 두뇌발달을 위해 영양공급이 절대적으로 필요한 시기에 더욱 필요하다고 말한다.

복용시기가 따로 있지 않지만 주로 봄과 가을에 환절기 보약을 겸해서 처방한다. 보통 아침저녁으로 식후 30분에 복용하며, 아이의 상태에 따라 2주에서 한 달 정도 먹는다. 총명탕을 먹을 때에는 기름지거나 찬 음식, 패스트푸드, 녹두, 생무 등을 피하고, 그 대신 녹황색 채소와 뇌기능을 도와주는 콩, 호두, 잣 등을 함께 먹으면 좋다.

않은 대추차를 복용하거나 대추를 끓인 물을 수시로 먹는 것도 도움이 된다.

호두 - 탁한 뇌를 맑게

인간의 두뇌를 닮은 호두는 뇌의 기능을 향상시키는 데 탁월하다. 특히 뇌를 맑게 해주고 신경을 안정시켜준다. 호두에 들어있는 리놀산은 스트레스로 지친 뇌를 청명하게 회복시켜준다. 또 스트레스로 인한 편두통이나 정서불안, 이유 없이 가슴이 두근거리는 증상에도 효과적이다.

호두는 100g당 652kcal의 고열량 식품이지만, 신진대사가 원활하도록 돕기 때문에 오히려 살이 찌지 않게 도와준다. 다만 그냥 먹을 경우 영양소가 체내에 잘 흡수되지 않으므로, 호두를 먹을 때에는 살짝 볶은 후 섭취하는 것이 효과적이다.

> **스트레스에 좋지 않은 음식**
> 1. 콜라, 커피, 홍차 등 카페인이 들어있는 식품은 교감 신경을 자극하여 맥박과 호흡, 근육의 긴장을 증가시킨다.
> 2. 밀가루 음식에 들어있는 글루텐은 위장장애, 면역기능 약화, 감염 등을 유발한다.
> 3. 소금이 많이 들어간 짠 음식은 혈압을 상승시킬 뿐 아니라, 신경계의 기능도 방해한다. 또한 신체 증상을 악화시켜 더욱 스트레스를 쌓이게 하는 악순환을 가져온다.

우유 - 우울증 치료 효과까지

우유의 트립토판은 기억력을 높이고 신경을 진정시키는 세로토닌의 분비를 도와, 불안감을 해소시키고 심리적으로 안정을 가져다준다고 알려져 있다. 또 우유에는 숙면을 돕는 멜라토닌이 다량 들어있어 불면증에도 효과적이다. 정서안정에 좋은 칼슘도 풍부해 우울증 치료 효과까지 있다.

바나나-두뇌회전을 원활하게

바나나는 우유와 마찬가지로 트립토판과 멜라토닌이 풍부하다. 기원전 3세기 인도에서 '지혜로운 자의 과일'이라고 불렸던 바나나는 두뇌회전에 도움이 되는 과일로 알려져 있다. 비타민B1, 비타민B6, 비타민C, 엽산 및 미네랄, 탄수화물, 단백질 함량도 높다. 단 수입 바나나의 경우 농약이 많이 뿌려져 있을 수 있으니 국내산 바나나를 선택하거나, 수입 바나나라면 껍질을 벗긴 손으로 과육을 만지지 않는 것이 좋다.

문제음식이
문제아를
만든다

Part Three

인터넷을 떠도는 수많은 정보, 대중매체가
제공하는 상업광고, 소문으로 전해들은
정체불명 처방들의 폐해에서 벗어나려면
두뇌음식, 바른 먹을거리에 대해
부모 스스로 공부해야 한다.
또한 아이에게 음식을 줄 때에는
원칙과 기준을 분명히 밝히되,
아이의 성장 발달에 대해 정확히 알고,
아이가 원하는 것을 융통성 있게
수용할 줄 알아야 한다.

> **외식을 할 때마다 폭력적으로 변하는 아이**
> **-영국 소년 '리(Lee)'의 이야기**

　　　　　　　　영국 런던의 열두 살 소년 리(Lee Buniak)는 불과 2년 전까지만 해도 매우 폭력적인 아이였다. 얌전하게 잘 놀다가도 갑자기 돌변하여 심하게 화를 내고 물건을 부수며 폭력을 휘둘렀다.

　제작진이 방문했을 때 리의 방엔 폭력의 흔적이 2년 전 그대로 남아있었다. 벽지가 뜯겨져 나간 벽은 여기저기 패이고 구멍이 뚫려있고, 심지어 심하게 부서진 곳도 있었다. 갑자기 공격성이 폭발한 리가 장난감으로 벽을 계속 쳤기 때문이었다.

　방문엔 커다란 안전패드가 붙어 있었는데, 문짝에 머리를 박으며 자해를 하는 리가 다치지 않게 하려는 장치라고 했다. 그 뿐만이 아니었다. 엄마와 누나의 방엔 여느 집 현관에나 있을 법한 잠금장치까지 설치되어 있었다.

❋ 리는 심하게 화가 나면 제 방이나 딸아이의 방에 들어와서 물건을 부수고 폭력을 휘둘렀어요. 다치지 않으려면 방에 들어와 방문을 잠그고 숨어 있어야 했죠. 방문을 잠그고 있어도 리는 문을 부술 것처럼 두드렸어요. 집에 리와 단둘이 있을 때는 너무 무서웠죠. 아이가 크면서 저보다 힘이 세졌기 때문에 다른 방법이 없었어요. 리의 엄마 Helen Buniak

실제로 잠금장치 주변엔 여기저기 부서진 흔적들이 남아있었다. 심지어 리의 엄마는 리가 폭력을 휘둘러 다친 적도 있다고 했다. 정원에서 놀다가 갑자기 담장 밖으로 물건을 집어던져서 지나가던 사람이 다칠 뻔도 했다.

❋ 리가 문제를 일으킬 때마다 경찰에 신고해야 했어요. 그때는 리가 왜 그러는지 이해할 수 없었어요. 얌전하게 잘 놀다가도 갑자기 돌변하곤 해서 '지킬박사와 하이드'라고 불렀을 정도예요. 리의 엄마 Helen Buniak

리의 돌출 행동은 우유를 떼고 음식을 먹으면서부터 시작됐다. 처음엔 그저 짜증이 심한 줄 알았는데 아이가 자랄수록 폭발의 강도가 심해졌다. 가까스로 초등학교를 졸업하고 중학교에 입학했

▶리의 엄마와 누나는 리의 폭력을 피하기 위해 방문에 잠금장치까지 설치해야 했다. 제작진과의 인터뷰에서 리는 케이크와 감자칩, 청량음료수를 먹고 나면 갑자기 화가 났다고 말했다. 또한 음식을 먹고 난 뒤 갑자기 솟아오르는 분노를 주체할 수가 없어서 리 자신도 너무 힘들었다고 고백했다.

Part 3_문제음식이 문제아를 만든다

지만 2주밖에 다닐 수 없었다. 그 후 리를 받아주는 학교는 없었다. 특수학교에서조차 입학을 거절당했다. 가족들은 이유도 모른 채 답답하고 힘든 시간을 견뎌야 했다.

◉음식일기로 드러난 충격적인 사실

여덟 살 무렵 엄마는 리가 생일파티나 결혼식에 참석하거나 외식을 할 때마다 끔찍하게 돌변한다는 것을 깨달았다. 외식을 한 다음 날이면 외출조차 못할 지경이었다. 리의 문제행동이 외식을 한 후 나타난다는 것을 알게 된 엄마는 그제서야 문제의 원인이 음식이 아닐까 의심했다. 그리고, 사실을 확인하기 위해 리가 먹은 음식과 그날의 행동들을 낱낱이 기록한 음식일기를 쓰기 시작했다.

하루도 빠짐없이 음식일기를 쓴 지 2년여 만에 리의 엄마는 충격적인 사실을 알게 됐다. 리가 완전히 자제력을 잃고 폭력적으로 돌변한 것은 몇 가지 특정한 음식을 먹은 후였다.

리가 먹은 음식과 그 다음 날의 행동을 기록한 다음 색깔로 표시했어요. 리의 행동이 좋으면 초록색으로, 나쁘면 핑크로 표시했어요. 그러다보니 이상행동을 일으키는 음식들이 무엇인지 알 수 있었어요.
-며칠 음식을 주의 했을 때는 행동이 좋았지만, 시중에서 파는 치킨을 먹고 나서는 행동이 자제가 안 됐어요.

-패스트푸드를 먹어도 행동이 변했어요. 유일하게 먹어도 되는 패스트푸드는 피자H 브랜드의 피자였어요. 왜 그런지는 모르겠지만, 그 피자는 괜찮았어요.

-녹색, 노랑, 빨강 같은 밝은 인공색소를 먹은 날은 최악이었어요. 생일 파티를 하면 색이 밝은 사탕이나 밝은 색소로 아이싱 장식을 한 케이크를 먹곤 했는데, 그걸 먹은 다음 날이면 무척 심한 폭력성을 보였어요. 초등학교 시절 리가 학교에서 열흘 연속으로 심하게 폭발한 적이 있었는데, 나중에 알고 보니 친구들의 생일이 열흘간이나 계속 되었던 거였어요.

-음료수에 들어가는 아스파탐 역시 심한 영향을 줬어요. 리는 아스파탐이 들어간 S음료를 마실 때마다 공격적으로 변했어요.

-짭짤한 감자칩을 먹어도 행동이 변했는데, 화학조미료 MSG 때문이었어요.

-단 음식도 이상행동의 원인이었어요. 친구 부모들이 준 단 군것질거리를 먹으면 어김없이 나쁜 행동을 보였지요.

-인공사료를 먹여서 키운 닭이나, 항생제를 투여한 닭이 낳은 계란 노른자에도 나쁜 반응을 보여서 유기농 계란을 먹여야 했죠.

-소시지도 가장 나쁜 음식 중 하나였어요. 특히 고기에 붉은 색소를 넣고 매운맛을 첨가한 소시지를 먹으면 증상이 심해졌어요.

-드럼스틱 닭다리도 문제가 많았어요. 화학첨가물이 가미되지 않은 자연산 닭고기를 직접 사다가 요리하면 괜찮을 줄 알았는데, 알고 보니 보존제를 넣었던 거예요. 닭다리에 보존제를 넣었을 거라고는 생각도 못했어요. 리의 엄마 Helen Buniak

그 뒤 문제가 되는 음식들을 피하고 직접 조리한 신선한 음식만 먹게 하자, 리는 착하고 사랑스러운 열두 살 아이로 돌아오기 시작했다.

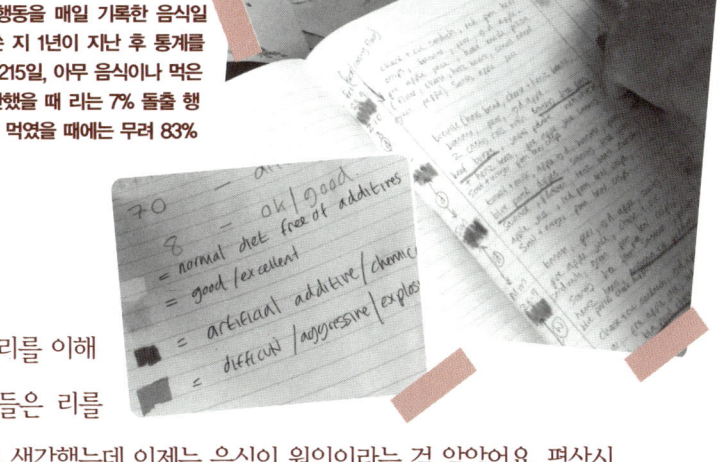

▶ 리가 먹은 음식과 그날의 행동을 매일 기록한 음식일기. 리의 엄마는 음식일기를 쓴 지 1년이 지난 후 통계를 내보았다. 음식을 제한한 날이 215일, 아무 음식이나 먹은 날이 139일이었다. 음식을 제한했을 때 리는 7% 돌출 행동을 보인 반면, 아무 음식이나 먹였을 때에는 무려 83%의 공격적인 행동을 보였다.

예전에는 나도 리를 이해할 수 없었고, 사람들은 리를 버릇없는 문제아라고 생각했는데 이제는 음식이 원인이라는 걸 알았어요. 평상시에는 얌전하고 착한 아이를 특정 음식이 자극해요. 약간만 화가 나도 공격적으로 변하죠. 2년 전부터는 먹어도 되는 음식과 안 되는 음식을 알고 주의하기 때문에 아이가 심하게 공격적이 되진 않아요. 리의 엄마 Helen Buniak

문제아였던 리, 음식을 바꾸고 학교로 돌아가다

리가 폭력적으로 돌변하는 원인이 특정 음식에 있다는 사실이 드러난 후 부엌의 풍경은 달라졌다. 엄마는 리를 위해 잡곡과 쌀을 준비했다. 냉장고 안에는 가공식품 대신, 감자, 당근, 양배추 등 신선한 야채와 과일이 채워졌고, 첨가물이 많이 들어있는 음료수 대신 유기농 요거트가 놓였다.

영국 사람들은 대부분 직접 요리를 하지 않고 조리된 가공식품을 사먹거나 외식을 한다. 바쁜 생활 때문에 전자레인지에 넣고 5~10분만 데우면 되는 음식들로 식사를 대신하는 게 하나의 식문화가 되었다고 한다. 하지만 리의 엄마는 신선한 재료를 직접 구입해서 음식을 만든다. 특정한 음식에 예민하게 반응하는 리만을 위한 맞춤 음식을 만드는 것이다.

> 모든 재료는 신선한 것을 사용해요. 가끔은 냉동 채소를 쓰기도 하는데, 냉동 채소까지는 괜찮지만 가공한 채소는 절대 구입하지 않아요. 리의 엄마 Helen Buniak

제작진이 리의 집을 방문한 날도 엄마는 피망, 양파, 당근, 숙주, 사보이배추 등 다섯 가지 채소에, 콩으로 만든 고기, 인공색소와 인공향료, 보존제 등이 전혀 들어있지 않은 국수를 100% 해바라기 기름에 볶아 식사 준비를 하고 있었다. 식재료를 살 때도 위험한 성분이 들어있진 않은지 꼼꼼히 확인하고, 하루에 다섯 가지 이상의 채소와 과일을 먹인다고 했다.

엄마가 손수 음식을 만들어주기 시작하면서 리는 학교도 다닐 수 있을 만큼 좋아졌다. 엄마가 모든 음식을 통제할 수 없기 때문에, 학교에서는 선생님이 엄마를 대신하여 리의 식생활을 돌보고 음식일기를 쓴다.

그렇다고 리의 문제행동이 100% 개선된 것은 아니다. 학교에서 친구들과 어울리다 보면 더러는 나쁜 음식을 먹기도 하고, 무엇이 들었는지 모르는 새로운 음식들을 계속 접하기 때문이다.

요즘도 리는 문제 있는 음식을 먹을 때마다 눈빛이 변하고 온몸에 발진이 돋는다. 레코드판이 걸린 것처럼 계속 같은 말을 반복하고, 글씨체가 커지고 엉망으로 변하며, 인지력도 급격히 떨어진다. 또 예전처럼 공격적인 행동을 보이기도 한다.

다만 전과 달라진 점이 있다면 리가 폭발할 징조를 감지할 수 있다는 것과, 문제의 원인을 파악한 만큼 정상적으로 생활하고 교육받을 수 있는 희망이 생겼다는 것이다.

◎탄광 속의 카나리아

리에게 문제가 됐던 음식들은 세계 각국을 초월해 많은 나라의 아이들이 거리낌 없이 먹고 있는 것들인데 왜 유독 리에게만 문제가 나타났을까? 단지 리가 특이한 체질을 가진 걸까? 그렇지 않다. 영국 식품표준기구에서는 식품첨가물이 아이들의 행동에 심각한 영향을 미친다는 연구 결과를 발표했다. 정부는 식품제조업체가 색소를 비롯한 일부 식품첨가물을 사용하지 못하도록 강력한 규제를 시작하기도 했다. 이 외에도 리를 폭력적으로 돌변하게 했던 특정 성분들이 아이의 두뇌와 행동에 어떤 악영향을 미치는지에 대한 연구 결과는 수없이 많다.

전문가들은 리가 남들보다 특정 음식에 더 예민하게 반응하는 것이고, 리에게 문제를 일으킨 음식들은 어느 아이에게든 나쁜 영향을 미친다고 말한다. 유독가스에 민감한 새인 카나리아가 광부들에게 위험신호를 보내는 것처럼, 오늘 날의 위험한 음식문화 속에서 리는 우리에게 '탄광 속의 카나리아'인 것은 아닐까.

식품첨가물의 종류와 인체에 미치는 영향

방부제의 용도와 인체에 미치는 영향

식품첨가물	용도	과다 섭취 시 인체에 미치는 영향
솔빈산 솔빈산칼륨	어육제품, 단무지, 간장, 케첩, 발효유, 유산균음료	아소산과 반응, 발암물질에 의해 변화됨. 염색체 이동
데히드로초산 데히드로나트륨	치즈, 버터, 마가린	간장의 변화, 염색체 이상
프로피온산	치즈, 빵, 과자	눈, 피부, 점막을 자극함
안식향산 안식향산나트륨	간장	간질병의 경련 등 유발

인공 합성 감미료의 종류와 인체에 미치는 영향

식품첨가물	용도	과다 섭취 시 인체에 미치는 영향
L-글루탐산 L-글루탐산나트륨	모든 식품에 사용 가정용 조미료	현기증, 손발 저림, 두통, 기억력과 집중력 저하 어린이 입의 신경세포 파괴
아스파탐	청량음료, 젤리, 츄잉껌, 아이스크림	흰쥐 경구에 투여하면 뇌 등에 증상, 토끼의 경우에 투여하면 골격 이상 발견
글리실리진산2나트륨	된장, 간장	경직, 경련 등의 급성 독성 발현
코하크산	청주, 합성 청주, 된장, 간장	고양이 실험시 구토, 설사
산류	소스, 피클, 케첩, 마요네즈, 시럽, 치즈	강한 급성 독성
사카린	츄잉껌, 청량음료, 아이스크림, 과자류	흰쥐의 자궁암, 방광암

팽창제의 용도와 인체에 미치는 영향

식품첨가물	용도	과다 섭취 시 인체에 미치는 영향
탄산수소나트륨	빵, 케이크, 비스킷, 초콜릿	카드뮴, 납 등의 중금속 함량 높음

산화방지제의 용도와 인체에 미치는 영향

식품첨가물	용도	과다 섭취 시 인체에 미치는 영향
EDTA2나트륨 EDTA2칼슘 EDTA나트륨	마요네즈, 통조림 산화방지제	강독성, 칼슘 부족증 유발, 혈압 강화, 위장 장애 유발, 뇌 기형아 발생
에르솔빈산 에르솔빈산나트륨	생선, 생선 염장, 냉동식품, 주류, 주스, 버터, 치즈	염색체 이상, 변이원성
디부힐히드록신톨루엔	식용유지, 버터	콜레스테롤 상승, 호르몬제에서 발암 유발, 유전자 손상, 염색체 이동, 흰쥐 체중 저하, 신생아 무뇌증 사례

산미료의 종류와 인체에 미치는 영향

식품첨가물	용도	과다 섭취 시 인체에 미치는 영향
구연산	청량음료, 과즙, 젤리, 잼, 얼음과자, 사탕, 소스, 치즈, 아이스크림, 식용유	비교적 독성이 약함
주석산 주석산나트륨	구연산과 동일	토끼, 개에게 강한 독성, 염색체 이상
젖산	청주, 합성주, 청량음료, 빵, 과자, 젤리, 아이스크림, 소스	미숙아 중독사, 급성출혈, 적혈구 감소
아디핀산	치즈, 사탕, 젤리, 프림	자극성 있음
푸마르산 푸마르산나트륨	합성 청주, 절임 식품, 청량음료, 농축 주스, 젤리, 과자, 과일통조림	토끼 갑상선 팽창, 출혈, 정소에 영향, 변이원성

착색제의 용도와 인체에 미치는 영향

식품첨가물	용도	과다 섭취 시 인체에 미치는 영향
타르색소 (황색4호, 5호 등)	치즈, 버터, 아이스크림, 과자, 사탕, 소시지, 통조림 고기, 푸딩	간, 혈액, 콩팥 장애, 발암성, 전두엽 손상

표백제 및 살균제의 종류와 인체에 미치는 영향

식품첨가물	용도	과다 섭취 시 인체에 미치는 영향
아염소산나트륨 과산화수소	체리, 포도, 복숭아, 어묵 등 수산 가공품	호흡기 점막, 눈 자극, 변이원성 점막의 짓무름, 유전자의 손상, 염색체 이상, 일과성 식중독 변화
아황산계 표백제	과자, 빵, 빙과류	신경염, 순환기 장애, 위점막 자극, 기관지염, 천식
사라시분 유지	과실, 야채, 음료수	눈에 강한 자극, 강막 궤상, 습진, 염색체 이동

발색제의 용도와 인체에 미치는 영향

식품첨가물	용도	과다 섭취 시 인체에 미치는 영향
아질산나트륨 아토산나트륨	햄, 소시지, 어육제품, 야채, 과일	헤모글로빈 빈혈증, 호흡기능 악화, 급성구토, 발한, 의식불명, 간암유발

—다음을 지키는 사람들 著, 《차라리 아이를 굶겨라2》 중

집밥으로 큰 아이 vs 외식으로 큰 아이

제작진은 취재 과정에서 한국 아이들의 식생활 실태를 정확하게 파악하기 위해 서울의 한 초등학교를 찾아갔다. 아이들에게 식품영양학과 교수의 자문으로 만들어진 설문지를 작성하게 한 뒤, 어제 저녁과 오늘 아침에 먹은 음식을 발표하는 시간을 가졌는데, 외식을 하거나 배달음식, 라면 등의 인스턴트식품으로 끼니를 해결하는 아이들이 예상보다 훨씬 많았다. 다음은 아이들이 발표한 내용의 일부이다.

선생님 ▶ 어제 저녁에 우리 친구들이 저녁으로 무엇을 먹었는지 발표해볼까요?

학생1 ▶ 엄마가 피자 시켜주셨어요.

학생2 ▶ 탕수육이요.

학생3 ▶ 자장면이요.

학생4 ▶ 어제 가족들과 스테이크하고 피자를 먹었습니다.

학생들 ▶ 우와~

학생5 ▶ 저는 혼자 쌀국수 뚝배기 끓여 먹었어요. 아, 삼각김밥도 먹었어요.

학생들 ▶ 하하하하.

개중에는 아침식사로 라면을 먹고 오는 아이도 있었다. 설문지를 분석한 결과 아이들은 집밥이 더 영양가가 있다는 사실을 알고 있었지만, 학원 갈 시간에 쫓기고 부모님도 맞벌이로 바빠서 챙겨줄 시간이 없다 보니 집밥을 먹지 못하는 경우가 많은 것으로 드러났다.

2008년 국민건강영양조사에 따르면 우리나라 청소년의 33.4%가 하루 한 번 이상 외식을 하고, 14.1%는 하루 두 번 이상 외식을 한다. 여기에 청소년의 26%가 아침을 결식하고 점심은 대부분 학교 급식으로 해결한다는 것을 감안하면, 두뇌발달에 도움이 되는 제대로 된 집밥을 먹는 아이들은 그만큼 적다는 말이 된다.

12-18세 청소년의 외식섭취빈도

하루 2회 이상	하루 1회	주 1-6회	월 1-3회	거의 안한다
14.1	19.3	63.6	1.6	1.4

2008.국민건강영양조사

▶제작진은 아이들에게 설문조사를 하면서 오늘 아침이나 어제 저녁에 먹은 음식을 그려보게 했다. 가족과 피자를 먹는 그림도 있었고, 혼자 밥을 먹는 그림도 있었으며, 형제 둘이 라면을 먹는 그림도 있었다. 저녁으로 가족과 피자를 나눠먹는 그림을 그린 아이는 아빠가 피자를 먹고 싶어 했다고 말했고, 아침으로 라면 먹는 그림을 그린 아이는 엄마가 맛있는 걸 해주지 않기 때문에 집밖에서 먹는 것이 더 좋다고 말했다.

◎외식, 단지 입맛만 망칠 뿐일까?

안산에 사는 민진(9세, 가명)이와 하진(6세, 가명)이 자매는 대부분의 식사를 외식으로 해결한다. 그나마 어릴 때 할머니 댁에서 자라 나물 반찬도 잘 먹고 된장찌개도 싫어하지 않는 민진이와 달리, 동생 하진이는 밥 대신 과자나 초콜릿을 먹고 가공식품과 패스트푸드에 입맛이 길들여져 있다. 제작진이 처음 하진이네 집을 찾았을 때, 하진이는 엄마 몰래 초콜릿 쿠키 반 통으로 아침식사를 대신한 후였다.

> 어제 밤 11시가 넘었는데 애가 초콜릿 쿠키를 먹으려고 하더라고요. 아빠가 밤에 먹지 말고 내일 먹으라고 했더니, 눈 뜨자마자 먹은 거예요. 큰애를 학교에 보내느라 정신없는 사이에 몰래 가져다 먹었어요. 그것도 쿠키 안의 초콜릿만 골라 먹고, 나머지는 맛없어서 안 먹었대요. 하진이 엄마

그 날 학교와 유치원에서 돌아온 민진이와 하진이는 소스가 듬뿍 뿌려진 치

킨강정과 콜라슬러쉬를 사먹었다. 언니 민진이가 바로 학원에 가야 해서 간단한 간식으로 끼니를 대신한 것이다. 학원 앞에서 언니가 끝나길 기다리던 하진이는 엄마를 졸라 치킨강정과 콜라슬러쉬를 한 번 더 먹었다. 좀 전에 먹은 것과 같은 메뉴이다. 그럼 그날 저녁엔 제대로 차려진 집밥을 먹었을까? 아니다. 그날 저녁엔 집 근처 패스트푸드점에서 햄버거와 콜라, 감자튀김을 배부르게 먹었다.

다음 날, 그 다음 날의 메뉴도 크게 다르지 않았다. 전화 한 통이면 금방 받아먹을 수 있는 치킨도시락과 스파게티가 밥상 위를 차지했다.

> 제가 회사를 다닌 적이 있는데, 그 때 아이들한테 조금씩 사준 게 버릇이 된 것 같아요. 또, 요즘은 엄마보다 아이들이 더 바쁘잖아요. 학교에 갔다 오면 학원에 가야하고, 끝나자마자 다른 학원에 가야하고…. 그러다 보니 짧은 시간에 빨리 뭔가를 먹여야겠다는 생각이 드는 거예요. 궁여지책으로 빵이나 돈가스도시락 같은 빠르고 간단한 음식을 자꾸 사주다 보니, 결국 거기에 입맛이 길들여진 것 같아요. 이제는 집에서 밥을 차려주면 맛이 없다고 안 먹어요. _하진이 엄마_

일주일에 서너 번 집에서 밥을 차려주지만 밥상 앞에서는 늘 전쟁이다. 특히 여섯 살 하진이는 고기나 햄이 없으면 밥을 아예 안 먹는다. 제작진의 권유로 담백하게 삶아낸 돼지고기 수육에 상추, 깻잎, 오이, 도토리묵, 꽃게탕, 어묵국, 김치, 깍두기로 풍성한 밥상을 차려줬지만, 하진이는 다른 반찬에는 아예 손도 대지 않고 고기 한 접시만 싹 비웠다. 엄마가 아무리 애를 써도 하진이는 결국 채소는 한 입도 먹지 않았다.

평소 식생활이 그렇다 보니 하진이는 변비가 심해 종종 응급실까지 가야한다. 겉으로는 또래 아이들보다 키도 크고 통통해서 건강해 보이지만, 조금만 걸어도 피곤해하고 늘 감기를 달고 살며 면역력이 약해 때마다 유행병에 걸린다. 제작진과 만날 당시에도 민진이와 하진이 모두 천식을 앓고 있었고, 언니 민진이는 아토피로 고생하고 있었다.

> 학교 식당을 제외한 음식점에서 일주일에 4번 이상 식사를 한 어린이는 집에서 식사를 한 어린이보다 콜레스테롤 수치와 심장질환에 걸릴 위험이 더 높다
> —미국 '심장혈관연구교육재단' 연구팀 조사 결과

동생 하진이는 평소 생활태도에도 문제가 있어 보였다. 유치원에서든 집에서든 주로 바닥에 누워 뒹굴기를 좋아했고, 엄마와 약국이나 시장을 갈 땐 진열된 물건들을 계속 집었다 놨다 반복하며 부산하게 굴었다. 이유 없이 울고 떼를 쓰는 일도 많았다.

> ❀ 움직이는 걸 너무 싫어해요. 아침에 유치원에 갈 준비를 할 때 왼쪽 머리 묶은 다음 오른쪽으로 돌아앉는 것도 싫어해요. 컴퓨터에 렉이 걸린 것처럼 똑같은 말을 계속 반복하기도 하고요. 떼를 쓰는 일도 많아서, 하루 종일 같이 있으면 어지러울 정도예요. 하진이 엄마

엄마는 나름대로 아이들에게 최선을 다하고 있다고 했다. 학교든 학원이든 데려다 주고 데리러 가기를 빼놓지 않고, 아이들과 눈높이를 맞춰 대화하려고도 애쓴다는 것이다. 주로 외식이나 배달음식 등으로 끼니를 대신하는 것도, 시간에 쫓기는 탓도 있지만 밥을 아예 안 먹는 것보다는 뭐라도 먹이는 것이 마음이 놓이기 때문이라고 했다. 외식 때문에 아이들이 살이 찔까봐 걱정은 되지만, 잦은 군것질이나 외식이 아이들의 두뇌나 행동에도 나쁜 영향을 미치리

라곤 전혀 생각하지 못하고 있었다.

> 음식과 건강은 어느 정도 관련이 있겠죠. 깊게 생각해보진 않았지만요. 하지만 음식은 아이들의 성격이나 행동과는 별로 관계가 없을 것 같은데요? 하진이 엄마

밥 짓는 남자 황철규 씨 아이들

아홉 살 성재와 여섯 살 성민이 형제는 외식을 하는 일이 거의 없다. 맞벌이하는 엄마를 대신해 아빠가 아이들의 집밥을 책임지고 있기 때문이다.

아이들의 아빠 황철규 씨는 IT업체의 우수 사원으로 회사일이 바쁘지만, 성재와 성민이에게 집밥을 먹이기 위해 매일 저녁 6시에 일정하게 퇴근한다. 퇴근길에 아내가 일하는 학원에 들러 아빠를 기다리던 아이들을 데리고 함께 장을 보고 밥상을 차리는 건 황철규 씨의 중요한 일과다. 아침밥은 아내가 맡고 저녁밥은 황철규 씨가 책임진지 벌써 5년째.

집에 도착하면 황철규 씨는 능숙한 살림솜씨로 밥상을 차려낸다. 아침에 미리 불려놓은 현미에 콩을 섞어 현미잡곡밥을 짓고, 장모님이 담가주신 된장으로 된장찌개를 끓인다. 감자를 채썰어 볶고, 고등어를 굽고, 신선한 야채와 야채를 찍어먹을 된장을 준비한다. 이집 밥상에서 된장은 하루도 빠지는 날이 없다.

아무리 바쁘고 피곤해도 조리가 쉬운 소시지 등의 가공식품은 절대 밥상에 올리지 않는다는 황철규 씨. 설탕 대신 사과와 바나나를 넣어 손수 김치까지

담그는 모습이 그야말로 주부 9단이다. 아빠가 김치 담그는 모습을 즐겁게 지켜보다 보니, 아이들도 어느새 김치를 좋아하게 됐다고 한다.

> 아이들이 한창 클 나이고 세포를 만들어가는 단계니까, 좋은 음식을 많이 먹여야겠다고 생각했어요. 일하는 아내 대신 제가 밥상을 지키기 시작했죠. 영양소가 골고루 공급되면, 아이들이 공부도 잘하고 다른 활동도 잘하게 될 것 같았고요. 아무래도 집에서 해 먹으면 식재료도 좋은 걸 쓰게 되니까 아이들에게 조금이라도 더 좋지 않을까요. 성재, 성민이의 아빠 황철규 씨

처음에는 아토피로 고생하는 큰아이 성재 때문에 외식이나 인스턴트식품을 피하기 시작했는데, 집밥을 차려 먹이다 보니 어느새 증상이 깨끗이 낫더란다. 그렇게 집밥의 힘을 경험하고 나니 이제는 아무리 바쁘고 피곤해도 매일 앞치마를 두를 수밖에 없었다고.

제작진이 황철규 씨 댁을 방문하던 날, 저녁식사가 끝나고 아빠가 설거지

▶ 집에 돌아오는 길에 두 아들과 함께 마트를 찾은 황철규 씨. 평일에 아이들과 함께 장을 보는 것은 황철규 씨의 중요한 일과다. 아빠는 아이들과 음식재료를 고르며 그날 저녁 메뉴를 의논한다. 성재와 성민이는 아빠와 함께 장을 보는 그 시간을 무척 즐거워했다.

▶ 엄마가 학원 일을 마치고 돌아오고 나서야 황철규 씨네 저녁식사가 시작된다. 조금 늦게 먹더라도 가족이 함께 한 식탁에 앉아 집밥을 먹는 것이 황철규 씨 집의 원칙이다. 아이들은 배가 조금 고파도 엄마가 돌아올 때까지 떼쓰는 법 없이 기다린다.

를 시작하자 아홉 살 성재는 누가 시키지도 않았는데 집중해서 영어책을 읽기 시작했다. 여섯 살 성민이도 옆에 앉아 그림책을 읽었다. 아빠 황철규 씨는 아이들이 유난히 책을 좋아하고, 특히 성재는 이미 미국 초등학생의 영어실력을 갖췄다며 자랑했다. 아이들이 건강하고 똑똑하게 자라준 데는, 매일매일 차려준 밥상이 큰 힘이 되었을 거라 믿는다는 말도 덧붙였다.

●◎집밥으로 큰 아이 VS 외식으로 큰 아이

제작진은 한국 집밥의 힘을 취재하면서 집밥으로 큰 아이들과 외식으로 큰 아이들의 차이가 무엇인지 궁금했다. 아이들이 먹은 음식은 몸과 마음, 그리고 두뇌에 어떤 영향을 미쳤을까?

제작진은 거의 대부분의 끼니를 외식으로 해결하는 민진(9세)이 하진(6세)이 자매와, 집밥을 주로 먹는 성재(9세) 성민(6세)이 형제를 두고 집중력검사와 심리검사, 건강검진과 모발검사를 실시했다.

집중력검사 결과

집중력검사 결과, 집밥으로 큰 성재의 집중력이 두드러지게 높은 것으로 나타났다. 9세 아이의 경우 보통 여자아이들의 집중력이 남자 아이들보다 높게 마련이라는데, 성재는 동갑인 민진이에 비해서도 훨씬 높은 집중력을 보였다. 아이들의 집중력검사를 담당했던 김지연 선생님은 다음과 같은 말을 했다.

✎ 성재는 한국 웩슬러 아동지능검사에서 주위집중력영역의 지표 점수가 121로 나타나고 있는데요. 이것은 동일 연령층 100명 중에서 8등 정도에 해당되는 능력이라고 할 수 있고요. WISC-Ⅲ에서 분류 범주가 우수에 해당되는 능력입니다. 김지연 선생님

심리검사 결과

심리검사 결과도 두 가정의 아이들은 확연히 달랐다. 담당 심리치료사의 의견은 다음과 같다.

✎ 성재, 성민이에게는 정서적으로 '나는 행복하다, 나는 밝다'라는 긍정적인 마인드가 있었어요. 하지만, 민진이와 하진이에게는 공통적으로 우울감과 열등감이 많이 있었어요. 김양희 선생님

심리검사 과정에서 집을 그려보자고 하자, 외식을 주로 했던 민진이(9세)는 햄으로 된 집을 그렸다. 동생 하진이(6세)는 그림 속의 나무나 사람들이 모두 아프다고 표현했다. 다음은 심리검사 도중에 심리치료사 선생님과 하진이 사이에 오간 대화의 일부다.

(나무 그림을 그린 후)
하진 ▶ 엄마 나무, 언니 나무, 애기 나무를 그린 거예요.
심리치료사 ▶ 나무 가족을 그렸구나? 나무 가족의 건강은 어때?
하진 ▶ 언니는 지금 아파서 건강하지 않고요, 엄마는 손이 아파서 건강하지 않고요,

애기도 건강하지 않아요.

(사람 그림을 그린 후)

심리치료사 ▶ 하진아, 이거 남자야 여자야?

하진 ▶ 얘는 남자예요. 머리를 다쳤어요. 아파요.

심리치료사 ▶ 이 아이는 몇 살인데?

하진 ▶ 다섯 살이요.

심리치료사 ▶ 이 아이 기분은 어때?

하진 ▶ 아파서 기분이 안 좋아요.

심리치료사 ▶ 이 아이 소원은 뭐야?

하진 ▶ 안 아픈 것.

(또 다른 사람 그림을 그린 후)

심리치료사 ▶ 지금 이 사람 뭐하고 있어?

▶심리검사 과정에서 모두 아픈 나무 가족을 그린 하진이. 하진이는 나무의 소원이 키가 크는 것이라고 말했다. 하지만 나무의 미래에 대해 묻자 곧 썩을 것 같다고 말했다.

▶민진이는 심리검사 과정에서 햄으로 된 집을 그렸다. 햄으로 된 집을 그린 이유에 대해 묻자 민진이는 동생이 햄이 있으면 반찬투정을 안 하기 때문이라고 말했다.

하진 ▶ 죽었어요. 아파서 죽은 거예요.

활짝 웃고 있는 집을 그리고, 도화지에 그려놓은 모든 사람이 기분 좋은 상태라고 말한 성민이와는 확연히 다른 결과였다.

건강검진 결과

건강검진 결과, 특이사항 없이 건강했던 성재, 성민이와 달리 주로 외식을 했던 하진이는 고도비만 상태였다.

하진이의 경우, 100명으로 따져서 봤을 때 거의 첫 번째에 해당할 정도로 고도비만에 속합니다. 6살인데 체중이 9살 아이의 평균 체중 정도이고, 비만도가 95% 이상 되는 걸로 나와요. 유전적인 소인도 있겠지만 식습관과 관련이 많은 것으로 생각됩니다. 우려되는 것은, 어렸을 때 몸무게가 너무 많이 나가면 통계적으로 사춘기가 빨리 오는 경우가 많거든요. 사춘기가 빨리 온다는 건 그만큼 성장판이 빨리 닫힌다는 얘기고, 그러면 비록 지금은 하진이가 또래 아이들보다 크지만, 최종 신장은 또래보다 훨씬 작아질 수가 있다는 거예요. 당뇨라든지 동맥경화의 위험도 있고요. 소아청소년과 전문의 전우성

아이들의 건강검진을 담당했던 소아청소년과 전문의는 민진이와 하진이의 천식도 외식을 주로 하는 식습관과 연관이 있을 것이라고 했다. 앞에서도 언급한 바 있지만, 실제로 미국 시러큐스 대학에서는 가족이 모두 모여 집에서 식사를 많이 하는 가정일수록 천식에 걸릴 확률이 낮다는 연구 결과를 발표하기도 했다.

모발검사 결과

모발검사로는 우리 몸의 영양상태와 독성물질의 축적 여부를 알 수 있다. 사람의 머리카락은 한 달에 평균 1cm가 자라기 때문에, 예를 들어 3cm의 머리카락 안에는 지난 3개월간의 영양상태가 고스란히 기록되어 있는 것이다. 모발검사 결과, 영양상의 큰 불균형을 보인 것도 민진이와 하진이였다.

❋ 민진이와 하진이의 머리카락 조직의 미네랄 성분을 분석한 결과, 나트륨이 굉장히 높은 수치로 나왔습니다. 나트륨과 칼륨 비율, 칼슘과 마그네슘 비율이 불균형하기 때문에, 주의가 산만하고 피로를 쉽게 느끼고 빨리 지치는 증상이 드러날 겁니다. 가정의학과 전문의 김경수

앞서, 아이의 머리가 좋아지려면 칼슘과 마그네슘이 균형을 이뤄야한다는 것을 설명한 바 있다. 혈액 속의 칼슘은 시냅스(신경전달물질이 담긴 주머니) 밖

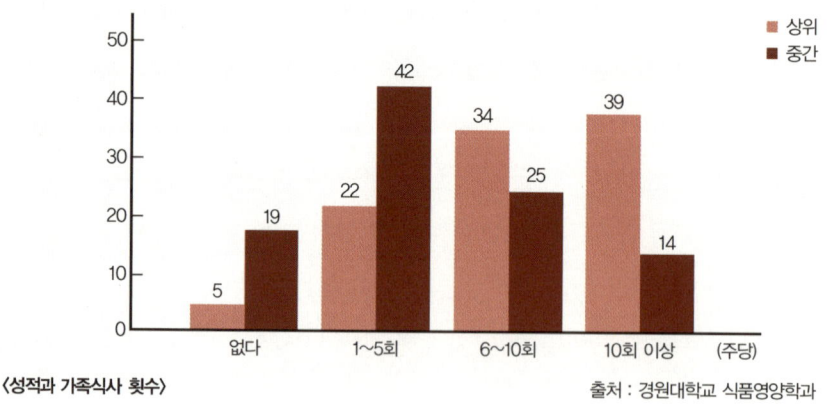

〈성적과 가족식사 횟수〉   출처 : 경원대학교 식품영양학과

에서 시냅스 안으로 메시지를 전달하는 역할을 하고 마그네슘은 시냅스 안에서 메시지를 받아들이는 역할을 하는데, 이 둘이 균형을 이루지 못하면 두뇌의 정보전달이 원활할 수 없다.

칼슘이 부족하면 메시지 전달이 취약해지기 때문에 의욕도 체력도 모두 떨어질 뿐만 아니라, 산만해지고 과잉행동을 하게 된다. 반대로 푸른잎 채소에 풍부한 마그네슘이 부족할 경우엔, 신경전달물질이 제대로 합성되지 않는다. 아무리 성능 좋은 컴퓨터라도 전기코드를 연결하지 않으면 사용할 수 없는 것처럼 활발한 두뇌활동이 이뤄질 수 없다.

물론 두 가정 아이들의 몸과 마음과 두뇌에 큰 차이가 나타난 것은 가정의 환경과 부모의 양육 태도의 영향도 있을 것이다. 하지만, 집밥으로 큰 성재, 성민이와 외식으로 큰 민진이, 하진이를 비교한 결과는 전국 중고등학교 100곳의 전교 1등 학생들과 중간 성적 학생들을 비교해 본 결과와 일맥상통한다. 조사 결과 전교 1등을 하는 아이들은 외식을 하는 경우보다 집밥을 먹는 횟수가 훨씬 많았다.

PART1과 PART2에서는 아이들의 두뇌를 발달시키는 음식들에 대해 자세히 살펴봤다. 그렇다면 아이의 두뇌를 해치고 문제 행동을 일으키는 음식엔 구체적으로 어떤 것이 있을까? 아이들이 집밥 대신 선택하는 외식 메뉴에는 어떤 심각한 위험이 도사리고 있는지 자세히 알아보자.

> **마약보다 심각한 패스트푸드**

아이들이 주식 대용으로 가장 손쉽게 선택하는 패스트푸드. 학령기의 아이치고 햄버거와 피자, 프렌치프라이를 싫어하는 아이는 없다. 끼니를 거르는 것보다는 햄버거나 피자라도 먹는 게 낫다고 생각하는 부모도 많다.

◉ 패스트푸드가 성적을 떨어뜨린다

아이 입장에서는 맛있어서 좋고, 부모로서는 간편하게 아이의 식사를 해결할 수 있으니 패스트푸드는 바쁘게 돌아가는 한국 가정에서 영원히 환영받을 음식이 아닐까 싶다. 하지만 패스트푸드를 즐겨 먹는 결과는 생각보다 심각하다.

미국 밴더빌트대학의 캐리 토빈 박사는 10~11세의 초등학생 5,500명을 대상으로 패스트푸드와 학업성적의 관계를 분석했다. 그 결과 패스트푸드를 자주 먹는 아이들은 읽기와 산수 성적이 평균보다 최대 16%까지 낮은 것으로 드러났다(2009.5.25. 영국 데일리 텔레그래프 기사).

읽기 테스트의 경우, 패스트푸드를 일주일에 4~6번 먹는 아이들은 평균점수보다 7점이 낮았고, 매일 먹는 아이들은 16점이 낮았다. 패스트푸드를 하루에 세 번씩 먹는 아이들은 평균보다 19점이나 낮았다.

산수 테스트에서도 마찬가지였다. 패스트푸드를 자주 먹는 아이들은 평균점수보다 적게는 6.5점부터 많게는 18.5점까지 낮은 점수를 받았다.

> 부모의 생활수준, 인종, 체중 등 성적에 영향을 미칠 수 있는 다른 요인들을 고려해 산출했는데, 패스트푸드의 섭취와 학교성적 사이에는 통계학상 의미를 부여할 수 있을 정도의 연관성이 있는 것으로 나타났습니다. 이는 곧 패스트푸드가 인지기능에 영향을 미칠 수 있다는 것을 의미합니다. 캐리 토빈 박사

영국의 과학자들도 칼로리는 높지만 영양가는 낮은 정크푸드를 즐겨 먹는 어린이는 뇌장애를 일으킬 위험이 크다고 경고했다. 옥스퍼드대학의 알렉스 리처든슨 박사는 영국의 초등학생 1/4이 정크푸드 섭취가 원인이 되어 학습장애 등의 문제를 갖고 있으며, 스코틀랜드 초등학생 가운데 약 20만명이 자폐증이나 독서장애, 학습장애를 일으키는 것도 정크푸드가 원인이라고 발표한 바 있다.

내 아이의 뇌세포를 살려라

2006년 한국소비자보호원에서는 청소년의 44%가 일주일에 3회 이상 햄버거 등의 패스트푸드를 식사대용으로 먹는다는 조사결과를 발표했다. 최근에는 웰빙 열풍으로 패스트푸드 섭취량이 약간 줄긴 했지만 여전히 청소년의 56.1%가 주 1회 이상 패스트푸드를 먹고 있다.

아이들이 한 끼 식사를 대신해 먹는 패스트푸드에는 열량과 지방, 당분, 염분의 함량은 지나치게 높지만, 두뇌활동에 꼭 필요한 칼슘과 뇌세포를 보호하는 비타민A, 비타민C의 함량은 상대적으로 매우 낮다.

게다가 햄버거의 동물성 단백질과 콜라 같은 청량음료에 많이 들어있는 인은 칼슘의 흡수를 방해하고 탈 칼슘 현상을 초래하기 때문에, 뇌신경세포의 기능을 둔화시키고 감정을 동요시킨다. 또한 칼슘은 뇌세포 사이에서 메시지를 전달하면서 뇌세포의 흥분을 가라앉히는 역할도 하기 때문에, 패스트푸드를 자주 먹는 아이는 작은 불쾌감에도 쉽게 화를 내거나 흥분하고 충동적인 폭력 행동을 보인다.

프렌치프라이, 몸에 좋은 감자라고?

패스트푸드점에서 늘 햄버거와 짝을 이루는 프렌치프라이. 기름에 튀겼다는 점만 빼면, 그래도 몸에 좋은 감자가 아니냐고 생각하는 사람도 있다. 그러나 프렌치프라이는 더 이상 감자가 아니다. 프렌치프라이를 만들려면 채썬 감자를 뜨거운 물에 데치는 '블랜칭'이라는 과정을 거쳐야 한다. 블랜칭은 한마디로 갈변을 방지하는 작업이다. 그런데 이 과정에서 감자의 좋은 영양소가 빠져나간다. 프렌치프라이의 감자에는 찐 감자와 같은 영양분이 없다.

프렌치프라이에서 검출되는 '아크릴아미드(acrylamide)' 성분도 문제다. 전분이 함유된 식품을 고온에서 가공하면 아크릴아미드라는 성분이 생기는데, 이것은 유력한 발암물질로 의심받는 물질이다. '공익을 위한 과학단체(the center for science in the public interests)'가 발표한 자료에 따르면 프렌치프라이에서 검출된 아크릴아미드의 양이 물 한 잔에서 허용되는 아크릴아미드의 양보다 무려 3백배나 된다고 한다.

또 감자를 튀길 때는 고온에서 여러 번 사용한 기름을 재사용하기 때문에 과산화지질이 생기고, 이는 단백질과 결합하여 리포푸스친이라는 노화 물질을 만들어낸다. 리포푸스친이 뇌세포에 쌓이면 기억력이 쇠퇴하고 판단력이 흐려진다.

⦿텅 빈 열량으로 자라는 아이들

패스트푸드는 우리 몸에 꼭 필요한 영양성분은 부족하지만 열량은 매우 높기 때문에 '텅 빈 열량(empty calorie snack)'이라 불린다. 아이들의 한 끼 식사를 대신하는 햄버거, 감자튀김, 치킨세트의 열량은 하루 열량 권장량의 최대 53%를 차지한다. 더구나 프렌치프라이의 경우 감자를 찌거나 구웠을 때보다 칼로리가 5배나 높아진다.

게다가 지방 함량도 매우 높다. 영국의 과학전문지 네이처는 패스트푸드가 육체적인 능력뿐만 아니라 두뇌활동에도 영향을 주며, 그 원인이 패스트푸드의 높은 지방 함량이라고 지적했다. 동물 심험 결과, 지방이 많은 음식을 섭취할 경우 학습능력이나 기억능력이 저하됐다는 것이다.

이렇게 지방 함량만 높은 '텅 빈 열량'으로 자라는 아이들에게 비만 위험이 높은 것은 당연하다. 어린이 비만은 어른 비만보다 심각하다. 어른은 살이 찔 때 지방세포의 크기가 커지지만 어린이는 지방세포의 수 자체가 늘어난다. 지방세포의 수가 늘어나면 살을 빼기도 어려울뿐더러 고생해서 뺐다 해도 언제든지 다시 찔 가능성이 크다. 비만 어린이의 30~40%는 지방간과 고지혈증을 가지고 있고, 동맥경화증세까지 보인다고 한다. 거기에 어린이 비만은 열등감을 불러오고, 학업성적 저하로 이어진다. 특히 고도비만 어린이는 정서적으로 불안정하며, 공격적이 되거나, 스스로 자신을 공격하려는 성향을 부추기기도 한다.

> **그래도 패스트푸드를 먹어야 한다면?**
>
> 건강과 두뇌발달을 위해, 가급적 패스트푸드를 피하는 게 좋지만 아이가 먹고 싶어 하는데 무조건 말릴 수만은 없다. 또래친구들과 어울리다보면 패스트푸드를 먹을 일도 생기게 마련이다. 그럴 땐 다음과 같은 대안을 마련해보자.
>
> ▶**과일주스나 샐러드와 함께**
> 패스트푸드는 비타민A, 비타민C의 함량이 낮으므로 과일주스와 샐러드를 선택하여 함께 먹는다면, 패스트푸드의 영양적 가치를 향상시킬 수 있다.
>
> ▶**프렌치프라이 대신 구운 감자**
> 프렌치프라이는 기름에 튀겨 열량이 많고 유해성분도 있으므로, 오븐 등에 구운 감자를 먹는 것이 좋다.

◉ 침묵의 살인자, 트랜스지방

프렌치프라이를 만들 때처럼 식물성 기름을 고온에서 조리하면 트랜스지방이 생긴다.

트랜스지방은 사람이 자각하지 못하는 사이, 필수지방산들이 들어가야 할 세포막에 쌓여 신체기능을 서서히 저하시키고, 세포막을 딱딱하게 만들어 영양소와 산소, 노폐물의 이동을 방해한다. 또 혈액 속에 해로운 콜레스테롤(LDL 콜레스테롤)을 증가시키고 유익한 콜레스테롤(HDL콜레스테롤)을 감소시켜 혈관을 손상시킨다. 혈중 콜레스테롤 수치가 높아지면 뇌졸중, 심근경색, 고혈압, 동맥경화 등을 유발한다. 의사들이 패스트푸드(FAST FOOD)를 패스트데쓰(FAST DEATH)라고 부르는 이유도 여기에 있다.

트랜스지방은 처음에는 먹어도 표시가 나지 않지만 사람의 뇌, 심장, 폐, 간, 신장 등 장기조직에 들어가 그 기능을 무섭게 파괴하기 때문에 '침묵의 살인자'라고도 불린다. 일부 정신신경과학자들은 트랜스지방이 세포막을 손상시켜 두뇌활동을 방해하는 것은 물론, 알 수 없는 피로와 무력감, 짜증과 우울증을 불러오기도 한다고 보고하고 있다.

최근 트랜스지방 저감화 정책에 따라 패스트푸드의 트랜스지방 함량이 많이 감소하긴 했다. 하지만 여전히 패스트푸드 속 트랜스지방은 위험하다. 하버드 대학에서 발표한 음식 피라미드에서는 트랜스지방이 완전히 퇴출됐다. 조금만 먹어도 위험하다는 것이다.

◉식품첨가물 투성이, 패스트푸드

패스트푸드에는 칼슘과 칼륨의 체내 저장을 방해하는 나트륨을 포함해, 안정제·유화제·보존제·살균제·산화방지제·착색제·발색제·탈색제·감미료·팽창제 등 각종 식품첨가물과 화학조미료가 들어 있다. 칼슘과 마그네슘 등 무기질이 부족해지면, 신경이 예민해지고 성격이 급해진다. 식품첨가물을 과다 섭취하면 장과 간에 부담을 주고 발암의 위험을 높이는데, 첨가물의 50~80%는 배설되지만 나머지는 우리 몸에 축적된다고 한다. 햄버거가 맛있게 느껴지는 것은 많은 양의 식품첨가물과 양념 때문이라는 것을 기억해야 한다.

마약보다 심각한 칼로리 중독

그런데 이렇게 아이들의 건강과 두뇌를 해치는 패스트푸드에 중독성이 있다는 연구 결과가 나왔다. 이와 관련하여 미국 스크립스(Scripps) 연구소 폴 케니 박사의 연구 성과가 영국에서 발행되는 신경과학 전문지 《네이처 뉴로사이언스》에 게재됐다.

> 쥐를 대상으로 한 실험에서 고칼로리 음식이 마약처럼 뇌의 쾌락 중추를 자극해 중독 상태에 빠지게 하는 것으로 드러났습니다. 폴 케니 박사

연구팀은 실험용 쥐를 세 그룹으로 나눴다. 첫 번째 그룹엔 적당한 칼로리의 음식을, 두 번째 그룹엔 베이컨·소시지·치즈케이크·초콜릿 등 고칼로리 음식을 주되 식사 시간을 하루 한 시간으로 제한했다. 마지막 쥐들에게는 두 번째 그룹과 같은 고칼로리 먹이를 하루 23시간 동안 허락했다. 쥐들의 뇌에 전극을 꽂고 반응을 관찰한 결과, 무제한에 가까운 고칼로리 음식을 먹은 쥐들은

몸이 뚱뚱해졌을 뿐 아니라 뇌 활동까지 변했다.

❦ 무제한의 고칼로리 음식을 먹은 쥐들은, 점점 더 많은 칼로리를 섭취해야 '만족단계'에 이르렀습니다. 전기 충격 등 고통을 가해도 음식에 달려들고, 칼로리가 낮은 음식을 주자 시위하듯 거부했죠. 이 같은 반응은 코카인이나 헤로인 중독과 비슷한 것입니다. 첫 번째, 두 번째 그룹은 음식과 전기 충격이 병행되자 음식을 버리고 멀리 도망갔습니다. 폴 케니 박사

연구팀은 칼로리 중독이 마약과 마찬가지로 점진적인 도파민 분비 감소 때문에 발생한다고 분석했다. 학원 갈 시간에 쫓겨 쉽게 선택하는 패스트푸드, 매일 먹는 게 아니라고 안심하기엔 위험한 요소가 너무 많다.

식품첨가물에 속다

 평소엔 잘 지내다가도 특정 음식만 먹으면 공격적인 행동을 보였던 영국의 열 두살 소년 리. 리의 엄마가 5년에 걸쳐 음식일기를 쓰면서 밝혀낸 문제음식 중엔 대부분 인공색소와 MSG, 보존제 등 식품첨가물이 상당량 들어 있었다.

 식품을 가공할 때 상하지 않게 하거나 색과 맛을 좋게 하기 위해 인위적으로 첨가하는 식품첨가물. 식품업체의 입장에서 모든 불가능을 가능케 하는 마법 같은 존재다. 현재 우리나라에서 지정되어있는 식품첨가물의 수만 해도 총 606가지나 된다. 크게 구분해 보아도, 색을 내는 발색제와 착색제, 표백제, 맛을 강화하는 조미료와 감미료, 향료, 부패를 방지하는 방부제와 살균제, 산화방지제, 그리고 물질들을 서로 잘 섞이게 하는 유화제 등 그 종류도 다양하다.

◉ 첨가물 범벅 저급 고기가 미트볼로 환생

현재 우리 아이들의 입으로 들어가는 식품첨가물의 양이 얼마나 많은지에 대해서는 일본 식품첨가물업계의 신이라 불렸던 아베 쓰카사 씨가 충격적인 실태를 고발한 바 있다. 사랑하는 딸이 자신이 직접 개발한 식품첨가물 범벅의 미트볼을 먹으려는 것을 보고 회사를 그만 둔 그는, 현재 '식품첨가물 반대 전도사'로 변신했다. 아베 쓰카사 씨의 책《인간이 만든 위대한 속임수, 식품첨가물》의 일부를 소개한다.

그 미트볼은 한 대형마트의 기획상품이었다. 그 회사는 잡육(雜肉)을 싼 가격으로 대량 들여오게 됐다고 했다. 잡육 가운데서도 그 고기는 최하품이었다. 보통 그런 잡육은 애완견 사료로나 쓴다. 대충 살펴보니, 이미 흐물흐물해져 물이 질질 흐르는 것이 도저히 먹을 상태가 못 됐다.

'이걸 어디에 쓴담?' 다행히 내 머릿속에는 이미 복안이 떠오르고 있었다. 우선 폐계(廢鷄)를 구한다. 폐계는 계란 생산이 끝난 닭이니 가격이 쌀 터다. 폐계육을 저며서 섞으면 양이 늘어나는 효과도 있다. 하지만 육질이 질겨질 것이다. 그래서 반드시 넣어야 할 첨가물이 대두단백. 이 물질은 '인조육'이라고 부르는데 싸구려 햄버거에 거의 필수적으로 사용된다.

이렇게 해서 대략 제품 틀이 잡히면 이제 맛을 내야한다. 맛을 내기 위해서라면 두말 할 것도 없이 화학조미료와 향료를 쓴다. 아울러 씹을 때 매끄러움을 주기 위해 라드와 변성전분을 넣고, 공장의 기계 작동을 원활하게 하기 위해 증점제와 유화제를 넣는다. 또 먹음직스런 색깔을 내기 위해 색소를, 보존 기간을 늘리기 위해 보존료, ph조정제, 산화방지제 등을 쓰는데, 이 때 산화방지제는 색상을 바래지 않게 하는 효과도 있다. 이런 작업을 거치면 비로소 미트볼이 완성된다.

다음은 소스이다. 소스 역시 원가가 가장 중요한 만큼 시판되고 있는 일반 제품은 사용할 수 없다. 어떻게 값싸게 만들 것인가. 우선 빙초산을 희석해서 캐러멜 색소로 색을 낸다. 여기에 화학조미료로 맛을 맞추면 그럴듯한 모조 소스가 만들어진다. 이렇게 만든 소스를 미트볼에 발라 진공팩에 넣고 가열 살균하면 완제품이 된다.

첨가물이 20~30종류는 사용되었을 것이다. 쉽게 말해 첨가물 덩어리라고 말할 수 있지만 원가를 줄일 수 있는 가장 확실한 방법이다. 산업폐기물이자 쓰레기 같은 고기, 여기에 첨가물을 무차별 투입해 만든 '식품 아닌 식품', 그것이 바로 오늘 내 딸과 아들이 맛있게 먹던 미트볼이었다.

폴리인산나트륨, 글리세린지방산에스테르, 인산칼슘, 적색3호, 적색102호, 소르빈산, 캐러멜색소 등, 20~30가지 식품첨가물을 넣어 만든 미트볼은 원가가 워낙 적게 든 데다 온갖 식품첨가물로 아이들의 입맛을 사로잡은 덕에, 출시하자마자 대 히트를 쳤다고 한다.

그런데, 위에 소개한 미트볼이 특별한 경우는 아니다. 우리가 언제 어디서나 손쉽게 구입할 수 있는 대부분의 가공식품에는 식품첨가물이 들어간다.

아이들이 좋아하는 게맛살에 게살이 없다는 건 이미 상식이다. 냉동된 수입 동태살로 탱탱한 게다리살을 만들 수 있는 것도 식품첨가물의 힘이다. 게맛살의 제조과정은 다음과 같다. 우선 냉동된 동태살을 으깨 얇게 편 후 촘촘히 칼자국을 내고 둘둘 말아주면 씹을 때 게살 느낌을 낼 수 있다. 그런데 여기엔 인산염과 산도조절제가 들어간다. 그 다음 코치닐색소로 게껍질과 같은 선홍색을 내고, L-글루탐산나트륨으로 게맛을 내는데, 게맛살에는 일반 가공식품에 비해서도 4~5배의 향료가 들어간다. 게맛살은 평균 향료 사용량이 0.5%를 넘나들고, 어떤 제품은 1%가 훨씬 넘기도 한다. 게맛살 100g을 먹었다면, 향료를 1g이나 먹은 것과 같다. 게맛살 제조업자의 말이다.

◉햄과 소시지 속, 아질산나트륨의 위험

일본의 식품첨가물 전문가인 와타나베 유지는 가공식품 중 가장 유해한 것은 햄과 소시지라고 말한다. 첨가물 가운데 가장 위험한 물질인 아질산나트륨이 들어있기 때문이라고 한다. 아질산나트륨은 햄과 소시지는 물론 베이컨 등의 육가공품에는 거의 빠짐없이 들어있다. 아질산나트륨은 선홍색을 내 먹음직스럽게 하고, 맛을 부드럽게 하며, 식중독균 등 미생물 번식을 억제해 보관성을 높인다.

식품전문가인 안병수 씨는 그의 저서《과자, 내 아이를 해치는 달콤한 유혹 2》에서 아질산나트륨의 위험성을 경고했다. 아질산나트륨은 발암물질이기도 하지만 그 이전에 치명적인 독극물이라는 것이다. 사람의 경우 0.18~2.5g을 섭취하면 사망할 수 있다는 보고가 있다고 한다. 독극물인 청산가리의 치사량이 0.15g인 점과 비교하면 얼마나 위험한 물질인지 알 수 있다.

인산염이 지능발달을 저해한다

칼슘은 인체가 가장 많이 필요로 하는 미네랄이자, 두뇌에서 마그네슘과 균형을 이뤄 뇌세포간의 메시지를 전달하고 뇌세포의 흥분을 가라앉히는 데 중요한 역할을 한다.

그런데 이 칼슘은 화학적으로 인과 가장 잘 결합하는 성질이 있다. 인과 칼슘이 만나면 '인산칼슘'이 되는데, 인산칼슘은 체내에서 전혀 흡수되지 않고 그대로 배설된다. 인을 과잉섭취하면 아무리 칼슘이 많이 든 멸치, 뱅어포, 우유, 참깨, 시금치를 먹어도 아무 소용이 없다는 것이다.

인을 과잉섭취하게 되는 가장 큰 원인은 식품첨가물이다. 인산염은 몸속에서 분해되어 인을 만들어내는데, 현재 우리나라에서 식품첨가물로 허가되어 있는 것만 30여 가지가 된다. 인산염은 햄, 소시지, 돈가스 등의 육가공품, 모든 어묵류, 맛살, 단무지 같은 절임식품뿐만 아니라 음료수에 이르기까지, 웬만한 가공식품에는 빠지지 않는다. 식품에 탄력을 주고 미생물 번식을 억제하며 맛을 좋게 하는 등 식품업계에선 효자노릇을 톡톡히 하는 첨가물이기 때문이다.

첨가물로 허가된 인 화합물들	
인산	인산철
제1인산암모늄	제2인산암모늄
제1인산나트륨	제2인산나트륨
제3인산나트륨	제1인산칼륨
제2인산칼륨	제3인산칼륨
제2인산마그네슘	제3인산마그네슘
제1인산칼슘	제2인산칼슘
제3인산칼슘	폴리인산나트륨
폴리인산칼륨	피로인산나트륨
피로인산칼륨	피로인산 제2철
피로인산철나트륨	메타인산나트륨
메타인산칼륨	산성피로인산나트륨
글리세로인산칼륨	글리세로인산칼슘
산성알루미늄인산나트륨	염기성알루미늄인산나트륨

아이의 두뇌를 위한다면 인 성분으로 이뤄진 식품첨가물은 피하는 것이 좋다. 또 '산도조절제'라고 표기된 것도 조심해야 한다. 현재 우리나라에서는 '산도조절제'라고만 표기하면 인산염은 어떤 것이든 마음대로 사용할 수 있다.

◉타르를 먹는 아이들

타르는 원유의 휘발성분이 날아가고 남은 검고 끈끈한 찌꺼기다. 그런데 환경오염의 대명사인 이 타르가 식품첨가물로 변신해 아이들의 입으로 들어가고 있다. 우리가 흔히 들어온 황색 몇 호, 청색 몇 호 등의 색소는 콜타르에 화학처리를 해서 만든 식용색소다.

종류별로 20여 가지나 되던 타르색소는 유해성이 속속 확인되면서 사용이 금지되고 있다. 노르웨이에서는 이미 오래전에 타르색소 사용을 전면 금지했지만, 국내에선 아직까지 9가지의 타르색소가 사용되고 있다.

더 큰 문제는 이미 유해성이 확인되어 금지된 색소인데도 버젓이 사용되는 경우가 많다는 것이다. 학교 주변에서 파는 정체 불명의 사탕에서 '적색2호'가 검출됐다는 뉴스가 나오곤 하는데, 동물실험 결과 적색2호는 암세포를 만들고 태아에 치명적인 위해를 가한다는 사실이 밝혀졌다.

우리나라에서 여전히 사용 중인 '황색4호'는 전두엽에 손상을 주어 과잉행동장애를 일으킨다는 이유로 영국에선 이미 금지된 색소이다. 전두엽에 유해물질이 들어가는 것을 막는 기능이 제대로 발달되지 않은 0~3세 유아에겐 치명적일 수밖에 없다.

　타르색소 이름 뒤에 '알루미늄레이크' 라는 표기가 붙은 것은 더욱 조심해야 한다. 일반 타르색소에 알루미늄 성분을 결합시켜 변색을 막고 기름에 잘 녹게 하는 첨가물인데, 이것은 타르색소의 유해성 외에 두뇌에 알루미늄을 축적한다는 문제까지 가지고 있다. 알루미늄은 뇌의 인지기능을 방해하는 물질로 알츠하이머와도 관련이 있다.

　이렇게 위험한 타르색소가 빵과 과자, 아이스크림 등 아이들이 즐겨먹는 식품에서 자주 발견된다는 것은 안타까운 일이다.

◉천연 색소는 괜찮다고?

　소비자들이 점점 화학첨가물을 기피하면서, 최근 사용량이 급격히 늘어난 색소가 '코치닐추출 색소'이다. 음료, 딸기우유 등의 가공유류, 과자, 빵, 육가공품, 어육, 등 딸기색이나 오렌지색이 유난히 예쁜 가공식품에는 대부분 코치닐추출 색소가 들어있다.

　코치닐색소의 원료는 중남미지역의 선인장에 기생하는 연지벌레다. 연지벌레는 다른 생물로부터 자신을 보호하기 위해 몸속에 카르민산이라는 화학물질을 만드는데, 카르민산은 생체 내에서 산도에 따라 색상이 변한다. 중성에서는 핑크색, 산성에서는 주황색, 알카리성에서는 보라색을 띤다.

　코치닐색소는 생물체가 원료이니 만큼 천연색소에 속한다. 하지만 천연색소라고 해서 모두 안전한 것은 아니다. 코치닐색소는 장에 염증을 유발하고, 알

레르기를 일으키며, 과민성 쇼크를 일으킬 수 있다. 유전자에도 손상을 가할 수 있다는 사실도 밝혀졌다. 영국의 과잉행동장애아 지원단체 'HACSG'에서는 '어린이 음식에 넣으면 안 될 물질'로 명시하기도 했다.

●◉흥분독소 MSG

MSG(글루탐산모노나트륨, monosodium glutamate)는 감칠맛을 돋우는 화학조미료의 대명사다. 그러나 MSG 자체에는 아무런 맛이 없다. 다만 단맛, 짠맛, 신맛, 쓴맛, 매운맛을 인지하는 수용체를 민감하게 해서 그 맛을 강렬하게 느끼도록 만드는 것이다.

1908년 일본에서 개발되었고, 우리나라에서는 1963년부터 판매되기 시작해 국이나 찌개에 깊은 맛을 내기 위해 집집마다 없어서는 안 될 조미료로 여겨진다.

최근 밥상에 자연주의 바람이 불면서 가정에서의 사용량은 크게 줄었지만, 아직도 외식업체에서는 필수품으로 생각하고 있는 것이 MSG이다. 서울시와 서울환경연합의 공동조사 결과, 외식업체의 93.7%가 화학조미료를 사용하고, 중국음식점은 한식당보다 2배 이상의 양을 사용한다고 한다. 분식집의 월 평균 화학조미료 사용량은 2.95kg, 한식당은 2.88kg, 중식당은 6.57kg에 달한다는 것이다.

미국의 임상영양학자인 캐럴 사이먼타치는 그의 저서 《사람을 미치게 하는 음식들》에서 MSG를 많이 먹은 아이들은 자폐증, 정신분열증, 발작, 뇌성마비 증상에 노출되기 쉽다고 경고했다.

MSG는 흥분독소로 분류되는데, 흥분독소란 두뇌세포를 과도하게 흥분시키고 통제를 불가능하게 만드는 화학물질을 가리킨다. 또 MSG 과다섭취는 우리 뇌의 신경세포를 이루고 있는 수상돌기를 야위게 만들어 신경세포 간의 원활한 흐름을 방해하고, 신경전달물질인 아세틸콜린과 노르에피네프린의 수치를 낮춰 기억력과 집중력을 저하시킨다는 연구 결과도 있다.

하지만 MSG의 유해성에 모든 학자들이 동의하는 것은 아니다. 우리나라 식품의약품안전청에서는 유해성 논란을 빚고 있는 MSG에 대해 '평생 먹어도 안전하다'는 입장을 밝혔다. 일부 학자들은 MSG는 버섯, 다시마, 멸치 등의 자연식품에도 들어있기 때문에 안전한 물질이라고 말한다. 그러나 파킨슨병으로 부친을 여읜 뒤 20년 넘게 신경전달물질을 연구해 온 미시시피대학 러셀 블레이록 교수는 MSG는 자연식품에도 들어있기 때문에 안전하다는 생각에는 중요한 오류가 있다고 지적한다.

> 자연식품에 들어있는 MSG 성분과 인공조미료의 MSG는 천지 차이입니다. 자연식품에서는 MSG 성분이 유리된 형태로 존재하는 일이 없습니다. 항상 다른 아미노산이나 당류 등과 결합된 형태, 즉 '복합체 형태'로 존재하지요.
> 이런 MSG 성분은 우리 몸에 들어가면 정상적인 대사 과정을 거쳐 적재적소에서 잘 활용됩니다. 그러나 인공적으로 만들어진 MSG는 모두 유리된 형태를 띠고 있지요. 이렇게 유리된 MSG가 몸에 들어가면 곧바로 혈액으로 흡수됩니다. 혈액 내 농도가 평소보다 20~40배나 높아지죠. 이 고농도의 MSG는 지체 없이 뇌세포를 공격합니다. -러셀 블레이록 著, 《흥분독소》 중

●◎MSG 무첨가, 믿어도 될까?

라면, 과자, 냉동만두, 레토르트카레, 각종 소스와 육수, 햄과 소시지 등은 대표적인 MSG 식품이다. 그런데 최근에 'MSG 무첨가'를 외치는 식품들이 늘고 있다. 소비자 입장에서 박수를 쳐야할 일일까? 그렇지 않다. 사용원료 리스트에 MSG(글루탐산나트륨, L-글루타민산나트륨이라고도 표기한다) 표기가 없다고 해도, MSG가 숨어있을 확률이 많다.

식품완전표시제가 시행되면서 '복합원재료' 개념이 도입됐다. 복합원재료란 두 가지 이상의 원료를 혼합한 것을 말하는데, 'ㅇㅇ조미분' '△△시즈닝' 'XX 양념' 등으로 표기하는 것이다. 이 경우엔 구성 원료를 일일이 표시하지 않아도 된다. MSG와 다른 조미료들을 섞어 '△△조미분'을 만들었어도, 식품제조업체는 굳이 그 사실을 표기하지 않을 것이다. 그리고 MSG가 정말 조금도 들어있지 않아도, 그 식품에는 MSG만 빠져 있을 뿐 다른 인공조미료는 얼마든지 들어갈 수 있다.

●◎내 아이가 1년 동안 먹는 식품첨가물은 4kg

지금까지 일부 식품첨가물의 유해성을 살펴봤다. 그러나 식품첨가물의 더 큰 위험성은 한 가지만 단독으로 사용되지 않는다는 점에 있다. 각각의 식품첨가물은 일일이 독성테스트를 거쳐 매우 적은 양만 사용 허가를 받는다. 그러나 여러 가지 첨가물을 동시에 먹을 때 사람의 몸과 두뇌에 어떤 영향을 미치는지는 충분히 검토되어 있지 않다.

하나의 가공식품만 보더라도 많게는 20~30여 가지의 식품첨가물이 들어가고 인스턴트식품이 넘쳐나는 오늘의 현실을 생각한다면, 아이들이 실제로 섭취하는 식품첨가물의 양은 이미 허용치를 넘었다고 보는 게 맞을 것이다.

식품첨가물은 대부분의 가공식품과 인스턴트식품, 패스트푸드에 빠짐없이 들어있다. 하루 한 번 이상 햄버거나 피자, 냉동식품, 소시지나 햄 같은 가공식품을 먹을 때 섭취하는 식품첨가물의 양은 평균 11g이라고 한다. 티스푼으로 두 스푼 정도에 해당하는 양이다. 만약 매일 인스턴트 음식을 먹는다면, 1년에 4kg의 식품첨가물을 섭취하는 셈이다. 수명을 80살로 본다면 무려 320kg에 이른다. 몸무게가 50~60kg인 경우 평생 자신의 몸무게 5~6배에 해당하는 식품첨가물을 먹게 되는 것이다.

미국에서 20년 넘게 ADHD를 연구하고 치료해온 페인골드협회에서는 ADHD의 원인으로 식품첨가물을 주목하고 있다. 당신의 아이가 ADHD는 아니더라도, 쉽게 잠이 들지 못하거나 한 곳에 집중하지 못하고, 신경질적이며 과잉행동을 보인다면, 아이가 먹는 모든 군것질과 밥상 위 음식들을 체크해봐야 한다.

식품첨가물은 당장 큰 병을 일으키진 않는다고 해도 많은 문제를 야기한다. 식품첨가물이 몸으로 들어오면 일단 간으로 간다. 이때 간에서 분해되는 과정 중에 간 기능을 떨어뜨리고 영양소를 파괴한다. 간에서도 해독되지 않는 식품첨가물들은 혈액으로 나오기도 하는데, 그럴 경우 면역세포가 식품첨가물을 제거해야 한다. 그 과정에서 세균과 바이러스와 싸워야 할 면역세포가 식품첨가물과 싸우면서 지치게 되고, 그로 인해 면역력이 떨어져 감기 같은 바이러스성 질환을 자주 앓게 된다. 인스턴트식품, 가공식품을 주로 먹는 아이들이 잔병치레가 많고 공부에 집중할 수 없는 것은 이같은 이유에서다.

군침 돌게 하는 선명한 빛깔과 탱탱한 촉감, 자연식품보다 감미로운 향으로 무장한 가공식품들. 그 이면에는 이름도 종류도 다양한 식품첨가물들이 뒤섞여 있다. 윤기가 흐르고 감칠맛이 도는 화려한 외식메뉴에도 식품첨가물은 숨어있다.

이제 되도록이면 가공이 덜 된 식품을 선택하고, 외식도 피해야 한다. 아이의 두뇌를 위해 엄마가 가장 먼저 챙겨야할 것은 '집밥'이다. 가정에선 화학조미료 대신 다시마와 멸치, 각종 채소와 버섯을 이용해 영양이 풍부한 천연조미료를 얼마든지 만들 수 있다. 집에서 요리할 때 보존기간을 늘리려고 소르빈산을 넣고, 맛있게 보이려고 발색제인 아질산나트륨이나 황색4호를 넣는 사람은 없다.

식품첨가물의 양을 줄일 수 있다면 아이들의 뇌는 지금보다 훨씬 더 건강해질 것이다. 엄마를 편하게 하는 식단이 아이의 눈빛을 무섭게 만든다는 말도 있다.

어쩔 수 없이 가공식품을 먹어야 한다면?

1. 첨가물 정보를 반드시 확인하자. 가급적 첨가물이 적은 제품을 선택해야 한다.
2. 가공도가 낮은 제품을 선택한다. 삼각김밥이나 냉동볶음밥보다는 포장밥이 낫다. 야채도 가공되지 않은 야채에는 첨가물이 없지만, 썰어서 팩으로 포장한 제품은 차아염소산나트륨으로 살균되어 있다.
3. 소시지나 햄, 어묵을 조리할 경우, 뜨거운 물에 데치면 발색제와 보존제 등 식품 첨가물이 녹아나온다.
4. 라면은 두 번 끓이는 것을 원칙으로 한다. 뜨거운 물에 데치면 산화방지제와 착색제 등이 녹아 나온다. 데친 물은 버리고 새 물에 다시 끓이도록 한다.
5. 아이들이 간식으로 많이 먹는 식빵에도 방부제가 들어 있다. 식빵은 제빵 과정에서 굳는 것을 막기 위해 연화제를 쓰는 경우가 많다. 이러한 첨가물은 열을 가하면 상당량 줄어든다. 식빵은 살짝 데워 먹이자.

〈아베 쓰카사의 첨가물 분류표〉

- 이 분류표는 아베 쓰카사가 독자적으로 고안한 것이다.
- 이 표는 독성등급표가 아니다. 가공식품을 선택할 때 지침이 되는 첨가물 분류표로서 식품 선택하는 데 큰 도움이 될 것이다. 가급적 복사해서 휴대하는 것이 좋다.
- 같은 첨가물이 두 그룹에 중복되어 표기된 경우도 있다(이를테면 제2그룹과 제4그룹). 이런 경우는 양쪽 그룹에 모두 해당됨을 의미한다.
- 1,500종에 달하는 첨가물을 모두 분류하는 것은 불가능한 관계로 대표적인 물질만 선정하여 표기했다. 이 분류가 절대적인 기준은 아님을 밝힌다.

	개요	설명	첨가물의 예
제1그룹	식품 제조 공정에서 불가결하게 들어가는 첨가물	-오랜기간 사용되었음 -비교적 안전한 물질로 인정됨	▶**팽창제** 중조, 베이킹파우더 ▶**간수** 염화마그네슘 ▶**경화제** 수산화칼슘 ▶**겔화제** 한천, 젤라틴
제2그룹	회사가 마음만 먹으면 비교적 쉽게 뺄 수 있는 첨가물	-사용하지 않아도 큰 문제는 없음 -식품의 색과 맛을 좋게하고 양을 늘리는 목적으로 사용함 -가공식품을 선택할 때 특히 주의해서 살펴야 할 그룹임	▶**화학조미료** 아미노산류, 글루탐산나트륨, 알라닌, 5´-리보뉴클레오티드나트륨글리신 등 ▶**천연조미료** 단백가수분해물, ○○농축액 ▶**향료** 각종 향료 ▶**산미료** 구연산, 젖산, 비타민C (아스코르빈산), 호박산 등 ▶**증점제** 산탄검, 구아검, 카르복시메틸셀룰로오스(CMC) 등 ▶**착색료(천연계, 합성계)** 적색102호, 황색4호, 치자색소, 카로티노이드, 코치닐색소, 캐러멜색소, 홍국색소 등 ▶**감미료(천연계, 합성계)** 소르비톨(소르비트), 이성화당, 액상과당, 스테비오사이드(스테비아), 감초, 사카린나트륨, 아세설팜칼륨, 아스파탐 등
제3그룹	쉽지는 않으나, 회사의 노력에 의해 뺄 수 있는 첨가물	-사용하지 않기 위해서는 소비자의 협조가 필요함 -색이 나빠지거나 값이 비싸질 수 있음	▶**중ph조정제** 초산나트륨, 구연산나트륨, 사과산나트륨, 글루코노멜타락톤(GLD) 등 ▶**품질개량제** 프로필렌글리콜, 인산염(폴리인산나트륨, 메타인산나트륨, 피로인산나트륨), 명반 등

			▶**색조유지제** 니코틴산아미드, 아스코르빈산나트륨, 명반 등 ▶**천연보존료** 폴리리신, 이리단백, 펙틴화합물 등 ▶**면류 품질개량제** 견수, 탄산칼슘, 프로필렌글리콜 등
제4그룹	독성이 강하고 사용 기준도 엄격하게 관리되고 있는 첨가물	−자연계에는 존재하지 않는 물질들임 −안정성 논란에 휩싸여 있는 경우가 많으며 가능하면 피하는 것이 좋음	▶**합성착색료** 적색102호, 적색3호, 황색4호, 황색5호, 청색1호, 청색2호 등 ▶**발색제** 아질산나트륨 등 ▶**합성감미료** 사카린나트륨, 아스파탐, 아세설팜칼륨 등 ▶**산화방지제** 디부틸히드록시톨루엔(BHT), 부틸히드록시아니솔(BHA) 등 ▶**합성보존료** 소르빈산, 소르빈산칼륨, 안식향산부틸 등 ▶**항곰팡이제** OPP, TBZ 등

−아베 쓰카사 著 《인간이 만든 위대한 속임수, 식품첨가물》 중

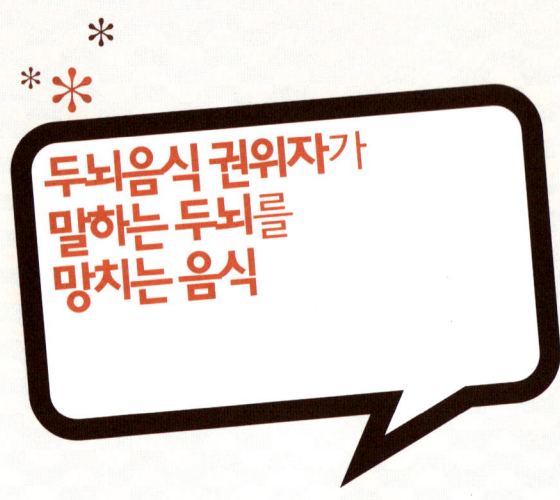

두뇌음식 권위자가
말하는 두뇌를
망치는 음식

요즘 아이들이 먹는 설탕의 양은 실로 엄청나다. 사탕이나 초콜릿 뿐 아니라 과일주스나 어린이음료수, 빵이나 과자 등 간식이라고 할 만한 모든 음식에 부모들이 생각하는 것보다 훨씬 많은 당분이 들어있다. 과다한 당분이 소아비만, 어린이 고혈압, 소아 당뇨 등 여러 가지 신체 질환을 불러온다는 사실은 이미 잘 알려져 있다. 그렇다면 과연 아이의 두뇌 발달에는 어떤 영향을 미칠까?

흔히 설탕의 당이 뇌의 에너지원이라고 생각하지만, 설탕에 들어있는 단순 당질은 두뇌활동을 위한 안정적인 연료 공급이 되지 않기 때문에 뇌기능을 오히려 방해한다. 심리적으로 불안하고 초조해지며, 주의가 산만해지고 집중력은 떨어진다.

◉ 아이의 뇌를 망치는 치명적인 독약

제작진이 영국에서 만난 패트릭 홀포드 박사는 성장기 아이의 두뇌발달에는 음식이 결정적인 영향을 미친다고 말했다. 그는 두뇌발달을 위해 양질의 영양소를 공급하는 것도 중요하지만, 그와 함께 뇌에 치명적인 악영향을 주는 음식을 금지해야 한다고 강조했다. 그는 대표적인 예로 설탕을 들었다. 두뇌발달을 위해 가장 피해야 할 음식이 설탕이며, 설탕은 뇌를 죽이는 일종의 독약이라는 것이다.

설탕을 피하는 건 두뇌에 아주 중요한 문제입니다. 설탕은 뇌의 독약이에요. 설탕이 뇌의 에너지인 포도당을 만들지 않느냐고 묻는 사람도 있는데, 그건 잘못된 생각입니다. 우리 뇌는 자연식품(whole food)에서 당분을 공급받도록 프로그램화되어 있어요.

쉽게 설명해볼게요. 현재 우리의 혈관에 3티스푼 분량의 포도당이 돌고 있다고 칩시다. 그런데 콜라 한 캔을 마시면 7티스푼이 늘어나요. 이때 혈관 속에 남아도는 포도당 7티스푼이 어떤 일을 하느냐가 문제예요. 두 가지 문제가 벌어집니다. 먼저 정서적인 문제입니다. 혈관에 잉여 포도당이 생기면 아이들이 훨씬 더 충동적이거나 공격적으로 반응하고 과잉행동을 하게 됩니다. 또 하나는 신체적 문제에요. 잉여 포도당은 간에서 지방으로 분해되어 허리 부분에 축적됩니다. 아이가 짜증이 심하거나 공격적이고 집중력이 떨어지면서, 허리둘레에 살이 쪘다면 대체로 범인은 설탕입니다. 패트릭 홀포드 박사

패트릭 홀포드 박사는 음식을 바꾼 지 일주일 만에 놀라울 만큼 작문실력이 향상된 리즈의 변화에도 설탕을 억제한 것이 중요한 요소였다고 강조했다. 그는 앞서 밝힌 대로 읽기와 쓰기능력, 집중력이 부족한 리즈에게 무설탕, 무색소 음료를 먹게 하여 설탕 섭취를 막았다. 그 결과 쓰고 읽는 것과 관련한 학습 능력이 눈에 띄게 향상했다.

그리켓그린학교 실험에서도 마찬가지였다. 패트릭 홀포드 박사는 ADHD, 자폐증, 다운증후군 등의 문제를 가진 아이들에게 자연식 위주의 두뇌음식을 제공하고, 굶은 채 등교한 아이들에게 아침밥을 주고, 미네랄과 비타민, 오메가3 보충제를 먹게 했다. 여기에 한 가지 더, 설탕이 든 스낵과 음료수를 일체 금지했다. 그 결과 일부 학생들은 더 이상 특수교육이 필요하지 않을 만큼 개선됐다.

●◎설탕이 아이를 싸움꾼으로 키운다

미국의 저명한 정신건강치료사 알렉산더 샤우스 박사는 《식사와 범죄 그리고 비행》에서 설탕의 과잉 섭취가 정신질환을 유발한다고 보고했다. 뿐만 아니라 각종 범죄 심리를 조장할 수도 있다고 경고했다. 설탕이 어떻게 아이의 정신에 영향을 미치고, 범죄 심리까지 조장한다는 걸까?

설탕은 산성이다. 아이의 몸에 설탕이 들어가면 혈액의 산성화를 막기 위해 몸 안의 칼슘이 소모된다. 칼슘은 '천연진정제'라 불릴 만큼 집중력을 높여주고 온화한 성격을 만들어준다. 칼슘이 부족한 아이는 성격이 예민해지고, 신경질적이고, 공격적이 된다. 설탕을 지나치게 섭취하면 뇌를 진정시켜줄 칼슘이 소모되어 정서적 문제를 일으키는 것이다.

또 하나, 설탕은 저혈당증을 유발한다. 설탕의 원료인 사탕수수나 사탕무를 자연 그대로 먹는다면 문제가 되지 않는다. 사탕수수나 사탕무에는 섬유질이 풍부해 혈당을 급격히 상승시키지 않기 때문이다. 하지만 이를 가공하여 만든 설탕은 그 제조 과정에서 모든 섬유소가 제거된다. 사탕수수나 사탕무의 10%에 불과한 '자당'이라는 성분만이 설탕으로 재탄생한다.

섬유소가 모두 제거된 설탕은 일반적인 소화과정을 거치지 않고 곧장 장을 통해 혈액으로 흡수된다. 그 결과 혈당이 급격히 증가하고, 뇌는 높아진 혈당을 낮추기 위해 인슐린 분비를 촉진한다. 인슐린이 과도하게 분비되면 혈당은 또 급격히 낮아지고, 낮아진 혈당을 다시 정상으로 되돌리기 위해 호르몬이 분비된다. 단맛을 좋아하고 과자나 사탕을 많이 먹는 아이는 이런 과정을 반복적으로 겪으면서 뇌의 호르몬 균형이 깨지고 만다.

결국 설탕을 지나치게 많이 먹는 아이는 인슐린 과다 분비로 저혈당증에 걸리기 쉽다. 저혈당증은 과잉행동, 자폐증, 집중력 결여, 학교폭력 등과 밀접하다는 보고가 있다. 백원 모리스는 《문제아 치료 대계》에서 어린이 폭력의 요인으로 설탕의 과잉섭취로 인한 저혈당증을 지목하고 있다.

뇌파를 연구한 바에 따르면 저혈당일 경우 대뇌의 기능이 변합니다. 나이가 어릴수록 저혈당 상태에 민감하게 반응하지요. 저혈당인 어린 아이는 쉽게 화를 냅니다. 큰 아이들은 착란증세와 난폭해지는 경향을 보이는데, 이런 증상은 혈당이 정상으로 돌아온 후에도 한동안 지속되죠. 그만큼 당의 정상적인 공급이 중요

하다는 의미입니다. 뇌세포가 제대로 기능하려면 당이 균형 있게 공급되어야만 하죠. _벡원 모리스_

신경과민과 초조증, 극도의 피로, 우울증, 졸음, 건망증, 비사교적이고 반사회적인 태도 등, 내 아이에게는 없었으면 하는 이런 증상들은 모두 저혈당 환자들에게서 공통적으로 나타난다.

저혈당 상태에서 혈당을 정상화시키기 위해 분비되는 호르몬은 아드레날린인데, 아드레날린은 사람을 공격적으로 만든다. 뿐만 아니라 이 호르몬이 체내에서 분해되면 아드레노크롬이라는 물질이 생기는데 이는 오래 전부터 정신분열증의 원인으로 의심받고 있다. 영국의 열두 살 소년 리가 설탕이 많이 든 군것질을 한 후에 지킬 박사처럼 변한 것은 바로 이런 이유였던 것이다.

●◎우는 아이를 달래기 위해 사탕을 준다고?

> 기분을 좋게 한다고 알려진 초콜릿이 오히려 우울증 같은 정서 문제를 악화한다는 사실이 밝혀졌다. 우울증, 불안장애, 식사장애, 공포증, 정신분열증 등 정신질환을 앓고 있는 환자 550명을 조사한 결과 초콜릿이 이러한 정신질환을 악화한다는 결론을 얻을 수 있었다.
> -영국 정신건강 자선단체 '마인드' 연구팀

사람은 단 음식을 먹는 순간 기분이 좋아진다. 실제로 단 음식을 먹으면 쾌감을 느끼게 하는 도파민이 분비되는데, 도파민은 마라토너가 완주했을 때, 학생들이 열심히 공부해서 좋은 성적을 받았을 때 등 어떤 일을 성취했을 때 분비되는 호르몬이다.

단 음식만 먹어도 마라톤을 완주한 것 같은 쾌감을 느낄 수 있다는 건 설탕의 대단한 매력이다. 그러나 도파민의 문제는 너무 많이 분비될 경우 중독 현상이 일어난다는 것이다. 그래서 한 번 맛을 들이면 점점 더 자극적인 단 맛을 찾게 되고, 결국 설탕 중독에 빠지고 만다. 설탕 중독에 빠진 아이가 어떤 행동을 보이는지는 앞에서도 누차 설명했다. 하루 세끼 밥 대신 과자나 사탕, 음료수를 달고 사는 아이들의 두뇌는 위험하다. 타르색소인 '황색4호'가 들어가지 않은 군것질거리는 많지만, 설탕이나 설탕 대체품이 들어가지 않은 과자나 사탕은 없기 때문이다.

●◉신이 내린 설탕, '아스파탐'의 진실

아스파탐은 설탕보다 200배 더 단 맛을 내지만 칼로리 걱정을 할 필요가 없어, '신이 내린 설탕'이라고 불린다. 하지만 허가 당시부터 지금까지 안정성에 대한 논란은 끊이지 않고 있다. 미국 '아스파탐 소비 반대연대(ACSN)' 관계자에 의하면 아스파탐에 대한 유해성 보고가 1만 건 가까이나 된다.

아스파탐은 페닐알라닌 50%, 아스파라긴산 40%, 메탄올 10%로 이루어져 있다. 페닐알라닌과 아스파라긴산은 단백질을 구성하는 평범한 아미노산이다. 하지만 자연식품에 존재할 때와 아스파탐이 되었을 때는 성격이 전혀 다르다. 아스파탐에서 떨어져 나온 페닐알라닌과 아스파라긴산은 사람의 몸에 들어갔을 때 뇌세포로 모여들어, 호르몬을 교란시키고 신경세포를 파괴하는 등 심각한 문제를 일으킨다.

> **학교 앞 떡볶이도 위험**
>
> 아이들이 흔히 즐겨먹는 학교 앞 분식집의 떡볶이, 습관적으로 사먹는 떡볶이 역시 요주의 음식이다. 매운 외식 메뉴는 매콤하면서도 달착지근한 맛을 내기 위해 고춧가루만큼이나 많은 양의 설탕을 넣는다. 일반 가정에서 먹는 음식보다 더 자극적인 맛을 내야하는 외식업체에선 설탕을 훨씬 더 많이 쓴다는 것이 영양학자들의 분석이다. 아이들이 주로 먹는 학교 앞 떡볶이 100g(약 7개)엔 당분이 9.7~23.7g이나 들어 있다.

아스파탐의 10%를 차지하고 있는 메탄올도 문제다. 메탄올은 체내에서 포름알데히드로 변해 뇌종양의 원인이 되고 망막세포를 손상시킨다. 미국 의학자 하이만 로버츠 박사는 1리터짜리 다이어트음료 한 병에 들어있는 아스파탐은 일일 섭취허용량의 약 7배에 달하는 메탄올을 만든다고 말한다.

육아에 지친 나머지 우는 아이 손에 사탕이나 과자를 쥐어주는 엄마들. 아이에게나 부모에게나 단 음식은 상당히 달콤한 유혹임에 분명하다. 하지만 그 유혹은 아이의 뇌를 망치는 치명적인 독이다.

청량음료로부터 아이의 뇌를 보호하라

화려한 색깔에 탄산이 잔뜩 들어간 청량음료가 건강에 좋지 않다는 것은 이미 잘 알려진 사실이다. 청량음료 안에는 뇌 발달에 유해한 성분이 많이 들어있는데, 그중 가장 큰 문제로 지적되는 것이 당분이다. 탄산음료는 물론이고 무가당주스나 스포츠음료, 심지어 어린이음료에 이르기까지, 시판 음료수들의 당분 함유량은 대부분 10%를 넘는다.

인체에서 가장 큰 비중을 차지하는 것이 수분이니 만큼 질 좋은 수분 섭취는 뇌발달에도 무척 중요하다.

성장기 두뇌발달에는 양질의 수분 섭취가 필수적이라는 말이다. 좋은 마실거리를 챙기지 못하면 여러 가지 신체 질병을 불러오는 것은 물론 정서적으로도 큰 문제를 가져올 수 있다.

●◉학교 폭력을 불러오는 청량음료

> 비행청소년들이 청량음료를 많이 마시는 경향이 있다는 것은 확실하다. 조사 대상 중엔 소년원에 들어오기 전에 청량음료를 하루에 20병씩 마신 아이도 있었다.
> **-오사와 히로시 박사**

일본의 임상심리학자 오사와 히로시 박사는 학교 폭력과 청량음료가 밀접한 관련이 있다는 연구 결과를 발표했다. 아래의 표는 1983년 1월 소년원생 90명을 대상으로 소년원에 들어오기 전 청량음료 섭취량을 조사한 뒤, 일반 청소년의 청량음료 섭취량과 비교한 것이다(표에서 1병은 250ml임).

일본에서 학교 폭력이 증가한 시점과 청량음료의 판매율이 급격히 높아진 시점이 비슷하다는 연구 결과도 있다. 이같은 결과는 인산염 등 청량음료에 함

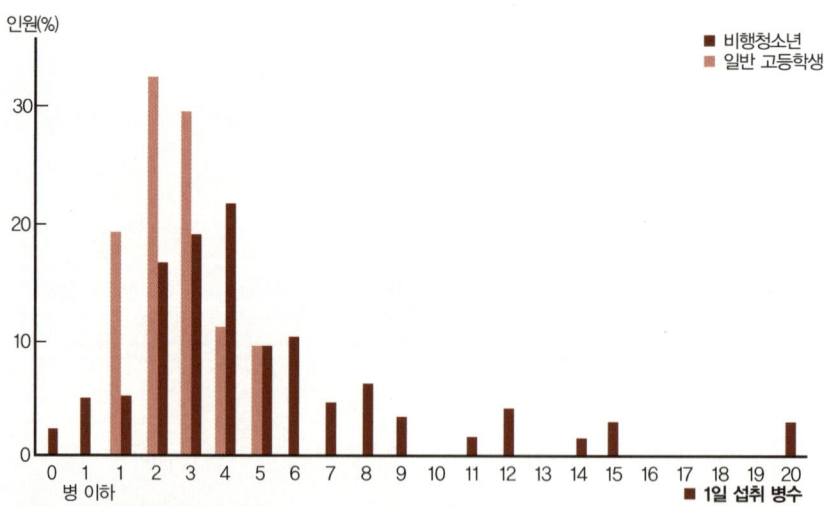

〈비행청소년의 청량음료 섭취 상황〉 비행청소년의 경우(오사와 히로시 박사, 1984), 일반 고등학생의 경우(농정연구센터, 〈식료백서〉 1980)

유된 각종 식품첨가물과 과다한 당분이 원인인 것으로 밝혀졌다.

◉당신 아이의 두개골이 얇아지고 있다

청량음료의 나쁜 점이라고 하면 대부분 부모는 충치와 비만을 떠올린다. 요새 들어 하나 더 지적된 것이 골다공증이다. 갈수록 청소년의 청량음료 섭취량이 늘고 있는 요즘, 골다공증은 이제 더 이상 중년 이후에 걸리는 질환이 아니다. 한 학부모는 13살 아들이 학교 신체검사에서 등뼈가 휘었다는 진단을 받았다고 했다. 그 후 아들을 데리고 병원을 찾았다가 더 큰 충격을 받았다. 진단 결과 골다공증 판정을 받았는데 13살 아들의 뼈는 60세 노인의 뼈와 같은 상태였다. 청량음료와 인스턴트식품, 가공식품을 즐겨먹는 잘못된 식생활 때문이었다.

하지만 더 심각한 문제는 청량음료가 아이의 두뇌에 나쁜 영향을 미친다는 것이다. 콜라 등의 청량음료는 짜릿한 맛을 내기 위해 제조과정에서 인산을 사용한다. 그런데 인산은 화학적으로 칼슘과 결합하려는 특성을 보인다. 칼슘은 99%가 골격과 치아에 존재하고 1%가 혈액과 세포 속에 존재하는데, 몸에 들어온 인산은 단단한 뼈와 치아 속의 칼슘을 소모시키기에 앞서 빼내기 쉬운 혈액과 세포 속의 칼슘을 먼저 없앤다. 쉽게 말해, 충치나 골다공증이 생기기 전에 두뇌에 먼저 손상을 입히는 것이다.

일본에서 쥐를 대상으로 했던 실험을 예로 들어보자. 쥐를 두 그룹으로 나누어 같은 사료를 먹이면서 한 그룹에는 물을, 다른 한 그룹에는 청량음료를 주었다. 그 결과 청량음료를 마신 쥐들은 이빨이 녹아버리고 뼈가 푸석푸석해졌을 뿐 아니라, 두개골까지 얇아졌다. 앞서 설명했듯 인산이 칼슘을 소모시켰기 때문이다.

칼슘 부족으로 뇌를 감싸고 있는 두개골이 얇아지면 어떤 결과가 생길까? 그만큼 뇌는 외부의 충격에 민감하고 한층 더 위험해질 것이다. 외부의 자극 요소로부터 안전하게 보호받지 못하는 만큼 사고력, 학습능력, 창조성 등 중요한 두뇌활동도 제대로 수행하지 못할 것이 자명하다.

> 자녀가 건강하고 똑똑하게 자라기를 바란다면, 부모가 나서서 어릴 때부터 생수를 마시는 습관을 길러주어야 한다.
> -미국공익과학센터(CSPI)의 마이클 제이콥슨 박사

◉청량음료 한 캔에 설탕 9스푼

영국 퀸메리대학병원의 그라함 맥그래거 교수는 청량음료에 지나치게 많은 설탕이 들어있다고 경고한다.

> 어린이음료는 과연 안전할까?
> 아이에게 안전하다고 선전하는 어린이음료, 과연 안심하고 먹여도 될까? 시판되는 어린이음료의 경우 평균 7~15개의 인공첨가물이 사용되고 있다. 합성착색료와 착향료, 산미료가 공통적으로 들어가고, 어떤 제품에는 이미 사용이 금지된 안식향산나트륨과 타르계 색소도 들어가 있다. 설사 화학첨가물이 기준치를 넘지 않았더라도 그 성분들이 서로 섞일 경우 독성이 생길 수 있다.

청량음료에는 7~9티스푼의 설탕이 들어가 있어요. 사람들이 커피나 차를 마시면서 설탕 9티스푼을 넣는다면 미쳤다고 하겠죠. 하지만 어떤 청량음료를 마시든, 청량음료 한 캔 안에는 그 만큼의 설탕이 들어있어요. 그라함 맥그래거

콜라에는 100ml당 13g, 사이다에는 100ml당 8~12g의 당분이 들어있다.

250ml짜리 작은 콜라를 마셨다면 설탕 7티스푼을 먹은 것과 같다. 요즘 아이들이 흔히 먹는 350ml짜리 콜라라면 설탕 9티스푼, 각설탕으로는 11개나 들어있다. 설탕은 두뇌를 해치는 식품의 대명사라고 해도 과언이 아니다. 설탕은 두뇌미네랄인 칼슘을 소모하고, 저혈당증을 유발해 과잉행동증, 자폐증, 집중력 결여, 폭력적인 행동을 불러온다.

설탕의 이런 유해성을 걱정하는 목소리가 높아지면서 설탕의 자리를 대신하는 대체감미료들이 늘고 있다. 그 중 하나가 액상과당이다. 부모 입장에선 설탕보다 마음이 놓이고, 식품제조업체의 입장에선 사용하기 편리해 인기가 높다. 설탕의 경우 일일이 녹여서 써야 하지만 액상과당은 액체이기 때문에 그냥 섞기만 하면 되니 작업이 편하다. 대부분의 음료수에는 액상과당이 들어간다.

그러나 액상과당은 설탕보다 빨리 혈당을 높인다. 또한 설탕과 달리 복잡한 분해과정을 거치지 않고 간에 직접 도달하여 간이 그 부담을 고스란히 떠안는다. 아이들이 즐겨 마시는 음료의 경우 그 구성성분 중 약 12%가 액상과당이다. 만약 아이가 시중에서 흔히 파는 350ml짜리 음료수 한 캔을 마셨다면 당시럽 42.6ml를 한 번에 먹은 것과 같다. 아이가 단맛이 강한 음료를 즐겨 마신다면 혈당 조절에 차질이 생기는 건 시간 문제다.

이렇듯 청량음료는 두뇌발달에 해가 되는 성분만 잔뜩 들어있을 뿐, 아이 성

콜라 속 카페인

청량음료의 대명사 콜라 속에는 적지 않은 카페인이 들어있다. 250ml 한 캔에 약 24mg이 들어있는데 이는 원두커피의 1/3, 녹차의 절반 수준이다. 엄마 옆에서 커피 한 모금 얻어먹으려고 떼쓰는 아이에게 부모가 하는 말은 한결같다. "커피 먹으면 머리 나빠져!" 그러나 커피보다 쉽게 허락하는 콜라에도 아이들은 머리가 나빠진다. 카페인은 기억력·집중력·인지능력·언어능력을 높이는 비타민B군을 파괴한다. 중추신경계를 자극하여 일시적으로 각성제 효과를 볼 수 있지만, 어린 아이가 카페인을 섭취할 경우 안절부절못하고 신경질적이 되는 등 정서발달에 부정적인 영향을 미친다. 문제는 햄버거나 피자 등 아이들이 좋아하는 패스트푸드에 항상 콜라가 단짝처럼 붙는다는 것. 지금이라도 아이들이 마시는 콜라의 양을 줄이는 한편, 패스트푸드를 먹을 때에는 콜라를 대신할 만한 마실거리를 찾아야 한다.

장에 필요한 필수영양소는 전혀 들어있지 않다. 백설탕, 액상과당, 향료, 색소, 유화제, 보존료, 탄산가스, 인산, 카페인 뿐이다. 이 성분들은 물에 녹아 있어 체내에서 더욱 빠른 속도로 흡수된다. 청량음료는 비만과 충치, 골다공증을 유발하는 것은 물론, 아이들의 두뇌를 해치는 주범일 뿐이다.

오렌지주스엔 오렌지가 없다

그렇다면 시판용 과일주스는 어떨까? 물론 청량음료보다는 낫다. 그러나 과일주스라고 해서 아이에게 100% 안전하다고 말할 수는 없다.

시판되는 대부분의 과일주스는 농축과즙을 물로 희석한 제품이다. 농축과즙은 과일의 운반비를 줄이고 변질을 막기 위해 과즙을 가열하고 농축한 것을 말한다. 한 번 농축했다 희석했으니 과즙의 원래 맛과 영양소는 남아있지 않다. 잃어버린 맛과 향과 색을 되살리기 위해 색소, 향료, 산미료 등이 종류별로 첨가됐을 뿐이다.

요즘 시판되는 NFC 주스는 대안이 될까? NFC는 '농축하지 않았다(Not From Concentrate)'는 말로 과일을 그대로 착즙해 만든 주스이다. 그러나 이 역시 가열해 살균하는 과정에서 많은 영양분이 파괴된다. 농축과즙 주스보다는 낫지만, 그보다는 역시 직접 갈아 만든 생과일주스가 좋다. 그리고 생과일주스보다는 과일을 직접 씹어 먹는 것이 좋다. 생과일주스보다 과일을 씹어 먹는 것이 더 좋은 이유는 당지수에 차이가 있기 때문이다. 사과의 당지수는 36인데 비해 사과주스는 42이다. 왜 이런 차이가 생길까?

캐나다 토론토 대학의 데이비드 젠킨스 박사는 사과를 먹는 방법에 따른 혈당 변화 속도를 조사했다. 실험 결과 즙을 내서 먹는 경우 혈당이 올라갔다가 떨어지는 속도가 가장 빨랐다. 반면 직접 씹어 먹는 경우 혈당은 완만하게 상승한 후 서서히 하락하는 안정적인 모습을 보였다. 강판에 갈아서 먹을 때에는 두 경우의 중간 수준에서 변화했다.

데이비드 젠킨스 박사는 이런 차이는 어떤 형태로 먹느냐에 따라 섬유질 함유량이 다르기 때문이라고 말했다. 사과를 직접 씹어 먹으면 자연 그대로의 섬유질까지 섭취한다. 그러나 즙을 낸 주스는 섬유질이 거의 제거되기 때문에 당분이 혈액에 바로 흡수되어 혈당을 급상승시키는 것이다. 과일의 섬유질 함량은 보통 2%를 넘나들지만, 주스는 0.1%에 채 미치지 못한다.

자연 그대로의 식품은 사람의 몸에 문제를 일으키지 않도록 당분과 섬유질 함량이 완벽하게 조화를 이루고 있다. 자연이 인간에게 준 그대로의 먹을 것이 곧 두뇌음식이고, 자연 상태 그대로의 음료가 곧 두뇌음료다.

청량음료 끊는 요령

청량음료를 매일 먹어온 아이들이 하루아침에 당장 끊기는 쉽지 않다. 아이에게 콜라를 비롯한 시판 음료가 어떻게 몸과 두뇌를 상하게 하는지 설명해주면서 조금씩 양을 줄여 나가는 게 좋다.
이때 청량음료를 대신할 수 있는 마실 것을 준비하는 것이 도움이 된다. 만약 아이가 탄산이 들어간 음료수를 먹고 싶어 하면 톡 쏘는 광천수에 무가당 과일주스나 레몬즙을 섞어 주는 것도 좋다.

일본 소년원생 식생활 조사 결과가 주는 경고

한창 아이들의 몸과 두뇌가 자라는 시기에 집밥으로 골고루 영양소를 공급해주는 것을 무엇보다 중요하게 여겼다는 아빠 황철규 씨. 결국 황철규 씨는 '직접 앞치마를 두르고 밥을 짓는 남자가 되겠다'는 쉽지 않은 결심을 했다. 그리고 매일 정성껏 차린 집밥은 아이들이 육체적 건강과 뛰어난 집중력을 갖게 된 큰 힘이었다고 믿고 있다.

그러나 황철규 씨 가족이 처음부터 집밥만 고집했던 것은 아니다. 황철규 씨 가족도 외식과 가공식품의 유혹으로부터 자유로울 수 없었다. 이들 부부는 제작진에게 5년 전 아내가 맞벌이를 시작했던 상황을 들려줬다.

맞벌이를 시작한 후부터 사실 저녁때가 되면 밖에 나가서 먹고 싶었어요. 퇴근하고 와서 밥을 하고 먹고 치우는 게 굉장히 피곤하고 힘들었거든요. 그런데, 사 먹는 횟수가 많아지니까 살도 찌고 다음날 몸이 안 좋더라고요. 먹을 때야 물론 좋죠. 기름지고 자극적인 음식을 먹으니까 먹을 때는 되게 기분이 좋은데, 밤에 잘 때 여러 번 깨거나, 아니면 아침에 손발이 많이 붓거나, 피곤해서 잘 못 일어났어요. 큰애 성재는 몇 끼를 연속해서 밖에서 먹으면 아토피가 심해져서 굉장히 가려워했어요. 밤에도 가려워서 잠을 못 잤고요. 그런데, 집밥을 계속 먹으면 어느 순간 발진이 다 들어가고 없어졌어요. 엄마 김미정 씨

맞벌이를 시작하면서 외식할 일이 많아지자 금세 가족 모두에게 부정적인 증상들이 생겼다는 황철규 씨 가족. 결국 아침밥은 아내가 맡고 저녁밥은 남편이 맡아 집밥을 고수하자는 결심을 하게 됐다. 그 결과, 지금까지 집밥의 놀라운 힘을 경험하고 있다.

그러나 아빠가 나서서 큰 결단을 하기 전까지 건강한 밥상을 차리기가 어려웠다는 황철규 씨 가족의 이야기는, 대부분의 가정이 처한 요즘 상황과 비슷하다. 게다가 아이가 이 학원, 저 학원으로 내몰리는 경우라면 떡볶이, 라면, 햄버거, 삼각김밥, 자장면이나 피자 같은 배달음식에 밥상을 내어주는 일은 허다할 수밖에 없다.

한국농촌경제연구원에서는 한국 가정의 외식비율이 급격히 높아졌다는 조사 결과를 발표한 바 있다. 1980년대 초만 해도 식생활의 대부분은 가정 안에서 이뤄졌으나, 2005년에는 외식비 지출이 45.8%로 전체 식비의 절반 수준에 달했다. 그 보고서에서는 한국 가정의 식비 지출의 가장 뚜렷한 변화는 식생활의 외부화 경향, 즉 외식이 늘어나는 문제라고 강조했다.

2005~2006년 서울의 초중고생 2,672명을 대상으로 집중력을 검사한 결과, 전체 학생의 13.25%가 집중력 부족 증세를 보였다. 이는 2003년의 4.7%와 비교했을 때, 굉장히 높은 수치이며 점점 증가하는 추세라고 한다. 아이들의 집중력이 점점 떨어지고 학교폭력은 늘어가는 현실이, 날로 외식비중이 높아지는 식생활 구조의 변화와 관련이 있는 건 아닐까.

●◎일본 소년원 아이들의 충격적인 식생활

일본의 임상심리학자인 오사와 히로시의 조사 결과는, 지금이야말로 집밥의 중요성을 인식하고 큰 결단을 내려야 한다고 경고한다. 1984년 10월 오사와 히로시는 도호쿠 지방의 한 소년원에 의뢰해 폭력 전과가 있는 중고생들을 개별 면담했다. 조사 내용은 입소 전에 어떤 식생활을 해왔는지에 대한 것인데, 이에 대한 아이들의 답변엔 상당한 공통점이 있었다.

오사와 히로시가 그의 책에서 공개한, 폭력 전과가 있는 학생들의 식생활 일부를 다음에 소개한다.

A학생—공갈, 교사와 학생들에게 폭력 행사.
식사—아침은 식욕이 없어 먹지 않는다. 점심으로 급식은 거의 먹지 않고, 가까운 슈퍼마켓에서 크림이나 잼이 든 빵 2~3개와 탄산음료를 사먹는다. 저녁은 대개 외식을 하는데, 집 근처의 식당에서 덮밥이나 라면으로 해결한다. 채소, 생선, 해조류는 거의 먹지 않는다. 우유는 하루 한 병 정도 마신다. .
간식-탄산음료 0.5리터, 커피 5~6잔(설탕은 2스푼씩), 맥주(1주일에 2~3회 이상 1병씩), 비스킷 가끔, 과자 2~3봉지, 야식으로 인스턴트 라면, 담배 하루 25개피.

B학생-공갈, 교사에게 폭력행사
식사-아침은 전혀 먹지 않는다. 수업 중에도 과자를 먹고 껌을 씹는다. 점심은 도시락, 반찬은 달걀프라이, 샐러드, 불고기, 햄버거, 소시지 등이다. 일요일은 컵라면이나 빵, 저녁은 불고기, 햄버거, 샐러드 등을 먹는다.
간식-탄산음료 0.5리터. 아이스크림은 계절에 상관없이 3개 정도. 과자 1~2봉지, 껌, 초콜릿 가끔.

C학생-공갈, 학생에게 폭력행사
식사-아침은 식빵, 샐러드, 커피. 또는 밥, 된장국(좋아하는 반찬이 있을 때), 달걀프라이. 점심은 집에서 컵라면을 먹거나 밖에서 나폴리탄 스파게티, 미트소스 스파게티, 토스트, 볶음밥 등을 먹는다. 급식은 빵 1개와 우유와 반찬. 저녁은 친구들과 어울려 놀러 다니고, 시너도 흡입했기 때문에 식사는 하지 않고, 과자나 음료를 먹는다. 좋아하는 채소는 양배추, 싫어하는 것은 당근. 해조류는 먹고, 생선도 싫어하진 않는다. 고기, 특히 불고기를 좋아한다.
간식-탄산음료 0.5~1리터, 맥주 1리터, 가끔 물에 희석한 위스키 3잔 정도와 초콜릿 1~2개, 비스킷, 컵라면, 여름에는 아이스크림.

D학생-절도, 학생과 교사에게 상해.

식사-아침은 밥과 달걀프라이, 슈마이(중국 찐만두) 등. 된장국은 싫어하기 때문에 먹지 않는다. 점심은 도시락, 반찬은 새우튀김, 햄버거, 달걀프라이 등. 저녁은 볶음밥 등. 고기를 좋아해서 채소를 곁들이지 않고 1주일에 2~3번 불고기를 먹는다. 생선, 미역은 좋아한다.
간식-탄산음료 1리터, 사탕, 껌 10개, 빵, 컵라면 1개.

-오사와 히로시 著, 《식원성 증후군》 중

오사와 히로시 박사의 조사 결과 학교폭력이나 그 밖의 비행을 저지른 청소년들은 한결같이 아침을 거르고 빵이나 인스턴트 라면으로 끼니를 해결하며, 부식으로는 고기나 육가공품을 즐겨 먹고, 외식하는 비율이 높았다. 또한 채소는 그다지 좋아하지 않고 청량음료를 비롯하여 단맛이 강한 과자나 아이스크림, 빙과류를 많이 먹었다.

당시 폭력 전과가 있는 일본 소년원 아이들의 식습관은 오늘날 우리나라 아이들의 점점 변해가는 식생활의 방향과 일치하는 면이 있다. 오사와 히로시 박사는 이런 식생활을 계속할 경우 칼슘과 비타민B1 등의 미량영양소 결핍과 저혈당을 일으켜 정서발달에 심각한 영향을 미칠 가능성이 크다고 분석한다.

●◎환경호르몬의 결정체 육가공품을 피하라

아이들이 즐겨 먹는 가공식품은 칼로리만 높을 뿐 영양은 거의 없다. 가공식품은 도정, 정제 과정을 거치면서 혈당이 안정적으로 유지되도록 당분대사를 조절하는 섬유질이 거의 사라진다. 또한 오래 보관하기 위해 열처리 및 화학처리를 하면서 신체 및 두뇌발달에 꼭 필요한 비타민과 미네랄이 제거된다.

특히 햄과 소시지 등 육가공품의 경우 심각한 문제들이 더 있다. 대표적인 것이 육가공품의 환경호르몬 문제이다. 육가공품은 보통 돼지고기의 넓적다리를 이용하지만 가격을 낮추기 위해 잡다한 부위를 섞는 경우가 많다. 그런데 그렇게 섞여 사용되는 지방질이나 내장에서는 화학물질, 살충제 등의 환경호르몬이 많이 검출된다. 집에서 직접 조리할 때는 지방질이나 내장을 완전히 제거하고 먹을 수 있지만, 가공식품에는 이것저것 뒤섞여 있어 환경호르몬에 의한 피해를 볼 수도 있는 것이다.

또한 미생물 발생을 억제하고 색을 유지하기 위해 쓰는 발색제 아질산나트륨은 어린아이의 뇌와 척추에 악성종양을 만들 수 있다는 논란이 끊임없이 일고 있다. 저독성 방부제로 육가공품 외에도 많은 가공식품에 사용되고 있는 소르빈산 역시 문제의 여지가 있다. 아무리 위험성이 낮다고 해도 아이가 하루 종일 섭취하는 가공식품이 꽤 많다는 것을 감안하면 안심할 수 없는 실정이다.

가공식품에 들어가 있는 식품첨가물은 그 자체만으로도 아이의 몸과 두뇌에 나쁜 영향을 미치기도 하지만, 다른 성분과 결합하여 예상치 않은 나쁜 결과를 가져오기도 한다. 앞서 말한 소르빈산과 아초산염(발색제의 일종)이 결합하면 미생물에게 돌연변이를 일으키기도 하는데, 아이들이 좋아하는 햄과 소시지에는 소르빈산과 아초산염이 모두 들어있다.

아이들이 가장 좋아하는 반찬이라는 것도 문제이지만, 사실 햄과 소시지는 엄마들이 가장 손쉽게 밥상 위에 올릴 수 있는 음식이라는 것도 문제다. 현실적으로 이런 육가공품을 단번에 끊기란 쉽지 않다. 햄과 소시지를 먹을 때에는 가급적 첨가제가 적게 든 제품을 고르고, 조리시에는 반드시 물에 데쳐서 발색제와 보존제를 최대한 없애야 한다. 그러나 아무리 조리 과정에 신경을 쓴다고 하더라도 이런 방법으로는 육가공품에 들어있는 유해성분을 줄일 수 있을 뿐 완전히 없앨 수는 없다.

◉ 식사대용 1위인 라면, 두뇌 파괴도 1위

대한민국에서 주식을 제외하고 가장 많이 먹는 음식을 들라고 하면 단연 라면이 1위일 것이다. 그만큼 라면은 인스턴트식품의 대명사로 자리 잡은 지 오래다. 지금의 부모 역시 어릴 때부터 라면을 먹으며 자란 세대로, 주말 점심에 가족이 둘러앉아 간편하게 라면으로 끼니를 때우는 것은 한국 가정의 일반적인 모습이다.

하지만 아이의 두뇌발달을 생각할 때 라면은 반드시 피해야 할 음식 1위이기도 하다. 라면의 주원료는 밀가루로 대부분 수입산이다. 우리나라의 밀 생산량은 너무 적기 때문에 어쩔 수 없는 일이다. 그런데 수입밀가루는 재배 과정에서 과다한 농약과 화학비료를 사용하고 재배 후에도 오래 보관하기 위해 방부제, 살충제, 표백제 등을 사용한다. 게다가 라면에는 많은 양의 화학조미료가 들어있는데, 화학조미료는 대표적인 흥분독소로 두뇌 신경세포간의 원활한 흐름을 방해한다. 아무리 평소에 조미료를 덜 쓰고 유기농 식품을 먹는다고 해도 출출할 때 먹는 라면 한 그릇이 그 모든 노력을 허사로 만들 수 있는 것이다.

라면이 기름에 튀긴 음식이란 것도 문제다. 밀가루를 기름에 튀기면 단백질이 파괴되고 고열량 식품으로 바뀐다. 더구나 라면을 튀기는 식물성 팜유에는 쇠고기보다 포화지방산이 더 많이 들어있다. 라면 스프에 들어있는 극소량의 채소 역시 제조 공정을 거치면서 비타민과 무기질이 상당 부분 파괴되어 있다.

어떤 음식이든 집밖에서 먹으면 문제

믿고 먹을 만한 음식이 없다는 말은 누구나 인정하는 사실이 되었다. 뇌를 망치는 문제음식은 가공식품이나 인스턴트식품, 패스트푸드는 물론, 집밖에서 먹는 모든 음식이라고 해도 과언이 아니다. 아무리 질이 좋다고 하더라도 외식 메뉴는 손님을 끌어들이기 위해 지나치게 많은 당분과 소금을 사용하기 때문이다.

미국 심장혈관연구교육재단 연구팀은 조사를 통해 외식을 주로 하는 아이들이 영양섭취가 불균형하다는 사실을 발표했다. 연구팀은 어린이 621명을 조사했는데, 그 결과 학교 식당을 제외한 음식점에서 1주일에 4번 이상 외식을 한 아이들은 전분, 설탕, 소금, 지방, 콜레스테롤을 더 많이 섭취하고 있었다. 또 외식을 자주 하는 아이들은 청량음료를 일주일에 6컵 마셨는데, 이것은 집밥을 먹는 아이들보다 2배나 많은 양이었다.

연구팀은 아이들의 건강상태도 함께 분석했다. 그 결과 외식을 많이 하는 아이들은 집밥을 먹는 아이들보다 심장질환에 걸릴 위험이 높고, 혈압과 건강에 문제를 일으키는 콜레스테롤의 수치도 높았으며, 혈당 물질대사도 더 좋지 않왔다. 연구팀을 이끈 캐런 올슨 박사는 연구 결과를 발표하며 다음의 말도 덧붙였다.

> 일주일 21끼 가운데 4번 외식을 했다고 해서 설탕, 나트륨, 지방 섭취량이 그렇게 많을 수는 없습니다. 문제는 외식이 잦은 어린이들은 자극적인 맛에 길들여져서 집에서도 냉동피자나 마카로니, 치즈 포장제품을 많이 먹는다는 겁니다. 캐런 올슨 박사

외식 자체도 문제가 있지만, 외식으로 인해 짜고 단 음식에 길이 든 입맛이 더 문제라는 말이다. 성장기에 길들여진 입맛은 평생을 따라다니며 아이들의 두뇌 건강을 좌우하기 때문이다.

> 외식을 하면 200~300Kcal를 더 먹게 된다.
> -미국 텍사스대학 연구 결과
>
> 학교 식당을 제외한 음식점에서, 일주일에 4번 이상 식사를 한 어린이는 집에서 식사를 한 어린이보다 콜레스테롤 수치와 심장질환에 걸릴 위험이 더 높다..
> -미국 '심장혈관연구교육재단' 연구 결과

미국의 가정의학과 전문의로 만성질환 환자들을 약이나 수술 없이 식생활 개선만으로 치료하고 있는 조엘 펄먼 박사는 아이들이 태어나서 청년이 될 때까지 먹는 음식이 그 후 50년 이상 섭취하는 음식보다 건강과 두뇌에 더 큰 영향을 미친다고 강조한다.

음식의 안전성 문제는 이미 많은 사람에게 각인되었다. 아무리 바쁘더라도 함부로 아이에게 아무 음식이나 먹이는 부모는 많지 않을 것이다. 하지만 구체적으로 무엇이 어떻게 아이의 성장을 망치는지에 대해서는 아직까지 이해가 부족하다. 패스트푸드를 비롯한 각종 가공식품들에 대해 막연히 나쁘다는 인식에서 벗어나 구체적인 정보를 찾고 대안을 마련해야 한다. 안이한 생각으로

음식 문제를 뒷전으로 미루는 사이, 우리 아이들은 끼니마다 치명적인 음식들을 먹는다는 사실을 잊어서는 안 된다.

Part Four

내 아이의 두뇌,
소금에
절이시겠습니까

인간에게 소금은 황금 못지않게 귀한 물질이었다.

세계 최초로 중국에서 발견된 이후 소금은

기적의 저장 물질로 불리며 인간사회에 많은 발전을 가져왔다.

그러나 이제 더 이상 인간에게 소금은 필요하지 않다.

인간의 몸에 필요한 나트륨은 이미 자연식품에서

충분히 섭취할 수 있기 때문이다.

우리 가정의 나트륨 과다 섭취는 이미 한계를 넘어섰다.

소금은 내 아이의 두뇌를

서서히 죽이는 만성적인 독약같다.

> **사람의 몸에 소금을 분해할 기관이 없다**

나트륨(sodium)은 소금의 구성요소이다. 소금은 40%의 나트륨과 60%의 염소로 만들어진다. 나트륨은 우리 몸의 혈액과 수분량을 조절하고 신경과 근육이 정상적인 기능을 하도록 돕는다. 또한 위액의 중요한 구성성분으로 소화가 원활히 이뤄지게 하는 등 생명을 유지하는 데 없어서는 안 되는 미네랄이다.

하지만 이러한 작용을 위해 필요한 나트륨의 양은 극히 적다. 미국과 일본에서는 성인의 1일 나트륨 최소필요량을 500mg으로 정하고 있는데, 여러 연구결과에 의하면 115mg만 있어도 부족하지 않다고 한다. 과거에는 나트륨 부족으로 생명을 잃는 사람이 있었지만, 현대인의 경우 오히려 나트륨 과다 섭취가 건강을 위협하고 있다.

단일영양소중 가장 많은 질병을 유발하는 나트륨

2005년 국민건강영양조사에 따르면 우리나라 사람들은 하루 평균 5279.9mg(소금13.2g)의 나트륨을 섭취한다고 한다. 세계보건기구(WHO)의 권장량인 2000mg(소금 5g)의 2.5~3배나 된다. 현재 한국인의 나트륨 섭취량은 단연 세계 으뜸이다. 게다가 더욱 심각한 것은 3~6세의 유아부터 이미 성인 나트륨 섭취권고량을 넘어선다는 것이다. 영국에서 '나트륨 줄이기 운동'을 정책적으로 벌이고 있는 퀸메리대학병원 그라함 맥그래거 교수는 한국인의 과다한 나트륨 섭취를 두고 이렇게 경고한다.

한국은 위암 발생률이 세계 최고 수준인데, '소금 줄이기 캠페인'이 없다는 게

각국 국민의 나트륨 1일 평균 섭취량 (2005년 통계)

구분	한국	일본	영국	미국
나트륨(mg)	5,280	4,409	3,600	3,375
소금(g)	13.2	11.2	9.0	8.6

한국인의 연령별 나트륨 1일 평균 섭취량 (2005 국민건강영양조사 결과)

연령	유아(3~6세)	어린이(7~12세)	청소년(13~19세)
나트륨(mg)	2796	4086.8	4938.7
소금(g)	7	10.2	12.3

이상합니다. 소금은 위암 발생과 뇌졸중 사망의 주요 원인입니다. 나트륨 과다 섭취로 인한 뇌졸중 환자가 모두 숨지는 것은 아니지만, 대부분 반신불수가 되지요. 어떻게 보면 숨지는 것보다도 최악인 상황이지요. 그라함 맥그래거 교수

식품영양학자 손숙미 박사는 《소금, 알고 먹으면 병 없이 산다》에서 "1개 영양소의 과다 섭취가 이렇게 많은 질병을 거느리고 있는 것을 보고 놀라움을 금치 못했다"고 밝힌 바 있다. 실제로 나트륨 과다 섭취는 한국인 사망원인 1~3위에 해당하는 위암, 뇌졸중, 심장병의 결정적인 원인으로 작용하고 있다. 나트륨이 아이의 뇌에 미치는 악영향을 논하기에 앞서, 우선 나트륨 과다로 인한 질병에 대해 알아보자.

> **세계보건기구가 권고하는 나트륨 섭취량**
>
> 세계보건기구에서 적정량으로 권고하는 1일 나트륨 섭취량은 2,000mg이다. 우리가 매일 먹는 양념으로 치면 아래 정도의 양이다. 하지만, 나트륨은 양념을 하지 않은 자연 식품에도 들어 있기 때문에, 아래 기준을 상한선으로 잡고 최대한 적게 먹는 것이 좋다.
> - 소금 1작은술(5g)
> - 간장 2작은술
> - 된장, 고추장 1큰술
> - 케첩 4큰술

◉나트륨 과다 섭취가 일으키는 병들

아래는 나트륨을 지나치게 섭취했을 때 발병할 수 있는 대표적인 질환이다. 바꿔 말하면 평소에 조금 싱겁게 먹는 습관만 들여도 다음의 질환이 예방된다는 말이다.

1 위암 짠 음식이 만성적으로 위 점막을 자극하면 위의 보호막이 파괴되고 염증이 생기며, 위벽이 헐면서 위축성 위염이 발생한다. 이런 상태는 위암이 생

기기 좋은 환경을 만들고 발암 물질의 작용을 쉽게 한다. 일본인 약 4만 명을 11년간 조사한 결과 나트륨을 많이 섭취하는 사람은 그렇지 않은 사람보다 위암 발생률이 2배 정도 높았다고 한다.

2 고혈압 소금의 주성분인 염소와 나트륨 중 혈압을 올리는 성분은 나트륨이다. 체내에 들어간 나트륨은 혈관 속에서 물을 잔뜩 끌어들인다. 그 결과 혈액의 양이 급격히 늘어나고, 혈관이 고무풍선처럼 팽팽하게 부풀어 오른다. 결국 혈압도 따라서 높아지는데, 이것이 바로 고혈압이다.

팽팽해진 혈관은 아주 미세한 상처에도 터지기 쉽다. 이런 일이 심장이나 뇌에서 일어난다면 뇌졸중, 심장발작, 심근경색 등 치명적인 질병이 발생한다. 미국 고혈압학회에 따르면 하루 소금 섭취량을 4g 줄이면 수축기 혈압이 5mmHg 떨어지며, 뇌졸중으로 인한 사망률은 14%, 심장병으로 인한 사망률은 9% 줄어든다고 한다.

3 골다공증 음식을 짜게 먹으면 체내 나트륨 농도가 높아진다. 인체는 소변을 통해 과도한 나트륨을 방출시키는데, 이때 몸속에 있는 칼슘까지 함께 빠져나간다. 결국 평소에 아무리 칼슘을 많이 섭취했다 하더라도 짜게 먹는 습관 때문에 체내 나트륨 농도가 높아지면 나트륨과 함께 많은 양의 칼슘이 몸 밖으로 배출되어 뼈가 약해지며 골다공증으로 이어질 수 있다.

4 신장병 신장은 나트륨과 수분을 조절하는 기능을 한다. 따라서 나트륨을 지나치게 섭취하면 신장에 과부하가 걸린다. 또한 신장에 있는 칼슘이 빠져나가

요로결석이 생길 가능성도 커진다.

5 기관지 천식 기관지 천식 환자가 나트륨을 많이 섭취하면 증상이 더 심해지고 나트륨 섭취를 줄이면 증상이 가벼워진다. 기관지 천식은 기관지가 좁아지는 것이 특징인데, 나트륨은 기관지 벽의 체액을 늘리기 때문에 결과적으로 기관지를 좁혀 천식 증상을 악화하는 것이다. 이는 외식을 많이 하는 아이들이 집밥을 많이 먹는 아이들보다 천식에 걸릴 확률이 더 높다는 미국 시러큐스대학의 연구 결과와도 일맥상통한다.

6 부종 부종은 세포의 틈 사이에 조직액이 괸 상태를 말한다. 우리 몸에 부종을 만드는 물질이 바로 나트륨이다. 부종은 심장의 근육에도 생길 수 있는데, 이렇게 되면 심장 운동이 원활하지 못하게 된다. 심장이 평소처럼 운동하지 못하면 혈액을 밀어내는 힘이 부족해진다. 이로 인해 몸 곳곳으로 혈액이 힘차게 흐르지 못하고 산소가 원활히 공급되지 못해 몸이 무거워지고 쉽게 피곤해지는 것이다. 평소 몸이 잘 붓고 쉽게 피로를 느낀다면 나트륨 섭취량을 점검해봐야 한다.

▶그라함 맥그래거 교수에 의하면, 세계적으로 하루 소금 섭취량을 6g으로 줄이면 매년 심장마비와 뇌졸중 등 소금 합병증으로 숨지는 사람 250만 명의 목숨을 구할 수 있다고 한다. 다시 말해 소금은 사람을 서서히 죽이는 독극물이라는 것이다. 그는 소금을 줄일 것이 아니라, 아예 먹어선 안 된다고까지 말했다.

이 외에도 염분은 혈당을 상승시켜 당뇨병을 악화하기도 한다. 나트륨이라는 하나의 미네랄이 이렇게 많은 병을 유발시킬 수 있는 것이다.

나트륨 섭취는 자연식품만으로도 충분하다

과거, 인간에게 소금은 황금 못지않게 귀한 물질이었다. 세계 최초로 중국에서 발견된 이후 소금은 기적의 저장 물질로 불리며 인간사회에 많은 발전을 가져왔다.

고대 이탈리아의 베네치아와 제노바는 치즈에 쓰이는 소금을 차지하려고 소금 전쟁을 치르기도 했고, 로마에서는 소금으로 병사들의 봉급을 지급하기도 했다. 소금을 뜻하는 영어인 salt는 봉급을 뜻하는 샐러리 salary에서 생겨났다. 뉴기니아에서는 지금도 거친 소금이 중요한 화폐 역할을 하기도 한다.

그러나 영국의 그라함 맥그래거 교수는 소금은 냉장고가 만들어지기 전까진 고기와 생선을 상하지 않게 하는 중요한 식품이었지만, 이제 더 이상 인간에게 소금은 필요하지 않다고 말한다. 인간의 몸에 필요한 나트륨은 이미 자연식품 속에서 충분히 섭

자연식품에 들어있는 나트륨	
우유 1팩(200ml)	110mg
오징어 1/3마리(50g)	91mg
삼겹살 1인분(200g)	88mg
조기 1토막(50g)	78mg
달걀 1개(50g)	65mg
고등어 1토막(50g)	38mg
마른김 1장(2g)	26mg
고구마 2/3개(90g)	14mg
쌀밥 1공기(210g)	6mg
귤 1개(100g)	3mg

취할 수 있기 때문이다. 채식주의자들도 채소에서 충분한 나트륨을 섭취할 수 있다고 한다.

또한 그라함 맥그래거 교수는 또 하나의 중요한 사실을 지적한다. 인간의 몸에는 소금을 분해할 기관이 없다는 것이다.

> 인간은 소금을 먹게 만들어지지 않았어요. 소금을 분해할 기관이 없습니다. 포유류는 소금을 먹지 않는데, 인간만이 소금을 먹는 유일한 포유류에요. 소금을 섭취하게 만들어진 동물도 있어요. 그 중에 하나가 상어에요. 물고기를 먹을 때 소금물을 마시는데, 신장에서는 소금을 걸러내지 못하고 직장 밑의 특별 분비샘에서 소금을 걸러내요. 또 다른 동물은 갈라파고스 섬에 사는 도마뱀이에요. 바닷물에 들어가니까 소금물을 많이 마시는데, 코에 특별 분비샘이 있어서 소금을 걸러냅니다. 인간이 소금을 섭취하기 시작한지 5천년 정도 밖에 안 되는데 진화론적으로 볼 때 소금을 걸러낼 다른 기관이 발달할 수 있는 충분한 시간이 아닙니다. 그라함 맥그래거 교수

앞서 말한 것처럼 사람에겐 소금을 분해할 기관이 없기 때문에, 지나친 소금 섭취는 아이에게 더욱 위험할 수밖에 없다. 그러나 한국 사람들은 하루 평균 13.2g, 10년 동안 자그마치 48kg의 소금을 먹는다. 한국보건산업진흥원 건강보건사업단장인 김초일 박사는 한국인 나트륨 섭취량이 위험수위를 넘어섰다고 경고한다.

> WHO에서 말하는 나트륨 기준인 '하루 2000mg'은 권장 기준이 아니고, '하

루 2000mg 이상은 제발 먹지 말아주십시오' 하는 소위 상한선의 개념이거든요. 이 만큼을 먹으라고 권장을 하는 게 아닙니다. 그런데 우리는 그 2~3배를 먹고 있어요. 제가 알기로는 현재 WHO에서 나트륨 1일 섭취제한 권고치를 2000mg에서 1500mg 또는 1300mg까지 낮추는 사안을 검토하고 있습니다. 그만큼 나트륨 과잉 섭취는 위험합니다. 김초일 박사

성인의 건강에도 이렇게 위협적으로 작용하는 나트륨이 과연 아이들의 뇌에는 어떤 영향을 미칠까?

내 아이의 두뇌, 소금에 절이시겠습니까?

한국 집밥의 우수성은 세계적으로 검증되었지만, 한 가지 문제가 있다. 주식인 밥이 싱겁기 때문에 염도가 높은 장류와 김치류 반찬이 많다는 점이다. 또한 겨울철에 채소류를 저장하기 위해 각종 채소와 생선 등을 염장하는 방법들이 발달하게 되었다.

앞서 말한 대로 최근 우리나라는 염분 섭취와 관련한 성인병 발병 수치가 급증하는 추세이며, 성장기 아이들의 염분 섭취 또한 심각한 상태이다. 특히 갈수록 증가하는 외식 선호도는 아이들의 염분 섭취를 더욱 부추기고 있다.

단순히 간을 싱겁게 한다고 해결될 문제가 아니다. 아이가 섭취하는 염분 30%는 자연 식품 자체에 이미 들어있고, 40%는 조리 과정에서, 30%는 가공식품을 통해 들어간다.

소금 범벅인 내 아이의 간식

제작진은 집밥의 힘을 취재하면서 외식을 먹는 아이들과 집밥을 먹는 아이들의 차이점을 육체적 건강과, 마음의 건강, 두뇌활동 이렇게 세 가지 영역으로 나눠 비교 분석했다. 건강검진과 심리검사, 주의력검사 등을 통해 세 영역 모두 집밥을 통해 크는 아이들이 훨씬 더 우수하다는 사실을 확인할 수 있었다. 제작진은 집밥과 외식의 영양학적 차이를 보다 정확히 파악하기 위해 초등학생을 대상으로 설문조사를 하여 아이들이 집밥 대신 가장 많이 선택하는 외식 메뉴 10가지를 뽑아보았다. 아이들이 평소에 끼니를 대신하는 음식들은 다음과 같았다.

초등학생들이 즐겨 먹는 외식 메뉴

1 라면, 컵라면
2 자장면, 짬뽕, 탕수육 등 중국음식
3. 고기
4. 떡볶이
5. 한식
6. 햄버거
7. 김밥, 삼각김밥
8. 피자
9. 치킨
10. 돈가스

아이들이 평소에 즐겨먹는 음식은 학교나 학원 주변에서 쉽게 접할 수 있는 떡볶이, 김밥, 햄버거 등과 빠른 시간 안에 간편하게 먹을 수 있는 라면류, 그리고 간편하게 집에서 배달시킬 수 있는 자장면, 피자, 치킨 등이 주를 이뤘다. 식약청의 도움으로 초등학생들이 집밥 대신 즐겨먹는 음식과 무슨 일이 있어도 집밥을 우선으로 생각하는 황철규 씨, 구윤성 씨, 곽재년 씨 가정의 음식을 수거해 영양성분을 분석했다.

분석 결과, 우선 대부분의 외식 메뉴가 집밥보다 지방과 당분 함량이 높았다. 그리고 무엇보다 눈에 띄는 차이는 나트륨 함량이었다. 집밥 한 끼의 평균 나트륨 함량은 1050.8mg이었으나, 짬뽕 한 그릇엔 2742mg, 자장볶음밥엔 2145mg, 컵라면(대)엔 1960mg 등 외식 메뉴에는 많게는 집밥의 3배 가까운 나트륨이 들어있었다. 세계보건기구(WHO)에서 권고하는 하루 나트륨 섭취량 상한선이 2000mg인데, 아이들이 주로 찾는 외식 메뉴 한 끼에 들어있는 나트륨 함량이 2000mg을 훌쩍 넘어버리는 것이다.

집밥 한 끼와 외식 한 끼의 나트륨 함량(식약청 분석 결과)

집밥 메뉴	한 끼 나트륨 함량(mg)	주요 외식 메뉴	한 끼 나트륨 함량(mg)
황철규 씨, 구윤성 씨, 곽재년 씨 집밥	평균 1050.8	컵라면(대)	1960
		라면	1633
		자장면	1739
		짬뽕	2742
		자장볶음밥	2145
		햄버거세트	1086
		물냉면	1800
		칼국수	2469

◉나트륨에 중독된 아이는 어떻게 될까?

외식을 먹는 아이들과 집밥을 먹는 아이들을 비교하면서 모발검사를 실시했을 때, 민진(9세, 가명)이와 하진(6세, 가명)이의 모발에서 나트륨 수치가 무척 높았던 것도 외식 메뉴에 함유된 많은 양의 나트륨 때문이었다.

특히 밥과 채소를 주면 울음보를 터뜨리던 여섯 살 하진이가 고도비만 상태였던 것은 외식과 가공식품을 통한 나트륨 과다 섭취와 큰 관련이 있다. 그라함 맥그래거 교수는 특히 어린이의 경우, 나트륨 과다 섭취는 비만의 간접적인 원인이 된다고 지적한다.

> 나트륨을 많이 먹으면 목이 마르죠. 이때 어린 아이들은 콜라 같은 청량음료를 자주 찾게 됩니다. 그런데 청량음료 한 캔에는 설탕이 8티스푼 이상 들어있어요. _그라함 맥그래거 교수_

나트륨만으로도 아이의 건강에 치명적인데, 나트륨 중독으로 청량음료를 마시게 되고 그로 인해 당분까지 지나치게 섭취하게 된다는 말이다.

그리고 나트륨 과잉은 두뇌에도 좋지 않은 영향을 미친다. 나트륨 과잉은 집중력을 높여주고 온화한 성격을 만들어주는 칼슘을 배출시켜, 정서를 불안하게 하고 스트레스에 민감하게 반응하게 한다. 또 피로와 수면장애를 유발하고, 무력증이 증상인 쿠싱증후군을 일으키기도 한다.

일본의 임상심리학자인 오사와 히로시의 모발검사 결과는 나트륨 과잉이 아이들에게 어떤 영향을 미치는지 말해준다. 1984년에서 1985년에 걸쳐 소년원에 입소한 비행청소년들의 모발과 일반 중학생들의 모발을 분석한 결과, 비행청소년의 약 절반 이상이 나트륨 과잉인 것으로 나타났다고 한다.

우리나라 청소년의 섭취량은 10년 동안 44kg, 어린이 섭취량은 10년 동안 37kg이라는 어마어마한 양이다. 지금 내 아이의 두뇌가 소금에 절여지고 있다고 해도 과언이 아니다.

더구나 외식이나 가공식품에는 집밥보다 훨씬 많은 양의 나트륨이 들어있지만, 먹는 사람이 소금의 양을 조절할 수도 없다. 주는 대로, 파는 대로 먹어야 한다. 외식이나 가공식품을 줄이고, 집밥을 차릴 때도 최대한 소금을 적게 넣는 것이 아이의 두뇌를 지키는 지름길이다.

학습장애와 ADHD, 문제는 음식

우리나라 성인 나트륨 섭취량이 많은 문제는 접어 두고라도, 3~6세 유아부터 이미 세계보건기구(WHO)의 나트륨 1일 섭취 권고량을 넘어서는 건 심각한 문제다. 어릴 때 나트륨을 지나치게 먹으면, 혀가 둔감해져서 점점 더 짜고 자극적인 맛을 찾게 되기 때문이다. 이렇게 서서히 나트륨 양이 늘어나면 자신도 모르게 나트륨에 중독되기 쉽다. 그라함 맥그래거 교수는 어린이들이 나트륨을 과다 섭취하는 것이야말로 위험한 일이라고 경고한다.

어린 아이들이 소금이 많이 들어간 패스트푸드를 먹게 되면, 소금 맛 수용기가 압력을 받아서 짠 음식을 선호하게 됩니다. 엄마가 패스트푸드를 주다가 집에서 소금이 없는 음식을 만들어준다면, 소금이 들어간 패스트푸드 음식을 더 선호할 수밖에 없고, 집에서 만든 음식은 맛이 없다고 느낄 겁니다. 어릴 때부터 소금을 많이 섭취하면, 고혈압 환자가 될 가능성이 높아지고 심장병이나 뇌졸중으로 숨질 가능성이 높아집니다.

소금 속의 나트륨은 정말 많은 질병을 일으키죠. 소금은 만성적이고 장기적인 독극물입니다. 지금 죽게 하는 게 아니라, 10년 후, 20년 후, 30년 후, 40년 후, 50년 후에 죽게 한다는 겁니다. 그라함 맥그래거 교수

내 아이가 혹시 고혈압?

그러나 비극은 10년 후, 20년 후가 아니라 더 빨리 시작될 수도 있다. 최근 들어 성인병의 대표격인 고혈압에 '나이파괴' 현상이 나타나고 있다. 어른들에게나 발생하는 것으로 알려진 고혈압이 어린이나 청소년층에서도 나타나는 것이다.

2006년 서울의 초중고생 가운데 고혈압으로 판정받은 학생은 1,579명. 2004년의 193명에 비해 2년 사이에 8배나 늘었다. 2010년 현재 전문의들은 어린이 100명 중 3명 정도가 고혈압이라고 추정한다.

어린이 고혈압은 만 6세 이전이냐 이후냐에 따라 선천성 고혈압과 2차성 고혈압으로 나뉜다. 6세 미만은 대개 신동맥협착이나 심장기형 등이 원인이다. 하지만 6세 이후의 2차성 고혈압은 성인병과 다를 바 없는 전형적인 고혈압이다. 전문가들은 어린이 고혈압이 늘어나는 이유로 식생활 서구화로 인한 영양

과다 섭취와 짜게 먹는 습관, 운동 부족 등을 꼽는다.

>>> 아이들이 즐겨 먹는 패스트푸드와 인스턴트식품들은 고열량이면서 소금기가 높아 고혈압과 비만 발생에 큰 영향을 줍니다. 경희의료원 소아청소년과 한미영 교수

어린이의 경우 고혈압을 그대로 방치하면 동맥경화가 빨리 진행되고, 신장병, 당뇨병, 뇌졸중 등 각종 성인병의 발생 위험이 커지기 때문에 정기적인 혈압 측정과 관리가 꼭 필요하다고 한다.

성인은 정상 혈압의 기준이 120/80mmHg로 정해져 있지만 어린이들은 나이

우리나라 나이대별 정상 혈압치

나이	남아(mmHg)	여아(mmHg)
7세	118 / 69	초등학생(남 · 여)
8세	119 / 71	중학생 남
9세	119 / 73	중학생 여
10세	118 / 71	고교생 남
11세	119 / 74	고교생 여
12세	129 / 74	고교생 여
13세	135 / 75	고교생 여
14세	137 / 75	고교생 여
15세	142 / 76	고교생 여

출처 : 한국 소아 청소년 정상 혈압 참고치, 대한소아과학회 질병관리본부 만성병 조사팀 , 2005

와 성별, 키 등에 따라 정상 혈압의 기준이 달라진다. 따라서 어릴 때 한 번 혈압을 재본 것으로 안심해서는 안 되고 성장하면서 시시때때로 혈압을 확인해야 한다.

어린 시절부터 짜게 먹는 식습관이 생기면, 나트륨 과잉 섭취로 인한 수많은 질병에 노출될 위험이 점점 커질 수밖에 없다. 20~30대 젊은 나이에 심근경색과 뇌출혈로 쓰러지는 환자들의 얘기가 바로 내 아이의 이야기일 수도 있다.

◉ 고혈압 어린이, 학습장애와 ADHD 위험 4배

어린이 고혈압의 또 다른 위험성을 말해주는 연구 결과가 있다. 고혈압 어린이가 학습장애나 ADHD를 보일 위험이 보통 어린이보다 4배 높다는 것이다.

미국 로체스터대학병원 소아신장과 마크 란데 박사 팀은 고혈압으로 판명된 100명의 어린이를 10세에서 18세까지 추적 연구하여 고혈압과 학습장애의 관계를 분석했다. 검사 결과 고혈압인 어린이 100명 중 28%가 학습장애로 밝혀졌고, 20%는 ADHD를 가진 것으로 나타났다. 그 중 8%는 두 가지 증상 모두을 가졌다. 결국 고혈압 어린이 중 학습장애나 ADHD를 보인 어린이는 총 40%로 정상 어린이와 비교했을 때 4배 더 높은 비율이었다.

란데 박사는 고혈압인 아이가 보통 어린이보다 복잡하거나 계획적인 업무에 취약하고, 고혈압과 비만이 둘 다 있는 아이는 불안감이나 우울함에 빠질 위험이 높다는 연구 결과도 발표했다.

아이의 밥상에서 더욱 위험한 나트륨

핀란드에서는 성인의 나트륨 1일 섭취 권고치는 세계보건기구(WHO)와 같은 2000mg(소금 5g)이지만, 1세 이하는 섭취금지, 3세 이하는 1200mg(소금 3g)이하로 제한하고 있다. 어린 시절의 나트륨 제한은 아무리 강조해도 지나치지 않다고 전문가들은 입을 모은다. 인스턴트식품이나 패스트푸드, 가공식품을 피해야 하는 것은 물론이고, 집밥을 먹일 때도 주의할 필요가 있다. 한국보건산업진흥원 건강보건사업단장인 김초일 박사는 이유식을 시작할 때부터 나트륨을 제한해야 한다고 지적한다.

아이가 태어나서 6개월 정도 되면 처음으로 접하는 음식으로 이유식을 시작하게 되는데, 이때 제일 중요한 게 뭐냐면 시중에서 파는 것이 아닌 집에서 직접 만들어 먹이는 거예요. 그리고 집에서도 이유식을 만들 때 어떠한 간도 하지 않는 게 제일 중요합니다. 그렇지 않으면 짠맛에 대한 선호도가 너무 어려서부터 형성이 되거든요. 그런 아이들은 커갈수록 점점 더 짠맛을 찾게 됩니다. 그러니까 어려서부터 간을 하지 않은 것을 먹여야 하고, 돌쟁이 아기한테 어른 밥상에서 국에 밥을 말아 먹이는 것은 절대 하면 안 됩니다. 그렇게만 해도 짠 맛에 대한 선호도가 낮아지고, 그 아이들이 컸을 때는 지금 어른들만큼 소금을 많이 먹지 않을 수 있겠죠. 김초일 박사

'아기밥을 만드는 소아과 의사'로 알려진 소아청소년과 전문의 고시환 박사도 성장식의 가장 중요한 원칙 중 하나는 염분 제한이라고 강조한다. 칼슘 흡

수를 방해하고 위장의 기능을 떨어뜨리며 미각 기능을 둔화시키는 짠 음식이야말로 아이의 밥상에서 퇴출시켜야 한다는 것이다.

> 돌이 지나면서 밥, 국, 반찬을 기본으로 하는 한국의 집밥에 익숙해지죠. 그 과정에서 조금 번거롭더라도 나트륨이 많이 들어간 김치류는 아이를 고려해서 더 싱겁게 따로 준비하는 것이 바람직합니다. 김치는 발효과정에서 염분이 깊숙이 들어가기 때문에 단순히 물에 씻어 먹이거나 먹는 양을 줄이는 것은 대안이 될 수 없어요. 고시환 박사

학원이나 과외대신 꼬박꼬박 챙겨 먹인 집밥의 힘으로 아이들을 명문대에 보내거나 집중력이 뛰어난 아이로 키워낸 부모들. 그들이 하나같이 강조한 집밥의 특징 중 하나가 '싱겁게 밥상 차리기'였다는 사실을 부모들은 기억해야 한다.

> 화학조미료는 안 쓰고요, 일반 천일염소금을 사용하는데, 약간 싱거울 정도로 간을 해요. 간이 딱 맞는다고 생각하면 사실 약간 짜거든요. 성재, 성민이의 아빠 황철규 씨

> 저는 음식을 싱겁게 하려고 애를 써요. 애들 아빠는 아무래도 밖에서 음식 먹을 일이 많으니까 짜게 먹는 걸 좋아하거든요. 제가 한 음식은 자꾸 싱겁다고 하는데 의도적으로 싱겁게 먹이려고 하는 편이예요. 양념 종류를 많이 사용하지 않고 재료 자체의 맛을 살리죠. 그게 아이들에게도 좋은 밥상이구요. 온별이 엄마 장재년 씨

짬뽕 한 그릇의 비밀

　　　　　나트륨 섭취량을 줄이려면 일단 외식을 줄여야 한다. 배달시켜 먹는 짬뽕 한 그릇에 하루 나트륨 섭취 권고량인 2000mg을 훌쩍 넘어선 2742mg의 나트륨이 들어있다는 건 다시 생각해도 놀랍다. 앞에서 초등학생들의 주요 외식 메뉴를 비롯한 일부 음식들의 나트륨 함유량을 밝힌 바 있으나 여기서 몇 가지 더 소개하자면 다음과 같다.

　돌냄비우동 한 그릇에는 2132mg, 햄버거 스테이크 1인분에는 1824mg의 나트륨이 들어있다. 최근 배달음식의 선두주자로 떠오르고 있는 보쌈 1접시엔 2593mg. 보쌈의 경우 여러 사람이 나눠먹는다고 해도, 실제 나트륨의 섭취량은 소금 반 숟가락을 한 번에 먹는 것과 같다.

　음식은 약간 짜야 맛이 있다. 그래서 손님의 입맛을 강하게 당겨야 할 대중

외식의 나트륨 함량표

종류	1인분	나트륨(mg)	종류	1인분	나트륨(mg)
치즈와퍼	1개	1126mg	더블버거	1개	900mg
생선가스	1인분	1724mg	햄버거스테이크	1인분	1824mg
갈비구이	1인분	827mg	보쌈	1접시	2593mg
김치찌개	1인분	1355mg	김치볶음밥	1인분	1096mg
통닭(프라이드)	1마리	829mg	통닭(양념)	1마리	1972mg
탕수육	1접시	1794mg	돌냄비우동	1인분	2132mg
장터국수	1인분	1773mg	수제비	1인분	1639mg

*한 끼 식사로 권장되는 나트륨은 700-900mg정도임. 〈경희대 임상영양연구소 자료〉

음식점에서는 소금 간을 많이 하게 마련이다.

외식은 많이 팔아야 하는 거잖아요. 내 가족이 먹고 끝나는 게 아니라 팔아서 이윤을 남겨야 하기 때문에, 맛이 진하고 강할 수밖에 없지요. 짜고 달고 기름져야 입에 딱딱 달라붙고 더 잘 팔린답니다. 그래서 외식은 가정식보다 조금 더 달고, 조금 더 짜고, 조금 더 기름질 수밖에 없습니다. 또 집에서는 주부가 신경을 쓰면 싱겁게 먹는 노력이 가능하지만, 외식을 하면 이거 짜다고 해도 그 사람 하나 때문에 싱겁게 다시 만들어주진 않거든요. 실제로 국민건강영양조사 결과에서 외식으로부터 섭취한 나트륨의 양, 가정식으로부터 섭취한 나트륨 양을 비교해보면 외식의 경우가 15% 정도 더 많아요. 김초일 박사

결국 아무리 한식이나 가정식 백반을 사먹는다고 해도 집밥보다는 나트륨 함유량이 많을 수 밖에 없다는 것이다.

●◎나트륨 섭취가 많아지는 또 다른 이유
　　-외식 VS 가정식 비교 실험

집밥에 비해 외식 메뉴에 나트륨 함량이 높다는 것 외에, 외식을 할 때 나트륨 섭취가 많아지는 이유는 또 있다.

제작진은 같은 메뉴로 외식을 할 때와 집밥을 먹을 때, 먹는 양에는 어떤 차이가 있고 나트륨 섭취량은 어떻게 다른지 비교해보기 위해 한 가지 실험을 했다. 30대 초반인 S씨 부부가 실험에 참여했다. 메뉴는 김치찌개를 실험 대상으로 정했다.

먼저 맛집으로 소문난 김치찌개 전문점에서 식사를 하기로 했다. 식사 전, 식약청의 담당자가 밥과 찌개, 반찬 하나하나의 무게를 재고, 식사를 마친 후 다시 남은 양을 측정해서 먹은 양을 계산했다. 맛집으로 유명한 곳이다 보니 식당은 사람들로 붐볐고 밖에서 줄을 서서 기다리는 손님도 있었다. 부부는 식당의 분위기 탓에 마음이 급한지, 대화 없이 식사만 했다. 남편은 공기밥을 추가해 먹었다.

며칠 후 이번에는 부부의 집에서 집밥을 먹었다. 지난 번 식당에서처럼 김치찌개를 주메뉴로 한 밥상에서 부부가 먹은 양을 체크했다. 집에서 편안하게 식사하다 보니 먹는 시간은 훨씬 길었다.

같은 메뉴로 차려진 외식 VS 집밥 비교(30대 초반 S부부의 실험 결과)

	열량 (kcal)	나트륨 (mg)
김치찌개를 주메뉴로 한 **외식**	732.6	1893.8
김치찌개를 주메뉴로 한 **집밥**	537.8	1693.1

그렇다면 집밥을 먹을 때와 외식을 할 때 먹은 양에는 어떤 차이가 있었을까? 외식을 했을 때가 양도 200g정도 더 많았고 열량도 200Kcal 더 높았다. 먹은 양이 많다 보니, 나트륨 섭취량도 200mg이 더 많았다.

왜 외식을 할 때 더 많은 양을 먹는 걸까?

❋ 이번 실험에서 뿐만 아니라, 외식할 때는 늘 더 많이 먹게 돼요. 왜냐하면 그때그때 먹고 싶은 것을 골라먹는 데다 맛있다고 소문난 집 위주로 가게 되니까, 솔직히 사먹는 밥이 맛있더라고요. 아내한테는 미안한 말이지만요. 실험참가자 男

❋ 집에서 먹을 땐 제가 먹을 양을, 제가 알아서 덜잖아요. 그런데 밖에서 먹을 때는 식당에서 주는 대로 정해준 양을 먹게 되니까 많이 먹게 돼요. 실험참가자 女

실제로 미국 텍사스대학의 연구 결과에 따르면 사람들은 외식을 할 때 집밥을 먹을 때보다 200~300Kcal를 더 먹는다고 한다. 더 많이 먹으니 나트륨 섭취량도 당연히 많아진다. 나트륨 함량이 같은 음식을 먹는다 해도, 외식을 할 때 나트륨 섭취가 더 많아지는 것은 이런 까닭이다.

❍집밥은 나트륨을 배출시킨다

나트륨 함량이 같은 음식을 먹었다 해도, 외식과 집밥은 몸에 쌓이는 나트륨의 양이 다르다고 한다. 왜 이런 차이가 생길까? 비밀은 밥상 위의 풍부한 채소와 나물에 있다.

> 채소나 과일에는 칼륨이 많이 함유되어 있는데, 칼륨은 나트륨의 체내 배설을 도와줍니다. 그래서 짜게 먹는다 하더라도, 채소가 풍부한 밥상은 나트륨으로 인한 폐해를 조금이라도 줄일 수 있습니다. 식품의약품안전청 박혜경 박사

집밥의 경우 채소와 나물류가 풍부해 나트륨을 제대로 배출할 수 있지만, 외식의 경우 채소와 나물류가 풍성한 음식은 많지 않다. 그렇다보니 나트륨 함량이 같은 음식을 먹더라도 몸에 쌓이는 실제 함량은 다른 것이다.

❍자연식품의 놀라운 힘

미국의 임상영양학자인 캐롤 사이먼타치는 자연식품엔 나트륨의 3~7배에 달하는 칼륨이 함유되어 있으며, 이것은 자연이 선물한 놀라운 균형이라고 말한다. 칼슘과 마그네슘이 균형을 이뤄 세포간의 메시지를 전달하듯이, 나트륨도 칼륨과 균형을 잘 이뤄야 세포에 영양소를 제대로 공급할 수 있다. 과학자들은 식사를 통해 매일 3500mg의 칼륨과 500mg의 나트륨이 공급되어야 한다

고 말하는데, 자연이 우리에게 준 음식 속엔 이미 그 균형이 맞추어져 있는 것이다.

한 예로 샐러리 한 줄기에는 약 1500mg의 칼륨과 34.8mg의 나트륨이 함유되어 있고, 큰 당근 하나에는 684mg의 칼륨과 74mg의 나트륨이 들어 있다. 이들 수치는 칼륨 쪽으로 한참 기울어져 있다. 자연식품을 섭취하면 소금을 따로 먹지 않아도 충분한 나트륨을 얻을 수 있을 뿐만 아니라, 칼륨과의 이상적인 균형까지 맞출 수 있다.

하지만 이 황금비율은 냉동식품이나 인스턴트식품 등의 가공식품에선 극적으로 반전된다. 싱싱한 토마토 100g에는 5mg의 나트륨이 들어 있지만, 토마토 케첩 100g에는 1300mg의 나트륨이 들어 있다. 패스트푸드점에서 흔히 먹는 1회용 케첩 하나에 들어있는 나트륨의 양은 토마토 22개에 들어 있는 나트륨의 양과 같다고 한다.

또 생감자 100g에는 4mg의 나트륨이 들어 있지만, 생감자가 프렌치프라이가 되면 100g에 216mg의 나트륨을 함유한다. 밀가루 100g에는 3mg의 나트륨

자연식품 가공시, 나트륨 함유량의 변화

토마토 100g	토마토 케첩 100g
나트륨 5mg	나트륨 1300mg
생감자 100g	프렌치 프라이 100g
나트륨 4mg	나트륨 216mg
밀가루 100g	라면 1봉지
나트륨 3mg	나트륨 1633mg

이 들어 있지만, 라면 1봉지로 만들어지면 평균 1633mg의 나트륨이 아이의 두뇌를 노리게 된다. 이렇듯 가공식품은 제조과정에서 많은 양의 나트륨이 들어가지만, 칼륨을 비롯해 아이의 몸과 두뇌에 꼭 필요한 미네랄은 거의 없어진다.

이런 이유로 전문가들은 외식과 가공식품이야말로 나트륨 과다 섭취의 주범이라고 말한다. 외식과 가공식품의 섭취를 줄이지 않고는 나트륨의 섭취를 결코 막을 수 없다는 것이다. 외식과 가공식품에는 이미 많은 양의 소금이 들어갈 뿐더러 다양한 종류의 식품첨가물이 투입되는데, 식품첨가물 속에도 나트륨이 숨어있다. 이제 식품첨가물 속 나트륨의 문제를 자세히 살펴보자.

> **빵과 아이스크림에도 숨어있는 나트륨**

조금 어려운 퀴즈 하나. 다음의 식품 중 나트륨이 들어있는 식품을 모두 고른다면?

① 완두콩 ② 콘플레이크 ③ 오징어 ④ 라면 ⑤ 아이스크림 ⑥ 식빵

정답은 ①번부터 ⑥번까지 여섯 개 전부다.

◎자연식품 완두콩에도 소금이?

좀 더 자세히 알아보자. ① 완두콩에는 적은 양이지만 나트륨이 들어있고(완두콩 20g에 나트륨 0.4mg), ② 콘플레이크의 경우 영국의 그라함 맥그래거 교수

가 '콘플레이크 한 그릇은 바닷물보다 더 짜다'고 강조하는 식품이며 ③ 오징어 한 마리는 세 명이서 똑같이 나눠 먹어도 한 사람당 나트륨 91mg을 섭취하게 되는 자연식품이고, ④ 라면은 나트륨이 과다 함유된 가공식품의 대명사. 그런데 ⑤ 아이스크림과 ⑥ 식빵에도 나트륨이 들어있다고?

설마 싶겠지만 달콤한 아이스크림에도, 담백하고 쫄깃한 식빵에도 많은 양의 나트륨이 들어 있다. 설탕만 넣었을 때보다 설탕에 5%의 소금을 가하였을 때 더욱 강한 단맛이 난다.

그렇게 단맛을 더 내기위해 아이스크림에는 나트륨이 들어간다. 뿐만 아니라 아이스크림에는 점성을 높이고 질감을 부드럽게 하기 위해 '알긴산나트륨', '카제인나트륨' 등의 식품첨가물이 들어가는데, '나트륨'이 붙은 이름에서 알 수 있듯 이것 또한 나트륨이다.

빵이나 케이크의 경우, 흔히 이들을 부풀릴 때 사용하는 베이킹파우더의 주성분은 '탄산수소나트륨'이다. 베이킹파우더나 베이킹소다를 이용해 부풀린 빵이나 케이크를 즐겨 먹는다면 나트륨의 위험에서 자유로울 수 없다.

우리가 간식으로 즐겨먹는 식빵과 밥을 비교한다면, 식빵에 훨씬 많은 나트륨이 들어 있습니다. 식빵은 반죽할 때부터 밀가루에 상당량의 소금이 들어가고 다른 빵과 케이크에는 베이킹 파우더를 넣고 만드는데, 베이킹파우더의 주성분도 나트륨이기 때문에, 빵과 케이크의 나트륨 함량이 상당해지거든요. 그래서, 나트륨 양을 지극히 엄격하게 제한해야 하는 경우에는 빵도 자제해야 합니다. 김초일 박사

●◉ 식빵 2쪽에 밥 1공기 11배의 나트륨

쌀밥 1공기에는 6mg의 나트륨이 들어있지만, 식빵 2쪽에는 종류에 따라 66~460mg의 나트륨이 들어 있다. 하지만 많은 사람들이 빵을 먹을 때는 나트륨을 염두에 두지 않는다. 빵을 소금에 찍어먹는 것도 아니니 마음을 놓지만, 안심은 금물이다. 빵류나 면류 같은 밀가루 가공식품에는 짜지 않더라도 상당량의 나트륨이 들어 있다. 그밖에도 식품첨가물의 다양한 이름을 가지고 있지만, 사실 그 주성분은 나트륨인 것이 많다.

화학조미료의 대명사인 MSG의 다른 이름은 L-글루탐산나트륨. 주성분은 역시 나트륨이다. 맛있어야 잘 팔리는 외식이나 가공식품의 특성상 좀 더 짭짤한 맛을 내기 위해 소금을 듬뿍 넣고, 좀 더 깊은 맛을 내기 위해 MSG도 사용하게 마련이다. 2007년 서울시와 서울환경연합의 공동조사 결과, 외식업체의 93.7%가 화학조미료 MSG를 사용한다고 한다. 사정이 그렇다보니, 외식 메뉴에 나트륨 함량이 많을 수밖에 없는 것이다.

어묵이나 햄, 게맛살의 성분표시 중 '산도조절제'라고 쓰인 것이 많은데, 산도조절제 성분 중 하나도 나트륨이 들어 있는 인산염이다. 산도조절제는 쫄깃한 느낌을 주고, 변질을 막기 위해 쓰이는 식품첨가물이다. 또한 일부 음료수의 보존을 위해 쓰이는 '안식향산나트륨'이나 '벤조산나트륨' 역시 나트륨이 주성분이다.

식품첨가물의 형태로 식품에 들어가 있는 나트륨의 양은 많지 않다. 하지만 각각의 식품에 숨어있는 나트륨의 존재를 아는 것은 나트륨 섭취량을 조절하는 데 도움이 된다. 소금 섭취를 줄이기 위해 아무리 싱겁게 먹더라도, 식품첨가물 때문에 나트륨 섭취가 늘어날 수 있기 때문이다. 전문가들은 짠맛이 나지 않는 식품에도 나트륨이 생각보다 많을 수 있기 때문에 식품을 선택하기 전에 영양표시에서 나트륨 함량을 확인하는 것이 좋다고 조언한다.

이렇게 따지면 사실 안심하고 사먹을 수 있는 음식은 거의 없다고 봐야 할 것이다. 하지만 아이 입에 들어가는 음식에 있어서는 '모르는 게 약'이 아니라 '아는 게 힘'이다. 자연상 완두콩에도 미량이지만 나트륨이 들어 있고, 식빵 2쪽에 들어 있는 나트륨의 양은 밥 1공기의 무려 11배에 달한다는 사실을 안다면, 최선을 다해 집밥을 먹이려는 부모의 의지를 더욱 확고히 할 수 있을 것이다.

일본 나가노현의 장수 비결

일본 나가노현은 최근 20년 동안 단명지역에서 장수촌으로 탈바꿈한 곳이다. 이곳은 현재 일본의 46개 현 가운데 남성 평균수명 1위(78.9세), 여성 평균수명 4위(84.5세)에 올라있다. 하지만 60~70년대만 해도 나가노현은 단명지역이란 불명예를 가지고 있었다. 나가노현 사람들의 평균수명이 불과 20여 년만에 확연히 늘어난 것은 와카스키 도시카츠(若杉壽勝) 선생의 헌신적인 노력 덕분이었다.

불과 반세기도 지나지 않아 지역 전체의 평균수명이 껑충 뛰어 오른 데에는 대체 어떤 비밀이 있는 걸까? 비밀의 열쇠는 다름 아닌 음식에 있었다. 단 하나의 변화로 나가노현 사람들은 수명이 연장된 것은 물론 삶의 질도 몰라보게 달라졌다.

◉ 단명지역이 장수촌으로

1945년 나가노현의 사쿠종합병원에 부임한 와카스키 도시카츠 선생은 이 지역에 유난히 뇌졸중 등 뇌혈관계 질환으로 사망하는 사람이 많다는 것을 발견했다. 그 이유는 지역의 특성 때문이었다. 나가노현은 일본의 알프스라 불리는 지역으로, 바다로부터 가장 먼 산간지역인데다 춥고 눈이 많은 곳이다. 그렇다 보니 예로부터 식재료가 풍부하지 못해 짠 저장음식이 발달했고, 생으로 먹는 음식은 거의 없었다. 당연히 나트륨 섭취가 많을 수밖에 없었고 이것이 고혈압을 일으켰던 것이다.

와카스키 도시카츠 선생은 추운 날씨와 짜게 먹는 식습관이 뇌혈관계 질환의 원인이라고 판단하고 생활습관 개선운동을 펼쳤다. 시청과 손잡고 깊은 산골마을을 직접 찾아다니며 주민 건강검진을 실시하고, '싱겁게 먹기 운동'을 펼쳤다.

나가노현에서 이 운동이 시작된 것은 1959년. 결국 60년대에는 20g이 넘던 1일 소금 섭취량은 2007년에 11g으로 줄었고, 뇌졸중 사망자 수도 전국 평균 이하로 확연히 줄어 이제는 명실공히 장수마을로 탈바꿈했다.

> '싱겁게 먹기 운동'을 시작한 것이 1959년이니까 그 후로 50년 동안 해왔는데요. 뇌졸중이 줄었다는 것이 가장 큰 효과죠. 마츠시마 쇼스이(현 사쿠종합병원 명예원장)

나가노현의 '싱겁게 먹기 운동'은 지금까지 이어지고 있다. 제작진은 나가노현을 방문해 이 운동이 어떤 식으로 진행되는지 취재했다. 사쿠병원에서는 여전히 각 마을을 방문해 건강검진을 실시했고, 검진 결과를 토대로 식생활 지도를 하고 있었다. 사쿠시청의 영양사는 저염식을 직접 만들어 차로 40여분 거리의 산골마을까지 방문해, 시식회도 하고 부엌에서 나트륨을 줄일 수 있는 조리법도 자세하게 알려주고 있었다.

> 저염식을 가지고 각 마을을 방문해 시식회를 합니다. 그러면 각자 집에서 만든 음식과 저염식이 어떤 차이점이 있는지 쉽게 알 수 있고, 집에서 먹는 음식에 짠맛이 강하면 소금을 조금 줄여야겠다고 생각할 수 있겠죠. 나트륨을 많이 섭취하는 게 얼마나 위험한지도 알려주고요. 사쿠시의 정책입니다. 오기하라 사쿠코(사쿠시청 영양사)

나가노현에서 만난 히라사와 히게노리 씨 부부는 남편은 86세, 아내는 82세

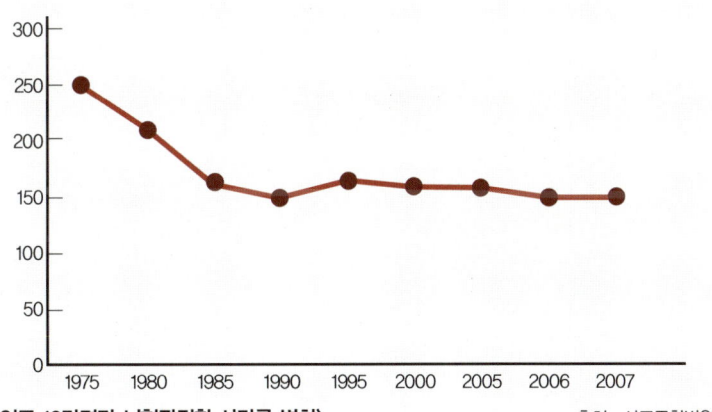

〈나가노현의 인구 10만명당 뇌혈관질환 사망률 변화〉   출처 : 사쿠종합병원

로 건강하게 장수하고 있었는데, 건강의 비결 역시 저염식이라고 했다. 제작진이 지켜본 부부의 밥상엔 쌀밥과 토마토·브로콜리·오이 등의 신선한 채소, 죽순, 머위조림, 고기·당근·감자·버섯으로 만든 조림과, 건두부에 버섯·완두콩·당근·어묵을 넣고 만든 찜이 차려져 있었다. 밥상 위의 음식들은 제작진의 입맛에는 밋밋할 만큼 최대한 싱겁게 만든 것들이었다. 이들 부부는 오래 전엔 많은 나트륨을 섭취했지만 이제는 달라졌다고 했다.

혈압을 재고 혈액검사를 하면 여러 가지 병을 알 수 있어요. 그걸 바탕으로 시청과 병원에서 지도를 해줘요. 건강검진 결과를 보고, "음식을 조심해라", "소금을 너무 많이 먹지 말아라", "마요네즈도 너무 많이 먹지 말아라" 등의 조언을 해줍니다. 히라사와 히게노리(86세)

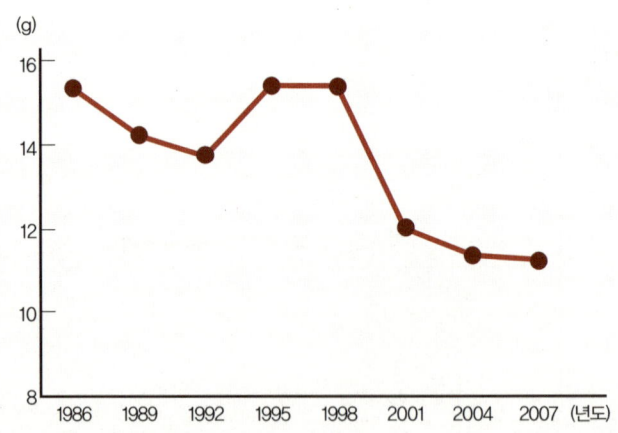

〈나가노현 주민들의 1인 1일당 염분섭취율 변화〉   출처 : 사쿠종합병원

덕분에 80세가 훌쩍 넘은 나이에도 부부는 수백 평의 밭일을 거뜬히 해낼 만큼 건강하다고 했다. 가족들이 먹는 대부분의 채소를 손수 재배한다는데, 이웃들에게도 풍성하게 나눠줄 만큼 일을 해도 체력에 무리가 없단다.

1950년대까지만 해도 나가노현의 평균수명은 남자 50세, 여자 54세. 단명지역이었고, 뇌졸중 발생 1위 지역이었다. 히라사와 히게노리 씨 부부는 추운 산간지역인 나가노현에서 지금껏 건강하게 살 수 있는 것은 지역의 나트륨 줄이기 운동과, 그에 따라 손수 차려먹은 건강한 집밥 덕분이라고 했다.

일본 뿐 아니라 핀란드에서도 소금 줄이기 운동은 활발하다. 핀란드는 1992년부터 일찌감치 나트륨 저감화정책에 돌입했다. 나트륨을 줄이고 칼륨·마그네슘 같은 미네랄을 포함시킨 '저나트륨 소금'을 개발해 전 세계에 대체소금 생산 붐을 일으킨 나라도 핀란드다.

헬싱키의대 헤이키 카르파넨 교수는 슈퍼마켓에서 한번에 3kg짜리 소금을 구입하는 핀란드 주부는 찾아보기 힘들 것이라며, 그 결과 1978년 핀란드 국민들은 하루 평균 15g의 소금을 섭취했지만 2006년엔 7~8g으로 떨어져 세계보건기구(WHO)의 권고치인 5g에 근접했고, 심장·뇌 관련 질환 발병률이 1/5로 줄었다고 했다.

영국도 2000년에 들어서면서부터 저나트륨 정책을 강력하게 펼치고 있다. 소금 줄이기 운동이 정부 정책으로까지 이어진 데는, 1996년 고혈압·심장질환 전문의들이 모여 발족한 'CASH(Consensus Action on Salt and Health)'가 큰 역할을 했다. CASH의 수장은 그라함 맥그래거 교수다. CASH는 가공식품에 숨어 있는 '히든 솔트'의 함유량을 BBC방송을 통해 매년 발표해 식품업체들로 하여금 자발적으로 나트륨을 줄이도록 압력을 가하고, 정부와 함께 국가적 캠페인을 펼친다.

그라함 맥그래거 교수는 '하루 소금 섭취량을 찻숟가락 한 술 분량인 6g 이하로 줄이면, 뇌졸중에 걸릴 위험도가 25%, 심장 관련 질병에 걸릴 위험도가 19% 줄어든다'고 강조한다. 영국은 나트륨 줄이기 운동으로, 하루 최대 30g까지 섭취했던 소금을 9g까지 낮췄다고 한다.

아이를 위한 맞춤식이 가능한 집밥

외식이나 가공식품 섭취로는 나트륨을 줄이기 쉽지 않지만, 집밥의 경우 아이를 위한 맞춤형 저염식이 가능하다. 그러나 이미 짠맛에 길들여졌다면 주의할 것이 있다. 식습관을 갑자기 바꾸려고 하다가는 실패하기 쉽다는 것이다. 그라함 맥그래거 교수는 이미 나트륨에 중독된 아이라면 몇 개월에 걸쳐 서서히 소금 섭취를 줄여나가야 한다고 조언한다.

소금 양을 갑자기 반으로 줄이지 말고 서서히 줄이세요. 소금 양을 20% 줄이는 것은 맛에 큰 차이를 가져오지 않습니다. 물론 처음엔 20%만 적게 넣어도 음식 맛이 없을 거예요. 하지만 저염도에 소금 맛 수용기가 적응하는 데 4~5주 정도 걸리니 음식이 맛있게 느껴지는 기간을 견디면 아이의 미각이 되살아납니다. 그 후에는 소금이 덜 들어간 음식을 선호하게 될 거예요. 아마 짠 음식은 못 먹게 될 겁니다. 그라함 맥그래거

그라함 맥그래거 교수는 음식에 소금을 넣는 기호는 커피에 설탕을 넣는 문제와 같다고 설명한다.

> 사람들은 차나 커피에 설탕을 많이 넣어 마시다가 갑자기 넣지 않으면 맛이 끔찍하다고 생각합니다. 하지만 설탕을 넣지 않는 것에 익숙해지면 차나 커피의 본래의 맛을 느낄 수 있죠. 음식도 비슷해요. 소금을 넣지 않으면 생선 맛이나 채소의 신선함이 느껴지고, 맛 좋은 채소인지, 질이 좋은 고기인지도 알 수 있어요. 소금은 음식의 진짜 맛을 없애버립니다. 그라함 맥그래거

그렇다면 아이의 몸과 두뇌를 위한 집밥을 차리면서, 나트륨 섭취도 줄일 수 있는 방법은 무엇일까? 다음에 손쉽게 나트륨을 줄일 수 있는 몇 가지 원칙들을 소개한다.

손쉽게 나트륨 줄이기 9계명

나트륨 섭취를 근본적으로 줄이려면 입맛이 형성되는 어릴 때부터 바른 식습관을 들이거나, 이미 짜게 먹고 있다면 식습관을 교정하는 수밖에 없다. 이를 위해서는 저염식품이나 저염조리법을 활용해야 한다. 하지만 현실적으로 저염식품이나 저염조리법은 전문적인 지식이 필요할 뿐만 아니라, 경제적으로도 적지 않은 부담이 된다. 다음은 아이를 키우는 가정에서 손쉽게 실천할 수 있는 나트륨 줄이는 법이다.

1. 국그릇을 줄여라

나트륨 과다 섭취의 위험성에 대해 강조해온 한국보건산업진흥원의 김초일 박사는 한국의 밥상에서 나트륨을 가장 많이 섭취하게 하는 음식은 의외의 것이라고 말한다.

> 누군가 혈압이 높아서 짠 음식을 덜 먹어야 한다고 하면, 대뜸 사람들은 "장아찌 같은 것 먹지마"라고 합니다. 하지만 장아찌가 소금의 주요 공급원은 아닙니다. 왜냐하면 사람들은 장아찌가 짠 걸 알기 때문에 조금씩 밖에 안 먹거든요. 사실상 우리 국민들은 국과 찌개에서 굉장히 많은 소금을 섭취합니다. 그러니까 나트륨 섭취량을 줄이려면 당장 국그릇을 밥그릇 크기로 바꾸고, 국물 대신 건더기 위주로 먹어야 합니다. 김초일 박사

한국 사람들이 좋아하는 뜨끈한 국물. 국 한 그릇의 나트륨을 따져보면 건더기에 전체 나트륨의 1/3이, 국물에 2/3가 녹아 있다고 한다. 게다가 국물은 나트륨 함량은 매우 높지만, 다른 영양소는 상대적으로 적다. 전문가들은 국물을 종이컵 한 컵 정도만 남겨도 나트륨 섭취량을 50% 정도 줄일 수 있다고 조언한다.

국그릇에 밥을 말아먹지 말고, 국에서 건더기와 약간의 국물을 떠서 비벼 먹는 것도 나트륨 섭취를 줄일 수 있는 방법이다.

2. 식초나 향신료를 사용하라

식초나 향신료가 많이 들어가면 소금이나 간장이 부족해도 싱겁게 느껴지지 않는다. 레몬, 오렌지즙, 겨자, 고추냉이, 후추가루, 고추, 마늘, 생강, 양파, 카레가루 등 싱거운 맛에 변화를 줄 수 있는 것은 많다.

소금의 종류

▶**천일염** 바닷물을 염전으로 끌어들여 햇빛과 바람에 물기를 말려 만드는 자연해염으로 미네랄이 풍부하다. 바다의 천연 미네랄이 어느 정도 들어 있는지에 따라 식염 맛이 결정된다. 미네랄이 풍부한 식염은 짜지 않고, 오히려 단맛이 감돌 정도라고 한다. 또한 자연해염에는 나트륨, 칼륨, 칼슘, 마그네슘, 철, 구리, 아연 등 다양한 미네랄이 그대로 함유되어 있어 몸에 좋은 영향을 미친다. 단, 천일염은 중금속 및 불순물에 오염되기 쉬우므로 깨끗한 곳에서 난 것인지 반드시 확인해야 한다.

▶**정제염** 우리가 가장 흔히 보는 희고 일정한 굵기의 소금이다. 천일염에서 간수성분을 빼고 염화나트륨만 추출한 후 표백처리를 해서 만든다. 염도는 가장 높지만 미네랄은 거의 없다. 국제자연의학회 회장인 일본의 모리시타 게이치 박사는 '정제염이 뇌, 신경계, 혈관계, 신장 등에 나쁘게 작용한다'고 지적한다.

▶**재제염** 일명 '꽃소금'이라고도 불리며, 수입 천일염과 국산 천일염을 9대 1 혹은 8대 2로 물에 녹인 후 100~200℃ 이상 끓여서 재결정시킨 것이다. 염도는 90% 이상으로 높아 정제염과 다를 바 없다.

▶**구운 소금** 천일염을 볶아서 만든 것이다. 1단계로 400~450℃에서 2~3시간 볶으면 유기물과 비소가 제거되고, 2단계로 550~600℃에서 30분~4시간 볶으면 비소, 산화물, 카드뮴이 제거된다. 마지막 단계로 800℃ 이상에서 30분~4시간 볶으면 납, 내화성유기물, 칼슘, 마그네슘 등 산화물이 제거되나, 단계별로 온도를 잘 조절하지 않으면, 유해 물질은 제거되지 않고 미네랄만 제거될 수도 있다.

3. 향이 강한 채소나 과일을 사용하라

쑥갓, 미나리, 피망, 당근, 파슬리, 샐러리, 들깻잎, 쑥 등의 채소는 향이 강해서 음식이 싱겁게 느껴지는 걸 막을 수 있다. 또 샐러드 소스를 만들 경우 사과, 바나나, 복숭아, 키위, 파인애플, 딸기 등 향기 나는 과일을 갈아서 이용하면 마요네즈나 간장을 이용할 때보다 나트륨 함량을 줄일 수 있다.

4. 천연조미료를 활용하라

멸치와 새우, 다시마 등 건조시킨 해산물을 갈아두었다가 조리할 때마다 사용하면 소금의 양을 줄일 수 있다. 해산물은 미네랄과 비타민, 아연, 철 등이 풍부해 그 자체로 훌륭한 영양공급원이 된다. 또한 야채 역시 훌륭한 천연조미료로 쓸 수 있다. 양파나 무를 통째로 넣어 끓이면 담백하고 깊은 맛을 느낄 수 있다.

5. 간은 먹기 직전에 맞춰라

뜨거울 때 간을 하면 상대적으로 싱겁게 느껴진다. 따라서 조리 과정에서 간을 맞추기보다 먹기 직전에 간을 하는 것이 좋다.

6. 생선은 소금에 절이지 마라

생선자반의 경우 1인분 한 토막에 1~1.5g의 소금이 들어 있다. 특히 자반조림에는 1인분에 소금이 3.5g이나 된다. 신선한 생선을 사서 바로 먹으면 소금을 뿌릴 필요가 없다. 구워서 간장에 고추냉이를 넣고 찍어먹거나, 간장에 무즙을 갈아 넣고 찍어먹으면 맛도 좋고 나트륨 섭취도 줄일 수 있다. 이미 소금에 절여진 생선이라면 쌀뜨물에 담가두어 나트륨을 뺀 후 조리한다.

7. 김치를 적정 염도로 담궈라

한국인이라면 밥상에 없어서는 안 될 김치. 김치는 나트륨 함량이 높기 때문에 소금을 최소화해 담그는 것이 좋지만 너무 심심하게 담그면 맛이 안 나거나 군내가 날 수도 있다. 물김치처럼 물을 넉넉히 넣고 담가 건더기 위주로 먹으면 나트륨 섭취를 줄일 수 있다.

8. 햄과 소시지는 반드시 데쳐라

햄이나 소시지, 어묵류 등은 아이들이 특히 좋아하는 반찬이다. 하지만 아이의 입맛을 짜게 길들이는 주범이기도 하다. 이런 음식들은 반드시 끓는 물에 한번 데친 후 밥상에 올리도록 한다. 나트륨 뿐만 아니라 제조 과정에서 첨가된 각

▶**죽염** 천일염을 대나무 통에 넣고 수 차례 고온처리 하여 얻은 것이다. 불순물이 제거되고 유익한 성분은 남아, 일반 소금보다는 미네랄이 풍부하다. 하지만 나트륨이 제거되는 것은 아니기 때문에, 과잉 섭취하면 위험한 것은 똑같다.

▶**맛소금** 천일염의 간수 성분을 정제하여 만든 정제염에 글루탐산나트륨을 첨가시킨 화학조미료이다.

▶**저나트륨 소금** 최근 시판되고 있는 저나트륨 소금은 기존 염화나트륨(NaCl)의 일부를 염화칼륨(KCl)으로 대체해 나트륨 함량을 줄인 제품이다. 나트륨이 적게 들었을 뿐만 아니라 칼륨 성분이 몸속 나트륨을 소변으로 배설시켜 혈압을 낮추는 효과를 내기 때문에 인기가 높다. 하지만 신장질환이 있는 경우, 칼륨을 소변으로 배설할 수 없기 때문에 몸 안에 칼륨이 쌓여 고칼륨혈증을 일으킬 수 있고, 호흡곤란 가슴통증 심장마비 등 부작용이 생길 수 있다. 신장질환 등으로 칼륨 섭취를 제한받는 경우, 반드시 의사와 상담한 후 섭취해야 한다.

전문가들 사이에서도 좋은 소금을 고르는 기준에 대한 의견은 분분하다. 천일염이 몸에 좋은 미네랄 성분을 함유하고 있어 좋지만, 불순물이 완전히 제거되었는지 판단하기 어려운 측면이 있다. 이런 이유 때문에, 불순물을 섭취하느니 미네랄도 불순물도 전혀 들어있지 않은 정제염이 좋다는 시각도 있다. 하지만 어떤 종류의 소금이든 모두 나트륨이 주성분이므로, 과한 섭취는 건강문제를 유발한다.

종 화학첨가물의 양도 줄일 수 있다.

9. 나트륨 배출 식품을 함께 먹어라

나트륨을 많이 섭취했다면 나트륨을 배출시켜주는 식품을 먹는 것도 방법이다. 채소와 과일에는 '혈압조절 미네랄'로 불리는 칼륨이 풍부하게 들어 있다. 칼륨은 나트륨의 체내 배설을 돕는다. 한국인이 고염식을 하면서도 이나마 건강을 유지하는 것은 채식 위주의 식사를 통해 칼륨을 충분히 섭취해왔기 때문이라는 분석도 있다. 하지만 요즘 아이들의 채소 섭취량은 점점 줄고 있다. 아이들을 위한 밥상에는 풍성한 생채소와 나물을 꼭 준비에 좋다. 특히 양배추, 달래, 토마토, 고구마는 나트륨 배출 효과가 뛰어난 식품이다.

내 아이를 위한 특별한 집밥 레서피

Part Five

본 내용은 식품의약품안전청(KFDA)에서 개발·보급한
《어린이 바른 식습관을 위한 나트륨을 줄인 건강메뉴 123》의 일부를 편집한 것입니다.
아이의 성장 발달을 막는 나트륨의 섭취를 줄일 수 있는 메뉴로,
쉽고 간편하게 활용할 수 있는 저나트륨 소스와 짠맛을 대체할 수 있는 음식들로 구성하였습니다.

* 자료제공 : 식품의약품안전청 (http://nutrition.kfda.go.kr)

곡류

사람의 뇌는 오로지 당을 에너지로 활용한다.
자연에서 나는 현미와 콩, 호박, 감자 등은
뇌를 움직이는 훌륭한 에너지원이다.
밭에서 추수한 정제하지 않은 곡류를
아이의 밥상에서 빼놓지 말자.
정제하지 않은 곡류는 그 자체만으로도
맛과 향이 풍부하여, 소금 없이
먹을 수 있는 훌륭한 두뇌음식이다.

고구마 타락죽

Low-Sodium Food 01

현미 간것에 물을 넣고 끓이다가 고구마 썬것, 버섯, 우유 등을 넣고 끓인 죽

재 료
고구마20g, 양송이버섯15g, 양파10g, 느타리버섯7g, 현미 불린것30g, 저지방우유130g, 식용유20g, 물100g

만 드 는 법
1. 고구마는 껍질을 벗기고, 1cm크기로 깍둑썰기 한다.
2. 양송이버섯과 양파는 굵게 다지고, 느타리버섯은 데친다.
3. 냄비에 식용유를 넣어 양파, 고구마, 양송이버섯 순으로 넣어 볶는다.
4. 현미 1/2공기와 물 1/2컵을 넣어 믹서에 넣고 굵게 간다.
5. 3에 4와 나머지 우유를 넣어 끓인다.
   (그릇에 담고 고구마를 삶아서 크게 자르고, 작은 느타리버섯을 데쳐서 가운데 보이게 담는다.)

Tip 고구마나 현미는 소금을 첨가하지 않고도 먹을 수 있으므로 저나트륨에 사용이 가능하다.

영양소함량
362.9kcal
총중량 332g, 단백질 7.5g, 탄수화물 37.2g, 지방 21.4g, 나트륨 161mg

나트륨함량
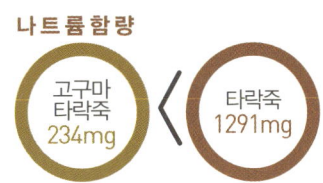

고구마 타락죽 234mg < 타락죽 1291mg

궁중 떡볶음

Low-Sodium Food 02

떡볶이 떡을 양념장에 볶은 궁중 요리

재 료
떡볶이용 떡50g, 청피망8g, 홍피망5g, 표고버섯25g, 쇠고기13g, 숙주10g,
양념장 : 참기름1g, 간장2g, 설탕1g, 마늘0.5g, 대파5g, 셀러리3g, 양파13g, 홍고추마른것3g, 생강5g, 물엿5g, 녹말가루1.3g

만 드 는 법
1. 간장 외의 모든 양념과 채소들을 넣고 끓이다가 1/3가량 부피가 줄면 모두 건져내고 체로 걸러둔다.
2. 피망과 버섯은 채썰고, 고기는 곱게 다져서 양념한다.
3. 숙주는 머리와 꼬리를 떼어둔다.
4. 팬에 고기를 볶다가 떡과 피망, 숙주를 넣고 재빨리 볶아낸 후 참기름으로 마무리한다.
5. 1의 양념장에 녹말물을 넣고 농도를 맞춘다.
6. 볶은 재료를 담고 양념장을 뿌린다.

영양소함량
204kcal
총중량 150.8g, 단백질 6.3g, 탄수화물 38.8g,
지방 3.4g, 나트륨 234mg

나트륨함량

궁중 떡볶음 234mg
<

떡볶이 1291mg

두부 채소 볶음밥

Low-Sodium Food 03

각종 채소와 으깬 두부를 밥과 함께 볶은 일품요리

재료
밥150g, 두부70g, 표고버섯 마른것10g, 당근5g, 감자5g, 청피망5g, 홍피망5g, 오이10g, 애호박10g, 소금0.2g

만드는 법
1. 두부는 으깨서 소창을 이용하여 물기를 짠 뒤 후라이팬에 납작하게 펴서 노릇하게 굽는다. 구워진 두부를 부서뜨린 후 간장을 넣어 볶는다.
2. 당근, 감자, 피망, 애호박, 불린 표고버섯, 오이를 작은 정육면체로 썰어 각각 소금간을 해서 볶는다.
3. 팬에 감자, 표고버섯, 두부, 밥을 넣고 볶다가 나머지 채소를 넣어 볶는다.
4. 양념장을 만들어 함께 낸다.

영양소함량
322kcal
총중량 281.4g, 단백질 13.5g, 탄수화물 60.3g, 지방 6.5g, 나트륨 213mg

나트륨함량

두부 채소밥 213mg

<

새우 볶음밥 587mg

미역 조랭이 떡국

Low-Sodium Food 04

미역국에 조랭이떡을 넣어 끓인 후
염분을 낮추고 들깨를 넣어 만든 떡국

재 료
미역 마른것5g, 우엉20g, 조랭이떡100g, 들깨18g, 들기름4g, 마늘4g, 물300g, 국간장4g

만 드 는 법
1. 마른 미역은 물에 담가 불린 후 먹기 좋은 크기로 썰고, 우엉은 연필깎기하여 냉수에 여러번 주물러 씻어 쓴맛을 뺀다.
2. 들깨는 믹서기에 물을 넣어 곱게 갈아 준비한다.
3. 냄비에 들기름을 넣고 우엉을 넣어 부드럽게 볶다가 미역을 넣어 함께 볶는다.
4. 3에 들깻물을 넣어 미역이 부드러워질 때까지 끓인다.
5. 들깨 미역국이 부드러워지면 조랭이 떡을 넣고 다진 마늘을 넣어 떡국을 끓여낸다.

영양소함량
368.7kcal
총중량 455g, 단백질 9.2g, 탄수화물 66g,
지방 10.9g, 나트륨 774mg

나트륨함량

미역 조랭이 떡국 774mg

떡국 1226mg

서리태 잣국수

Low-Sodium Food 05

삶은 서리태와 잣을 넣고 갈은 콩물에 삶은 국수를 넣은 일품요리

재 료
잣20g, 서리태20g, 오이10g, 밀가루70g, 소금0.2g, 방울토마토10g, 흑임자0.5g, 물300g

만 드 는 법
1. 서리태를 씻어 물에 충분히 불리고 오이는 곱게 채썬다.
2. 냄비에 서리태를 넣고 자작하게 물을 부어 한소끔 끓고 나면 불을 끄고, 삶아진 서리태를 차가운 물에 헹구면서 껍질을 벗긴다.
3. 믹서에 서리태와 잣을 넣고 물을 넣어 곱게 간다.
4. 밀가루에 소금을 소량 넣어 반죽한다.
5. 반죽을 가늘고 얇게 국수로 만들어 끓는 물에 넣고 삶는다.
6. 그릇에 국수를 담고 잣, 콩물을 부은 후 채썬 오이와 반 가른 방울토마토를 얹고 흑임자를 뿌려 완성한다.

영양소함량
478.7kcal
총중량 430.7g, 단백질 18.2g, 탄수화물 61g,
지방 18.9g, 나트륨 83mg

나트륨함량

서리태잣국수 83mg < 잣국수 1392mg

Low-Sodium Food 06
쌀국수 볶음면

삶은 쌀국수에 여러가지
채소와 버섯을 넣어
쌀국수소스에 볶은 일품요리

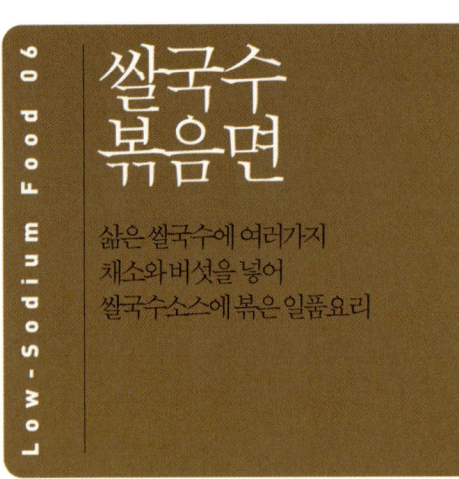

재 료
쌀국수100g, 숙주50g, 표고버섯25g, 당근25g, 오이40g, 식용유19g, 물100g
쌀국수소스 : 고추기름2.5g, 설탕1.3g, 물1.3g, 마늘 다진것0.8g, 깨소금0.5g, 참기름0.8g, 고추장0.8g, 후춧가루0.1g, 간장1g

만 드 는 법
1. 불린 쌀국수를 끓는 물에 3분 정도 삶는다.
2. 삶은 국수를 차가운 물에 헹구어 체에 받친다.
3. 숙주는 꼬리와 머리를 떼어내고 씻은 후 차가운 물에 잠시 담갔다가 건져서 체에 받쳐 물기를 제거한다.
4. 표고버섯은 채썬다.
5. 당근, 오이는 잘 씻은 후 차가운 물에 잠시 담갔다가 7cm 길이로 채썬다.
6. 식용유를 후라이팬에 넣고 당근, 오이, 표고버섯, 숙주를 넣어 볶는다.
7. 분량의 소스 재료들을 섞어 소스를 만든다.
8. 볶아놓은 채소에 삶은 국수를 넣어 같이 볶아주고 소스를 곁들여 낸다.

영양소함량
242.2kcal
총중량 368.1g, 단백질 3.2g, 탄수화물 9.6g,
지방 22.5g, 나트륨 88mg

나트륨함량
 <
쌀국수 볶음면 88mg / 태국식 쌀국수 볶음면 683mg

영양밥

은행, 콩, 밤, 대추 등
여러 영양재료를 넣고
고슬거리게 지은 밥에
저나트륨 간장양념장을 넣어
비빈 일품요리

Low-Sodium Food 07

재　　료
쌀30g, 현미찹쌀30g, 표고버섯30g, 당근30g, 대추7.5g, 은행3g, 밤12g, 다시마육수20g
저나트륨 간장양념장 : 간장1g, 사과주스4g, 겨자0.5g, 참기름3g, 깨소금1g, 청고추1g, 홍고추1g

만 드 는 법
1. 쌀과 현미찹쌀을 씻어 불린다.
2. 표고버섯, 당근은 은행크기로 썰고 대추도 돌려깍아 은행크기로 썬다.
3. 1에 표고버섯, 당근, 대추와 은행, 밤을 고루 섞어 솥에 담는다.
4. 다시마 육수를 평상시 밥물보다 적게 넣고 밥을 고슬고슬하게 짓는다.
5. 밥이 뜸이 들면 간장양념장과 함께 제공한다.

Tip 일품요리로 영양밥을 제공할 때는 저나트륨 간장양념장을 곁들여도 좋다.

영양소함량
321.5kcal
총중량 174.1g, 단백질 6.3g, 탄수화물 63.6g,
지방 5.2g, 나트륨 102mg

나트륨함량

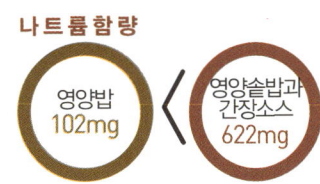

영양밥 102mg < 영양솥밥과 간장소스 622mg

호박만두

Low-Sodium Food 08

애호박과 표고버섯을 채썰어 속을 채운 만두를 살짝 찐 후 초간장을 곁들인 요리

재료
애호박50g, 표고버섯10g, 청고추5g, 소금0.1g, 시금치10g, 참기름2g, 통깨0.4g, 식용유2g, 후춧가루0.2g, 밀가루40g, 물20g **초간장** : 간장2g, 식초5g, 물5g

만드는 법
1. 호박은 채썰어 2~3번 굵게 다진 후 소금을 뿌린 뒤 물기를 빼 센불에 충분히 볶는다.
2. 표고버섯은 불려서 꼭지를 떼고 두꺼운 것은 포를 뜬 뒤 채썰어 들기름을 넣고 무쳐 센불에 볶는다. 청고추도 다져서 살짝 볶는다. 볶은 호박과 버섯, 고추가 완전히 식으면 섞어서 통깨, 후춧가루, 참기름에 무친다.
3. 만두피에 만두소를 넣어 빚는다.
4. 김이 오른 찜통에 젖은 소창을 깔고 만두를 넣어 찌거나, 끓는 물에 소금을 약간 넣고 터지지 않게 만두를 삶아내어 초간장과 함께 낸다.

   ▶**만두피 만들기** : 분량의 밀가루와 물을 섞어 반죽을 만들고 0.2cm두께로 민다. 지름 7-8cm 정도의 동그란 틀로 찍어 만두피를 만든다.

Tip 시중에 파는 만두피는 나트륨 함량이 높으므로 직접 만들어 사용하는 것이 좋다.

영양소함량
211.2kcal
총중량 151.7g, 단백질 6.1g, 탄수화물 34.4g, 지방 4.8g, 나트륨 150mg

나트륨함량

 <

채소 팬케익

Low-Sodium Food 09

당근, 돼지호박, 셀러리, 양파를 밀가루 반죽에 섞어서 팬케이크를 부친 후 메이플 시럽과 같이 제공하는 요리

재료
당근 간것 40g, 돼지호박 간것20g, 셀러리 간것10g, 양파 다진것10g, 중력분32g, 후춧가루0.21g, 저나트륨 베이킹파우더0.5g, 머스터드파우더0.5g, 식용유2g, 달걀55g, 저지방우유100g, 메이플시럽3g

만 드 는 법
1. 당근, 돼지호박은 큼직하게 썰고 셀러리와 양파는 곱게 다진다.
2. 믹서에 당근, 돼지호박, 저지방우유, 달걀, 중력분, 머스터드파우더, 저나트륨 베이킹파우더, 후춧가루를 넣고 간다.
3. 2번을 그릇에 붓고 셀러리와 양파를 섞는다.
4. 팬에 식용유를 넣고 팬케이크를 부친다.
5. 메이플시럽을 곁들여 낸다.

영양소함량
286.1kcal

총중량 273.21g, 단백질 14g, 탄수화물 38.5g, 지방 7.6g, 나트륨 275mg

나트륨함량

채소 팬케익 275mg

<

팬케익 1468mg

누룽지 과자

Low-Sodium Food 10

찬밥 반죽한 것을 식용유에 튀긴 다음 잼과 견과류를 곁들인 후식

재료
밥20g, 달걀흰자20g, 밀가루8g, 식용유2g, 땅콩10g, 건포도10g, 호두12g, 딸기잼40g

만드는 법
1. 찬밥에 달걀흰자와 밀가루를 넣고 되직하게 반죽하고 1cm두께로 민 뒤 둥근 모양 또는 하트 모양으로 만든다.
2. 땅콩, 호두는 잘게 다진다.
3. 팬에 식용유를 넣고 빚어 놓은 밥을 앞뒤로 노릇하게 굽는다.
4. 구운 밥 과자 윗면에 딸기잼을 바르고 건포도, 호두, 땅콩을 고루 얹어준다.

영양소함량
344.4kcal

총중량 122g, 단백질 8.4g, 탄수화물 48g, 지방 14.9g, 나트륨 62mg

나트륨함량

누룽지과자 62mg

<

누룽지탕 676mg

단호박 경단

Low-Sodium Food 11

단호박을 쪄서 으깬 것과 찹쌀을 섞어 반죽하여 경단을 만들어 삶은 후 카스텔라가루를 묻혀낸 후식

재 료
단호박18g, 찹쌀가루18g, 카스텔라18g, 소금0.2g, 건포도2g, 호박씨0.8g, 잣2g, 물10g

만 드 는 법
1 카스텔라를 굵게 떼어 믹서기에 곱게 간다.
2 단호박은 깨끗이 씻어 찜통에 넣고 쪄낸 뒤 껍질을 제거하고 뜨거울 때 체에 내린다.
3 찹쌀가루에 소금을 넣고 뜨거운 물을 조금씩 부으면서 익반죽 하다가
  2의 으깬 단호박을 넣고 되직해질 때까지 반죽한다.
4 3의 반죽을 떼어내 손바닥으로 동그랗게 굴린 다음 가운데 잣을 하나씩 넣고
  다시 동그랗게 빚는다.
5 끓는 물에 4의 경단을 넣고 삶아 둥둥 떠오르면 잠시 두었다 건져 차가운
  물에 헹군다.
6 카스텔라 가루를 1/3가량 묻히고 건포도와 호박씨로 장식한다.

영양소함량
162.9kcal
총중량 69g, 단백질 3.6g, 탄수화물 30.5g,
지방 3.3g, 나트륨 87mg

나트륨함량

단호박 경단 87mg
<

경단 708mg

채소 및 버섯류

채소와 버섯을 좋아하는 아이는 없다.
산과 들에서 나는 이 두뇌음식을 먹이려면
엄마의 지혜가 필요하다.
아이들이 즐겨 먹는 고기와 함께 요리하거나,
맛있는 소스를 곁들이거나, 살짝 데쳐 향을 없애보자.
엄마의 작은 아이디어가 더해지면
아이의 입맛이 더욱 풍성해진다.

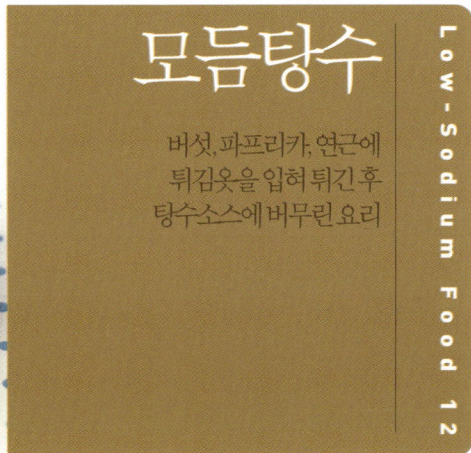

모듬탕수

Low-Sodium Food 12

버섯, 파프리카, 연근에 튀김옷을 입혀 튀긴 후 탕수소스에 버무린 요리

재 료
표고버섯 말린것 20g, 연근20g, 주황파프리카20g, 노랑파프리카20g, 브로콜리20g, 식용유10g
탕수소스 : 감자 녹말가루7g, 레드와인5g, 간장2g, 식초1g, 설탕1g

만 드 는 법

1. 표고버섯은 불려서 기둥을 떼고 끓는 물에 삶은 다음 물기를 제거하고 간장, 다진마늘, 참기름으로 양념한다.
2. 연근은 껍질을 벗기고 깍둑썰기하여 식초 물에 담근다.
3. 파프리카는 마름모 형태로 썰고 브로콜리는 한 입 크기로 자른다.
4. 준비한 재료에 녹말가루를 충분히 묻혀서 170℃ 정도의 기름에 튀긴다.
5. 레드와인, 간장, 식초, 설탕을 넣고 20분가량 끓여 졸인 다음 녹말과 물을 섞은 물녹말로 농도를 맞추어 4에 끼얹어 낸다.

Tip 녹말이 들어가 점가가 있는 소스류는 염분이 적어도 싱겁지 않아 이를 적절히 사용하면 좋다.

영양소함량
205kcal
총중량 126g, 단백질 5.7g, 탄수화물 26.3g, 지방 1g, 나트륨 120mg

나트륨함량

모듬탕수 120mg

<

버섯탕수 473mg

양상추와 닭고기 요리

Low-Sodium Food 13

양상추에 채썬 닭고기를 볶은 것과
다진 채소 볶은 것을 섞어 얹어
소스를 곁들인 요리

재 료
양상추100g, 닭가슴살10g, 흰후춧가루0.1g, 생강0.4g, 식용유1g, 표고버섯3g, 당근2g,
홍피망2g, 마늘0.6g, 애호박2g, 밤3g, 땅콩3.2g, 죽순2g, 부추2g
소스 1 : 닭육수30.6g, 쌀식초3g, 부추1g, 간장1g,설탕0.3g, 참기름0.2g, 고추0.4g
소스 2 : 파인주스3g, 부추1g, 식초1.5g, 간장1g, 참기름0.2g, 고추0.4g

만 드 는 법
1. 양상추를 한 입 크기로 찢어 얼음물에 담가둔다.
2. 닭가슴살을 0.5cm 두께로 채썬다.
3. 표고버섯, 당근, 홍피망, 애호박, 밤, 땅콩, 죽순, 절반의 부추를 굵게 다진다.
4. 마늘, 생강을 곱게 다진다.
5. 나머지 부추와 고추를 잘게 다진 뒤 분량의 재료와 잘 섞어 소스를 만든다.
6. 팬에 식용유를 넣고 마늘, 생강으로 향을 낸 뒤 닭가슴살을 볶아 식혀둔다.
7. 다른 팬에 식용유를 넣고 3의 재료를 볶은 뒤 6의 닭가슴살을 넣어 같이 볶아준다.
8. 양상추의 물기를 제거하고 7의 볶은 닭가슴살과 채소를 올린 뒤 소스와 곁들여 낸다.

영양소함량
81.8kcal
총중량 174.9g, 단백질 4.5g, 탄수화물 6.6g,
지방 4.6g, 나트륨 119mg

나트륨함량

양상추와 닭고기 요리 161mg

<

씨저 샐러드 662mg

가지볶음

가지에 양념장을 넣고
센불에 볶은요리

Low-Sodium Food 14

재　　료
　가지70g, 생강0.5g, 고추장2g, 물엿2g, 통깨0.5g, 들기름2g

만 드 는 법
1　가지를 깨끗하게 씻어 1×1×4cm로 썬다.
2　생강을 곱게 다진 뒤 고추장, 물엿, 통깨와 섞어 양념장을 만든다.
3　팬에 들기름을 넣고 센불에서 가지를 볶는다.
4　가지가 다 볶아지면 양념장을 넣어 양념장이 섞일 정도로만 볶은 후
　　불을 끄고 접시에 담아 낸다.

영양소함량
37.6kcal
총중량 77g, 단백질 0.9g, 탄수화물 4.7g,
지방 2.5g, 나트륨 68mg

나트륨함량

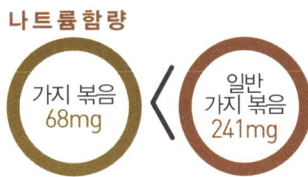

가지 볶음 68mg < 일반 가지 볶음 241mg

감자냉채

Low-Sodium Food 15

감자, 오이, 래디쉬를 곱게 채썬 후
단촛물에 담갔다가
저나트륨 겨자초장을 넣고
버무린 찬요리

재 료
감자40g, 래디쉬5g, 오이10g **단촛물** : 물60g, 식초1.5g, 설탕1.5g, 파인애플주스1.5g, 소금0.3g
겨자초장 : 겨자가루1.5g, 물미지근한것1g, 설탕2g, 식초3g, 소금0.03g, 파인애플주스1.6g

만 드 는 법
1. 감자는 껍질을 벗겨서 0.3×0.2×7cm로 채썬다.
2. 오이는 씻어 0.3×0.2×7cm로 채썬다.
3. 래디쉬는 씻어 0.3×0.2×2cm로 채썬다.
4. 단촛물에 감자, 오이, 래디쉬를 각각 담갔다가 물기를 뺀다.
5. 채소를 차게 두었다가 겨자초장을 곁들인다.

Tip 감자는 생으로 물에 담갔다가 먹거나 살짝 끓는물에 데친 후 사용한다.

영양소함량
51.2Kcal
총중량 128.93g, 단백질 1.7g, 탄수화물 10.7g
지방 0.3g, 나트륨 113mg

나트륨함량
 <

감자냉채 113mg < 감자볶음 388mg

Part 5_ 내아이를 위한 특별한 집밥 레서피

단호박 두부찜

Low-Sodium Food 16

단호박과 두부를 먹기좋은 크기로 썰어 양념을 한후 살짝 익혀 저나트륨 조림소스를 넣고 섞은요리

재 료
단호박14g, 두부14g, 마늘1.4g, 청고추10.5g
저나트륨 조림소스 : 간장 2.4g, 청주 1.1g, 설탕 0.4g, 다시물12.3g, 맛술0.4g, 소금0.1g, 식용유0.7g

만 드 는 법
1 단호박은 깨끗이 씻어 반을 갈라 씨를 제거하고 찜통에서 쪄낸다.
2 식힌 단호박은 껍질을 제거하고 한 입 크기로 썬다.
3 두부는 1.5cm 정육면체로 썰어 데친다.
4 마늘은 편으로 썰고 청고추는 송송 썰어 팬에 볶는다.
5 간장에 분량의 재료를 한데 섞어 살짝 끓여 식힌다.
6 준비된 재료를 담고 소스를 뿌린다.

영양소함량
37.9kcal
총중량 57g, 단백질 2g, 탄수화물 5.2g, 지방 1.6g, 나트륨 220mg

나트륨함량

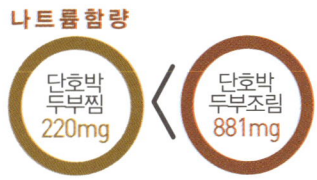

단호박전

Low-Sodium Food 17

단호박을 채썰어
밀가루 반죽과 섞은 후
한입 크기로 식용유에 지진 부침요리

재 료
단호박50g, 밀가루50g, 소금0.2g, 식용유10g, 물10g

만 드 는 법
1. 단호박은 껍질을 벗긴 다음 속살은 그대로 두고 씨만 털어 낸다.
2. 속살은 숟가락으로 긁어내어 다지고, 나머지 부분은 채썰어 2~3번 다진 후 소금을 조금 넣고 살짝 절인다.
3. 호박에 물기가 생기면 밀가루를 넣어 되직하게 반죽한다.
4. 팬이 가열되면 식용유를 넣고 한 숟가락씩 떠서 얇게 부친다.

Tip 단호박 자체가 맛이 있어 소금을 넣지 않고 전을 부쳐도 된다.

영양소함량
310.4kcal
총중량 120.2g, 단백질 6.7g, 탄수화물 46.1g, 지방 10.7g, 나트륨 77mg

나트륨함량

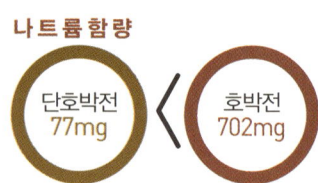

단호박전 77mg < 호박전 702mg

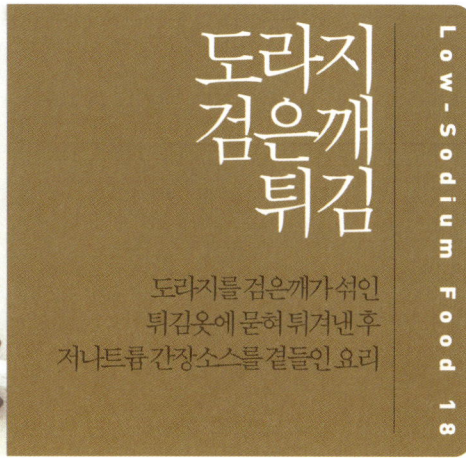

도라지 검은깨 튀김

도라지를 검은깨가 섞인
튀김옷에 묻혀 튀겨낸 후
저나트륨 간장소스를 곁들인 요리

Low-Sodium Food 18

재   료
도라지25g, 검은깨1.25g, 찹쌀가루8.75g, 튀김가루10g, 식용유3g
저나트륨 간장소스 : 간장1g, 식초2g, 설탕2g, 물3g, 고추냉이0.5g

만 드 는 법
1. 통 도라지는 껍질을 벗기고 0.3cm두께로 썰어 옅은 소금물에 잠시 담가 쓴맛을 없애고 차가운 물에 헹궈 물기를 닦는다 (소금물 3%).
2. 튀김옷 만들기-그릇에 찹쌀가루와 튀김가루를 넣어 걸쭉한 농도가 되도록 물을 부어 농도를 맞춘 후 검은깨를 섞는다.
3. 손질한 도라지에 튀김옷을 입혀 170℃ 식용유에 튀긴다.
4. 저나트륨 간장소스를 곁들인다.

영양소함량
134.6kcal
총중량 56.5g, 단백질 2.4g, 탄수화물 23.9g,
지방 4g, 나트륨 163mg

나트륨함량
 <

아시아식 채소 두부 볶음

Low-Sodium Food 19

두부와 청경채, 밤, 연근, 그린빈을 섞어 익힌 후 소스와 땅콩가루를 얹어낸 요리

재료

해선장2g, 간장1.3g, 녹말5g, 참기름2.5g, 식용유5g, 마늘 다진것2.5g, 두부1.2cm90g, 그린빈10g, 청경채20g, 영콘15g, 밤20g, 땅콩 다진것10g, 물20g

만드는 법

1. 작은 볼에 물과 해선장소스, 간장, 전분, 참기름, 녹말가루를 넣고 녹말가루가 잘 풀릴 때까지 섞는다.
2. 큰 소스팬을 중간불에 올린 후 식용유를 두르고 마늘을 15~20초간 타지않게 볶는다. 두부를 넣고 옅은 골든 브라운 색이 날 때까지 3~4분간 익힌다.
3. 데친 그린빈, 청경채, 영콘, 밤을 넣고 섞어준다.
4. 볶은 두부에 소스를 끼얹고 땅콩가루를 뿌린다.

영양소함량

275.4kcal

총중량 203.3g, 단백질 13.6g, 탄수화물 20.4g, 지방 17.5g, 나트륨 178mg

나트륨함량

아시아식 채소두부볶음 178mg

두부조림 538mg

호박 프리타타

볶은 돼지호박에
달걀을 넣어 저은 뒤
모짜렐라 치즈를 뿌려
오븐에서 구운 후
파마산 치즈를 뿌린 요리

Low-Sodium Food 20

재　　　료
달걀110g, 돼지호박50g, 실파20g, 마늘 다진것1g, 후춧가루0.1g, 모짜렐라치즈30g, 파마산치즈7g, 캔 토마토20g, 타임2g, 로즈마리2g, 바질2g, 오레가노 다진것2g, 식용유5g

만 드 는 법

1. 오븐을 175℃로 예열시킨다.
2. 작은 볼에 달걀을 넣고 젓는다.
3. 돼지호박은 작게 깍둑썰고 실파는 어슷썬다. 오븐용 후라이팬에 식용유를 두르고 중간불에 달군다. 마늘을 볶다가 애호박을 넣고 부드러워질 때까지 볶는다.
4. 어슷썬 실파를 넣고 젓다가 토마토, 로즈마리, 바질, 오레가노, 후춧가루를 넣는다. 채소들이 잘 섞일 때까지 저어준 후 달걀을 넣고 젓는다.
5. 모짜렐라 치즈를 뿌리고 170℃ 오븐에서 12분간 굽는다. (산적꽂이로 중간을 찔러넣었을 때 아무것도 묻어나오지 않아야 된다.)
6. 익힌 프리타타를 브로일러에 넣어 3~4분간 골든 브라운색이 날 때까지 더 익히고 파마산치즈를 뿌린다.

영양소함량
240.4kcal
총중량 251g, 단백질 21.7g, 탄수화물 10.5g, 지방 14.1g, 나트륨 225mg

나트륨함량

호박 프리타타 225mg < 단호박 조림 339mg

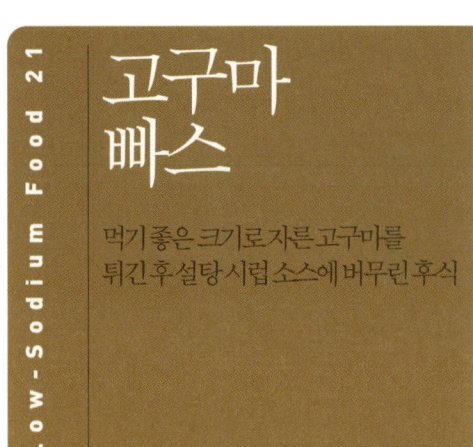

Low-Sodium Food 21

고구마 빠스

먹기 좋은 크기로 자른 고구마를 튀긴 후 설탕 시럽 소스에 버무린 후식

재 료
고구마 60g, 설탕 20g, 물 2g, 검은깨 2g, 식용유 10g

만 드 는 법
1 고구마는 껍질을 벗기고 길게 4등분을 내고 다시 4cm 크기로 자른다.
2 160℃의 뜨거운 식용유에 젓가락으로 저어가며 4분 정도 노릇노릇하고 바삭하게 튀긴다.
3 팬에 식용유를 약간 넣고 뜨거워지면 설탕을 넣고 중불에서 녹여 갈색 시럽을 만든다.
4 튀긴 고구마를 시럽에 버무려 담고 검은깨를 뿌린다.

영양소함량
253.9kcal
총중량 94g, 단백질 1.2g, 탄수화물 39g, 지방 11.1g, 나트륨 9mg

나트륨함량

고구마 빠스 9mg < 고구마 튀김과 소스 196mg

Part 5_ 내아이를 위한 특별한 집밥 레시피

두류및 유제품

자연이 준 두뇌음식 중 가장 훌륭한 음식인 콩.

한국 밥상에서 콩은 두부, 된장찌개, 청국장, 된장, 간장 등

다양한 모습으로 변신한다.

다만 콩이 원료인 각종 장류를 사용할 때에는

짜지 않게 먹을 수 있는 대안을 마련해보자.

먹기 직전에 간을 하고, 각종 야채를 섞어 짠맛을 줄이고,

음식 고유의 맛을 살리는 등 조금만 생각하면

조상의 지혜가 담긴 장류를 건강하게

먹을 수 있는 방법을 찾을 수 있다.

Low-Sodium Food 22

검은콩 스프

검은콩과 두유를 넣고 간 다음 은근하게 끓인 스프

재료
콩30g, 닭육수70g, 토마토30g, 큐민파우더1g, 파슬리 말린것1g, 카옌패퍼2g, 사워크림2g, 두유70g, 식용유4g, 양파 다진것7g, 셀러리3g, 마늘1g

만드는법
1. 양파, 셀러리, 마늘, 토마토를 굵게 다진다.
2. 팬에 양파를 볶다가 셀러리와 마늘을 볶는다. 콩과 두유를 넣은 뒤 토마토, 육수, 큐민, 파슬리, 카옌패퍼를 넣는다.
3. 볶은 재료들을 모두 믹서로 갈아 체에 거른다.
4. 체에 거른 것을 끓여주고 사워크림으로 장식한다.

영양소함량
220.1kcal
총중량 221g, 단백질 15.5g, 탄수화물 15.9g, 지방 12.5g, 나트륨 117mg

나트륨함량

 <

검은콩 스프 117mg < 콩스프 247mg

곤약 콩조림

Low-Sodium Food 23

불린 곤약, 서리태, 마늘쫑을
저나트륨조림소스에
살짝 졸인 밑반찬 요리

재　　료
곤약10g, 서리태20g, 마늘2g, 마늘쫑5g, 파프리카5g
저나트륨 조림소스 : 간장3.4g, 설탕2.2g, 물20g, 청주1.5g, 소금0.1g

만 드 는 법
1　곤약은 4cm 길이로 얇게 썬 후 가운데 칼집을 넣어 꼬아 데친다.
2　콩은 불리고 마늘은 편으로 썬다.
3　마늘쫑은 3cm 길이로 자르고, 파프리카는 1.5×3cm로 썬다.
4　냄비에 저나트륨 조림소스 재료를 넣고 곤약을 넣어 약한 불에서 졸이다가
　　나머지 재료를 넣어 연하게 졸여낸다.

Tip　저나트륨 조림소스는 보통 조림소스보다 간장 양을 1/3정도 줄여서 사용하므로
　　색을 내기 위해 흑설탕을 사용하는 것이 좋다.

영양소함량
96.4kcal
총중량 69.2g, 단백질 7.5g, 탄수화물 10.7g,
지방 3.6g, 나트륨 210mg

나트륨함량

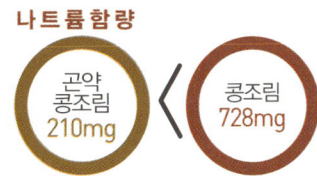

도토리묵 콩국

Low-Sodium Food 24

도토리묵을 가늘게 썰어
콩국에 넣은 요리

재 료
도토리묵40g, 오이5g, 대두10g, 통깨0.6g, 물100g, 소금0.7g

만 드 는 법
1 대두는 6시간 이상 물에 불린 후 같은 양의 물을 넣어 20~25분 정도 삶은 다음 껍질을 벗긴다.
1 껍질을 벗긴 삶은 콩에 통깨와 물을 넣고 곱게 갈아 체에 받쳐 준비한다.
1 도토리묵은 7cm길이로 굵게 채썰고 오이는 어슷썬다.
1 그릇에 묵을 담고 준비된 콩국을 붓고 오이채를 곁들인다.

영양소함량
61.3kcal
총중량 156.3g, 단백질 3.9g, 탄수화물 7.4g,
지방 2.2g, 나트륨 258mg

나트륨함량
 <

도토리묵 콩국 258mg   콩국 1687mg

두부 달걀전

달걀을 묻혀 지진 두부를 저나트륨 초간장과 같이 내는 요리

재　료
두부60g, 달걀60g, 카레가루0.4g, 후춧가루0.1g, 밀가루1.6g, 식용유4g, 청고추0.5g, 홍고추0.5g **저나트륨 초간장소스** : 간장1g, 식초1.5g, 설탕0.3g, 통깨0.1g

만 드 는 법
1. 두부를 네모지게 썰어 소창으로 물기를 제거한 뒤 소금과 후춧가루로 밑간을 한다.
2. 달걀에 카레가루를 넣은 뒤 잘 풀어준다.
3. 두부의 물기를 제거하고 밀가루와 2의 달걀을 입혀 식용유를 넣은 팬에 청·홍고추 송송 썬 것을 얹어 노릇하게 지진다.
4. 저나트륨 초간장소스를 곁들여 낸다.

영양소함량
179.7kcal
총중량 130g, 단백질 13g, 탄수화물 4.5g, 지방 12.5g, 나트륨 164mg

나트륨함량

두부 달걀전 164mg < 두부 카레 스테이크 486mg

Low-Sodium Food 26 삼색 콩튀김

완두콩, 강낭콩, 제비콩을 찹쌀가루반죽에 섞은 후 기름에 튀겨내어 양념장을 곁들이는 요리

재료
완두콩7.5g, 강낭콩7.5g, 제비콩7.5g, 찹쌀가루16.5g, 녹말가루0.8g, 식용유10g
양념장 : 물엿10g, 간장0.6g, 청고추 다진것11.3g, 홍고추 다진것11.3g, 꿀5g

만 드 는 법
1. 강낭콩, 제비콩, 완두콩은 속껍질이 없도록 준비한다.
2. 찹쌀가루에 2.5배의 물을 붓고 되직하게 풀을 쑨다.
3. 불려둔 강낭콩, 제비콩, 완두콩에 각각 녹말가루를 묻힌다.
4. 찹쌀풀이 완전히 식으면 녹말가루를 묻혀둔 콩에 찹쌀풀을 묻힌다.
5. 쟁반에 찹쌀가루를 뿌리고 찹쌀풀 묻힌 콩을 흩뿌려서 가루를 묻힌 후 살짝 털어낸다.
6. 170℃ 의 기름에 찹쌀가루 묻힌 콩을 서로 붙지 않게 한알씩 넣어 찹쌀가루가 하얗게 일어나도록 튀긴다.
7. 양념장 재료를 섞어 양념장을 만들어 두었다가 튀긴 콩과 뜨거울 때 가볍게 버무린다.

Tip 튀김은 가장 싱겁지 않은 조리법이며, 저나트륨 양념장을 먹기 직전에 버무려서 제공하면 훨씬 맛있게 먹을 수 있다.

영양소함량
251.4kcal
총중량 88g, 단백질 5.5g, 탄수화물 36.6g, 지방 10.5g, 나트륨 35mg

나트륨함량
 <
삼색 콩튀김 35mg / 콩조림 728mg

Part 5_내아이를 위한 특별한 집밥 레서피

청국장 시래기전

Low-Sodium Food 27

저나트륨 청국장을 밀가루 반죽에 섞은 후 시래기를 넣고 지져낸 영양부침 요리

재료
대두10g, 시래기60g, 청고추2g, 홍고추2g, 새우살13g, 밀가루6g, 도토리가루2g, 달걀6.5g, 식용유1g

만드는 법
1 시래기는 1cm 길이로 자르고 저나트륨 청국장은 굵게 다진다.
2 청·홍고추와 새우살을 굵게 다진다.
3 볼에 준비된 청국장, 시래기, 청·홍고추에 도토리가루와 밀가루, 물, 달걀을 넣어 되직하게 반죽한다.
4 팬에 식용유를 두르고 반죽을 납작하게 빚은 다음 새우살을 얹어 전을 부친다.

Tip 시중에 파는 청국장은 염도가 높으므로 집에서 소금을 첨가하지 않은 청국장을 만들어 사용한다.

영양소함량
118.4kcal
총중량 102.5g, 단백질 7g, 탄수화물 14.7g, 지방 4g, 나트륨 49mg

나트륨함량
 <

청국장 시래기전 49mg < 일반 청국장 시래기전 1250mg

Low-Sodium Food 28

카레소스를 얹은 두부 스테이크

두부, 채소를 철판에 구운 후 저나트륨 카레소스를 얹어 내는 요리

재 료
두부67g, 애호박17g, 양송이버섯33g, 가지17g, 파프리카17g, 사과50g, 감자33g, 카레가루10g, 식용유2g, 녹말가루5g, 물5g

만 드 는 법
1. 두부를 두께 2cm로 썰어 원형틀로 찍어 준비한다.
2. 준비한 채소는 작은 정육면체로 썰어 팬에 살짝 볶는다.
3. 물과 카레가루를 섞어 끓이다가 감자를 넣어 끓이고 감자가 거의 익을 때쯤에 나머지 채소를 넣어 끓인다.
4. 물과 녹말가루를 섞어 3의 카레소스의 농도를 맞춘다.
5. 가열된 팬에 두부를 노릇노릇하게 지진다.
6. 준비한 소스를 두부 스테이크에 뿌려 낸다.

Tip 인스턴트 카레가루는 나트륨 함량이 너무 높아 저나트륨에는 사용할 수 없으며 이 메뉴에 들어가는 카레가루는 인스턴트가 아닌 것을 사용한다.

영양소함량
199.4kcal
총중량 256g, 단백질 10.1g, 탄수화물 27.8g, 지방 7.5g, 나트륨 481mg

나트륨함량
 <

카프라제

Low-Sodium Food 29

토마토와 생 모짜렐라치즈를
얇게 썰어 번갈아 담고
저나트륨 페스토소스와
졸인 발사믹식초를 뿌려 내는 샐러드

재　　　료
생 모짜렐라치즈20g, 토마토35g, 발사믹식초2.5g, **샐러드용 채소** : 치커리4g, 라디치오4g, 비타민4g **저나트륨 페스토소스** : 식용유6.5g, 바질7.5g, 잣5g, 마늘1g, 통후추0.1g

만 드 는 법
1. 마늘, 잣, 바질, 오일을 분마기 또는 믹서를 이용해 갈아 페스토소스를 만든다.
2. 토마토는 0.5cm 두께로 둥글게 썰어 준비한다.
3. 모짜렐라치즈는 8등분하여 준비한다.
4. 접시 중앙에 샐러드용 채소를 담는다.
5. 발사믹식초는 팬에서 1/2로 졸인다.
6. 샐러드를 담은 접시 옆에 토마토와 치즈를 올리고 통후추를 토마토와 치즈 위에 소량 뿌린다.
7. 접시 전체에 식용유를 뿌리고 치즈와 토마토 위에 준비된 저나트륨 페스토소스를 뿌린 다음 채소에 졸인 발사믹식초를 뿌려 완성한다.

영양소함량
120.4kcal
총중량 89.6g, 단백질 4.7g, 탄수화물 2.6g, 지방 9.9g, 나트륨 3mg

나트륨함량

카프라제 3mg
<

일반 카프라제 303mg

크램블레

Low-Sodium Food 30

우유와 설탕, 생크림, 달걀을
잘 섞어 중탕하여 식힌 후식

재료
우유20g, 생크림80g, 흰설탕 5g, 바닐라빈0.2g, 달걀노른자5g, 밀가루3g, 황설탕2g

만드는법
1. 볼에 우유와 생크림, 설탕을 섞고 바닐라빈을 반을 갈라 끓인다.
2. 다른 볼에 달걀노른자를 넣고 설탕, 밀가루를 넣고 섞어둔다.
3. 우유, 생크림 혼합물을 냄비에 넣고 뭉근한 불에서 데운 뒤 달걀노른자에 조금씩 넣어 노른자가 익지 않도록 섞어준다.
4. 3의 섞은 것을 다시 냄비에 넣고 약한 불에서 농도가 살짝 날 정도로 끓이다가 체에 내려둔다.
5. 끓인 크림을 오븐용기에 2/3 정도 채운 후 100℃의 오븐에서 중탕하며 익힌다.
6. 중탕한 크림을 냉장고에서 완전히 식힌다.
7. 차갑게 식은 크림 위에 황설탕을 뿌리고 가스토치로 설탕표면을 가열한다.

Tip 바닐라빈이 없으면 액체 바닐라로 대용이 가능하다.

영양소함량
372.2kcal
총중량 115.2g, 단백질 3.3g, 탄수화물 12.7g,
지방 33.5g, 나트륨 31mg

나트륨함량
 <
크램블레 31mg / 일반 크램블레 94mg

두부 다시마 말이

Low-Sodium Food 31

불린 다시마에 길게 썬 두부를 말아서 노랑파프리카소스와 곁들인 요리

재료
쌈다시마40g, 두부40g, 표고버섯6.8g, 당근6g, 피망4g, 들깨가루0.4g, 참기름0.8g, 마늘 다진것0.8g, 후춧가루0.1g **노랑파프리카소스** : 노랑파프리카8g, 우유40g, 녹말가루1g, 물2g

만드는 법
1. 쌈다시마는 물에 담가 불려서 소금기를 빼고 정사각형으로 잘라 끓는 물에 살짝 데친다.
2. 표고버섯과 당근, 피망을 곱게 다져서 팬에 살짝 볶아 식혀둔다.
3. 두부는 곱게 으깨어 물기를 꼭 짠 후 2의 재료와 합쳐 양념을 넣고 섞는다.
4. 다시마의 물기를 제거하고 3의 양념된 두부를 얹고 김밥처럼 말아서 적당한 크기로 썬다.

Tip 노랑파프리카소스 만들기
1. 약한 불에서 파프리카와 우유를 오래 끓인다.
2. 파프리카가 익어 뭉그러지면 믹서에 넣고 갈아준다.
3. 녹말가루와 물을 섞어 갈아둔 파프리카에 넣어 농도를 맞춘다.
4. 체에 걸러 마무리한다.
5. 원하는 색대로 파프리카나 채소 재료를 넣어 만들 수 있다.

영양소함량
81.1kcal
총중량 149.9g, 단백질 5.8g, 탄수화물 7g, 지방 4.6g, 나트륨 248mg

나트륨함량

두부다시마말이 31mg

<

두부다시마말이와 초고추장소스 599mg

육류

동물성 단백질에 대한 논란이 끊이지 않는 요즘,
과연 아이에게 고기를 먹여도 될까?
성장기에 있는 아이들에겐
적당한 양의 고기 섭취는 반드시 필요하다.
다만 지나친 양념을 피하고, 고기 자체가
지니고 있는 지방과 염분을 최소화해야 한다.
튀기거나 볶지 말고, 굽거나 물에 삶아보자.
궁합이 맞는 신선한 야채를 곁들인다면,
고기만큼 훌륭한 단백질 공급원은 없다.

닭고기 롤

Low-Sodium Food 32

얇게 편 닭가슴살에
다진 채소를 넣고 말아서
발사믹소스에 졸인 요리

재 료
닭가슴살50g, 양송이버섯25g, 부추5g, 양파15g, 오이피클5g, 밀가루4g, 화이트와인1.5g,
후춧가루0.1g, 올리브오일2.5g **발사믹소스** : 포도주스15g, 설탕5g, 발사믹식초15g

만 드 는 법
1. 닭가슴살을 얇게 펼쳐 화이트와인, 후춧가루에 재워둔다.
2. 양송이버섯과 양파는 얇게 썰고, 부추는 3cm 길이로 썰고, 피클은 0.5cm 정육면체로 썬다.
3. 팬에 식용유를 약간 넣고 양송이버섯, 양파, 부추를 넣어 볶는다.
4. 볶은 채소와 피클을 섞는다.
5. 재워둔 닭가슴살의 물기를 제거한 뒤, 앞 뒷면에 밀가루를 묻히고
   섞어둔 재료를 넣어 단단히 말아준다.
6. 팬에 식용유를 넣고 말아 둔 닭가슴살을 노릇하게 지진다.
7. 포도주스, 설탕, 발사믹식초를 섞어 반으로 졸여 소스를 만든다.
8. 익힌 닭가슴살을 살짝 식힌 후 썰어 소스를 곁들여 낸다.

Tip 닭고기는 와인과 후춧가루로만 재워서 굽고, 시고 단 발사믹소스를 곁들여 맛을 낸다.

영양소함량
198.5kcal
총중량 143.1g, 단백질 11.2g, 탄수화물 14g,
지방 9.4g, 나트륨 67mg

나트륨함량

닭고기 롤
67mg

<

닭고기
롤 소스
773mg

닭고기 양배추쌈

Low-Sodium Food 33

데친 양배추 잎에 구운 닭고기와
채소 무친 것을 넣고 말아 저나트륨
초고추장소스와 함께 내는 요리

재 료
닭가슴살70g, 무30g, 미나리1g, 밤3g, 배1g, 부추1g, 당근1g, 고춧가루2g, 마늘 다진것2g, 생강 다진것0.1g, 잣2g, 통깨0.3g, 양배추70g, **저나트륨 초간장소스** : 간장0.2g, 설탕0.2g, 식초0.2g, 물0.4g **저나트륨 초고추장소스** : 고추장0.3g, 설탕0.2g, 식초0.2g, 물0.3g

만 드 는 법
1 닭가슴살은 후춧가루로 양념한 뒤 팬에서 굽는다.
2 미나리, 부추, 당근은 3cm 길이로 썬다.
3 무, 배, 밤은 3×0.3×0.3cm로 채썬다.
4 양배추는 잎모양으로 떼낸 후 씻어 데친다.
5 구워낸 닭가슴살을 잘게 썬다.
6 채소류는 모두 씻어 저나트륨 초간장소스와 고춧가루를 넣고 버무린다.
7 데친 양배추 잎에 닭가슴살과 채소 무친 것을 넣고 잘 말아준다.
8 잘 말아놓은 양배추쌈을 한 입 크기로 자른다.
9 저나트륨 초고추장소스를 얹어 낸다.

영양소함량
195.4kcal
총중량 185.4g, 단백질 14.7g, 탄수화물 9g,
지방 11.4g, 나트륨 69mg

나트륨함량

Part 5_ 내아이를 위한 특별한 집밥 레서피

돼지고기 찹쌀부침

Low-Sodium Food 34

찹쌀가루를 입힌 돼지고기를 팬에 지져낸 후 채썬 채소를 넣고 말아 저나트륨 된장소스와 곁들인 요리

재료
돼지고기 등심50g, 젖은 찹쌀가루50g **밑간양념** : 간장1g, 물엿3g, 다진마늘2g, 후춧가루0.1g, 무순1g, 래디쉬0.3g, 깻잎1.5g, 대파3g **저나트륨 된장소스** : 된장1g, 파인애플15g, 물30g, 홍고추0.5g, 통마늘0.3g

만 드 는 법
1 돼지고기는 간장, 물엿, 다진마늘, 후춧가루로 밑간을 한다.
2 래디쉬, 깻잎, 대파는 채썬다.
3 소스 재료들을 모두 믹서에 간다.
4 돼지고기에 찹쌀가루 옷을 두 번 입힌다.
5 가열된 팬에 옷입힌 돼지고기를 지진다.
6 구운 돼지고기에 썰어둔 채소를 얹은 후 고기를 말아 소스와 곁들인다.

영양소함량
343.7kcal
총중량 158.7g, 단백질 13.4g, 탄수화물 48.3g, 지방 10g, 나트륨 120mg

나트륨함량

돼지고기 찹쌀부침 120mg
<

돼지 주물럭 1068mg

등심 배구이

Low-Sodium Food 35

배를 얇게 저며 익힌 후 약하게 양념하여 구운 쇠고기를 싸서 잣가루와 저나트륨 초간장소스를 곁들여 내는 요리

재료
쇠고기등심38g, 배12g, 오이9g, 잣가루0.5g, 식용유0.5g **고기 재움장** : 포도주2.5g, 후춧가루0.1g **저나트륨 초간장소스** : 간장1.3g, 사과주스3.8g, 식초1.3g, 설탕1.3g, 와사비0.3g

만드는 법
1. 쇠고기등심은 손질하여 칼등으로 부드럽게 두드린 후 4cm 길이로 썰어서 재움장에 30분 정도 재운다.
2. 오이는 0.2cm 두께로 동그랗게 썰어 소금에 살짝 절였다 짠다.
3. 배는 껍질과 씨를 제거하고 반달모양으로 0.2cm 두께로 썬다.
4. 팬에 식용유를 넣고 오이를 센 불에서 잠시 볶아내고 배는 노릇하게 지진다.
5. 팬에 재워둔 쇠고기등심을 지져내고 초간장소스를 만든다.
6. 노릇하게 지진 배에 쇠고기등심과 오이, 잣가루를 얹고 가볍게 싼다.

Tip 고기는 포도주와 후춧가루로만 재워두며 간을 하지 않는다. 저나트륨 초간장소스는 간장 양을 1/5 정도 줄여서 사용하고, 그대신 사과주스를 넣는다.

영양소함량
97.2kcal
총중량 70.6g, 단백질 7.9g, 탄수화물 3.8g, 지방 5.1g, 나트륨 241mg

나트륨함량

등심배구이 241mg
<

등심구이와 간장소스 408mg

Part 5_ 내아이를 위한 특별한 집밥 레서피

사태떡찜

쇠고기 사태와 떡을 여러 채소들과 간장양념으로 졸인 찜요리

Low-Sodium Food 36

재료

아롱사태50g, 가래떡30g, 무20g, 단호박15g, 대추1g, 밤1g, 당근15g, 대파5g, 양파5g, 달걀8g, 미나리2g, 간장3g, 흑설탕1g, 흰설탕1g, 맛술 1g, 홍고추 마른것0.5g, 표고버섯 마른것1g, 마늘1g, 은행1g, 후춧가루0.1g, 깨소금0.3g, 참기름1g

만드는 법

1. 사태는 한 입 크기로 토막내어 차가운 물에 담가 핏물을 뺀다.
2. 가래떡은 3cm 길이로 자르고 반을 가른다.
3. 무, 단호박, 당근은 굵은 밤알 정도로 만들고 대추는 씨를 제거한다.
4. 은행은 볶아서 껍질을 벗긴다.
5. 간장, 흑설탕, 흰설탕, 후춧가루를 섞어 양념장을 만든다.
6. 끓는 물에 사태를 끓이다가 섞어둔 양념장을 2~3회 나누어 첨가하면서 찜을 한다.
7. 국물이 반쯤 줄어들면 무, 당근, 밤, 표고버섯, 단호박, 통마늘, 마른 홍고추, 대파를 넣고 자작해질 때까지 끓이고 통마늘, 마른 홍고추, 대파는 건져낸다.
8. 떡, 대추, 은행을 넣고 거의 졸여질 무렵 참기름, 후춧가루, 깨소금을 넣고 완성한다.

영양소함량

202.8kcal

총중량 169.2g, 단백질 14g, 탄수화물 27.2g, 지방 4.6g, 나트륨 265mg

나트륨함량

사태떡찜 265mg < 일반 사태떡찜 1016mg

쇠고기 감자찜

Low-Sodium Food 37

속을 파낸 알 감자에 양념한 다진 쇠고기로 속을 채운 후 육수를 넣고 익힌 찜요리

재 료
알감자 80g, 쇠고기 다진것 50g, 육수 50g, 녹말가루 3g
쇠고기양념 : 파 다진것 1g, 마늘 다진것 1g, 청고추 다진것 1g, 홍고추 다진것 1g, 간장 1.2g, 설탕 1.2g, 깨소금 0.5g, 참기름 1g, 후춧가루 0.1g, 미나리잎장식

만 드 는 법
1. 감자는 껍질을 벗겨 반으로 갈라 편편하게 놓일 수 있도록 밑면을 다듬고 숟가락으로 감자 윗면을 파낸다.
2. 다진 쇠고기는 분량의 재료를 넣고 양념한다.
3. 파낸 감자 안에 녹말을 묻히고 양념한 쇠고기를 소담스럽게 채운다.
4. 감자가 잠길 정도로 육수를 붓고 끓인다.
5. 찜이 완성되면 물녹말을 부어 걸쭉하게 만든다.

Tip 보통 찜은 간장이나 소금으로 2~3% 간을 하는 요리인데 쇠고기 감자찜은 간장을 적게 넣고 쪄도 맛이 잘 어울린다.

영양소함량
183.6kcal
총중량 191g, 단백질 12.9g, 탄수화물 16.5g, 지방 7.3g, 나트륨 200mg

나트륨함량
 <

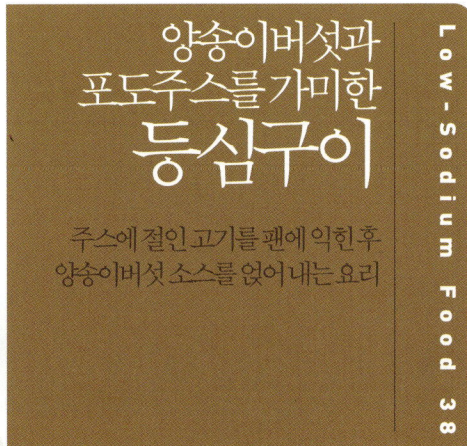

양송이버섯과 포도주스를 가미한 등심구이

주스에 절인 고기를 팬에 익힌 후 양송이버섯 소스를 얹어 내는 요리

Low-Sodium Food 38

재료
쇠고기 등심50g, 양송이버섯20g, 포도주스50g, 토마토80g, 물15g, 바질2.5g, 설탕1.3g, 오레가노2g, 마늘가루0.5g, 소금0.4g, 파슬리 다진것5g, 월계수잎0.2g, 로즈마리2.5g, 통후추1g, 타임2.5g

만드는법
1. 유리볼에 고기를 담고 로즈마리, 통후추 으깬 것, 양송이버섯 썬 것, 월계수잎, 포도주스를 넣고 재운다.
2. 작은 유리볼에 토마토소스와 쇠고기육수, 바질, 오레가노, 설탕, 마늘가루를 넣고 섞는다.
3. 재워둔 고기를 꺼내 가열된 팬에 앞 뒷면을 익힌다.
4. 양송이버섯 소스를 만든다(고기를 구웠던 팬에 1번의 남은 국물과 2번의 토마토소스를 붓고 팬에 붙은 고기 조각들을 긁어내 함께 중불에서 끓인다).
5. 스테이크를 썰어 그릇에 담고 양송이버섯소스를 끼얹는다.

Tip 여러 향신료를 섞어서 조리하면 강한 향으로 인해 염도가 낮은 것이 잘 인식되지 않는다.

영양소함량
182.5kcal
총중량 232.9g, 단백질 11.3g, 탄수화물 15.3g, 지방 10.9g, 나트륨 163mg

나트륨함량

양송이버섯과 포도주스를 가미한 등심구이 163mg
<

스테이크와 소스 456mg

구운 닭고기를 곁들인 두부 샐러드

데친 두부와 구운 닭고기, 대파, 호부추 썬 것을 저나트륨 겨자소스에 버무린 요리

재료
두부100g, 닭고기20g, 대파1.5g, 호부추8g, 후춧가루0.1g, 식용유0.2g
저나트륨 겨자소스 : 간장3g, 연겨자1.2g, 설탕1.2g, 소금0.2g, 식초3g, 생강즙0.2g, 마늘 다진것0.3g, 조미술0.8g, 깨소금0.2g, 참기름0.1g

만 드 는 법
1. 두부는 끓는 물에 소금을 조금 넣고 살짝 데친 후, 소창으로 물기를 제거한다.
2. 닭고기는 지방이 없는 안심으로 구입하여 후춧가루로 밑간을 한 뒤 포크로 몇 군데 찔러두고 기름 두른 팬에서 노릇노릇 지진 후 먹기 좋게 찢는다.
3. 파는 흰 부분만 5cm 길이로 채썰어 차가운 물에 씻어놓고, 호부추도 깨끗하게 씻어 물기를 뺀 뒤 같은 길이로 썬다.
4. 두부는 1cm 두께의 막대 모양으로 썰고, 재료를 섞어 저나트륨 겨자소스를 만든다.
5. 두부와 닭고기, 대파, 호부추를 섞어 그릇에 담고 소스를 뿌린다.

영양소함량
122.8kcal
총중량 140g, 단백질 14.5g, 탄수화물 3.7g, 지방 6.3g, 나트륨 266mg

나트륨함량

구운 닭고기를 곁들인 두부 샐러드 266mg

씨저 샐러드 662mg

돼지고기 수육 부추무침

Low-Sodium Food 40

돼지고기 수육과 부추 등 여러 채소를 섞어 저나트륨 두부 된장소스를 곁들인 요리

재 료
돼지고기 삼겹살40g, 대파5g, 마늘5g, 생강1.5g, 통후추0.5g, 영양부추10g, 양파2.5g, 무15g, 소금0.1g, 식초1.5g, 설탕1g **매운 소스** : 고추기름1g, 간장2g, 발사믹식초10g, 설탕5g
저나트륨 두부 된장소스 : 두부15g, 된장2g, 청·홍고추 다진것1g, 물2.5g

만 드 는 법
1 돼지고기는 덩어리로 준비해 충분히 무르도록 대파, 마늘, 생강, 통후추를 넣어 삶는다.
2 부추와 양파는 3cm 길이로 썰어 매운 소스 양념에 가볍게 무친다.
3 무는 채썰어 소금, 설탕, 식초에 절였다가 꼭 짠다.
4 삶은 돼지고기를 얇게 저며 양념한 부추, 무와 곁들여 접시에 담는다.
5 두부를 곱게 다져 분량의 소스 재료와 섞어 저나트륨 두부 된장소스를 만들어 수육과 함께 낸다.

Tip 저나트륨 두부 된장소스는 된장의 양을 1/5정도 줄이고 대신 두부를 으깨서 소스 분량을 늘린 것이다.

영양소함량
202.4kcal
총중량 120.6g, 단백질 9.4g, 탄수화물 10.3g,
지방 13.2g, 나트륨 257mg

나트륨함량

261

쇠고기 채소볶음

Low-Sodium Food 41

쇠고기와 각종 버섯, 채소를 넣어 강한 불에 볶은 요리

재료
쇠고기40g, 생표고버섯16g, 양송이버섯9g, 애느타리버섯12g, 흰목이버섯0.4g, 목이버섯0.4g, 셀러리4g, 홍피망8g, 정종2g, 간장2g, 육수10g, 후춧가루0.2g, 참기름1g, 식용유9g
쇠고기 밑간양념 : 전분2g, 달걀2g

만드는 법
1. 쇠고기는 굵게 채썰어 전분과 달걀을 넣고 밑간을 한다.
2. 버섯과 채소는 씻은 후 1cm 두께로 채썬다.
3. 후라이팬에 쇠고기를 넣고 볶은 후 채소와 버섯을 넣고 볶는다.
4. 육수에 간장, 정종, 후춧가루를 넣고 끓이다가 마지막에 참기름을 넣어 낸다.

영양소함량
191kcal
총중량 118g, 단백질 9.4g, 탄수화물 4.7g, 지방 14.8g, 나트륨 219mg

나트륨함량

쇠고기 채소볶음 219mg
<

일반 쇠고기 채소볶음 633mg

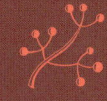

어패류

생선을 비롯한 각종 어패류는 소금에 절이지 않고

자연에서 난 그대로 먹는 것이 좋다.

소금을 뿌리지 않고 구워도

구운 향 자체가 풍미를 더해주고,

간을 하지 않고 쪄낸 생선을 저염 소스에 살짝 찍어 먹으면

생선 고유의 담백한 맛을 즐길 수 있다.

짜지 않은 생선을 맛있게 먹는 습관을 들여보자.

바다에서 나는 천연 두뇌음식을

즐길 수 있는 방법은 얼마든지 찾을 수 있다.

금태찜

Low-Sodium Food 42

금태를 밑간한 후 콩나물, 느타리버섯, 미나리, 대파 채썬 것을 넣고 걸쭉한 찜소스를 곁들인 요리

재 료

금태50g, 소금0.1g, 흰후춧가루0.1g, 청주3g, 생강즙3g, 녹말가루1g, 콩나물16g, 미나리12g, 느타리버섯16g, 홍고추0.8g, 당근10g, 대파4g, 무16g

찜소스 : 다시마국물100g, 간장2g, 맛술2g, 식초1g

만 드 는 법

1 금태는 아가미와 내장을 제거한 후 몸통에 어슷하게 칼집을 넣어 소금, 흰후춧가루, 청주, 생강즙으로 밑간을 해둔다. 수분을 닦고 녹말가루를 고루 묻힌다.

2 콩나물은 머리와 꼬리를 떼고 미나리는 7cm길이로 썬다. 느타리버섯은 굵게 찢고 홍고추, 대파는 채썬다. 당근과 무는 굵게 채썬다.

3 다시마 국물에 간장, 맛술, 식초를 섞어 찜소스를 만든다.

4 찜그릇에 무, 당근 채썬 것을 넣고 녹말 입힌 도미를 얹고 찜소스를 뿌린 후 찐다.

5 중간 중간 소스를 뿌려 주고 느타리버섯, 미나리, 홍고추, 콩나물, 채썬 대파를 얹어 찐다.

Tip 보통 매운 찜요리 종류는 염도가 2~3% 되므로 생선을 그대로 찌거나 약한 간의 찜소스를 뿌려 조리하면 비린맛도 적고 담백한 생선요리가 된다.

영양소함량

73.8kcal

총중량 240g, 단백질 10.8g, 탄수화물 7.6g, 지방 0.6g, 나트륨 305mg

나트륨함량

금태찜 305mg
<

고등어 조림 513mg

두부 해산물 꼬치구이

해산물과 두부를 꼬치에 끼운 후
소스를 발라 오븐이나
그릴에 구운 요리

Low-Sodium Food 43

재료
두부100g, 소라살16g, 패주16g, 소금0.2g **마늘 올리브유소스** : 마늘 0.2g, 올리브유7g, 바질 다진것0.6g, 방울토마토8g

만 드 는 법
1. 두부는 4×1.5×1cm크기로 썬 후 소금을 뿌려 물기를 제거한다.
2. 소라살은 내장을 뺀 뒤 반으로 가른다. 패주는 주위의 지저분한 막을 벗기고 깨끗이 손질한 뒤 2~3등분 한다. 바질 잎은 다진다.
3. 볼에 다진 마늘을 담고 소금 간을 한 뒤 올리브유를 조금씩 넣으면서 한 방향으로 젓다가 다진 바질을 넣어 마늘 올리브유 소스를 만든다.
4. 해산물과 두부를 차례로 꼬치에 끼워 붓으로 소스를 고루 바른다.
5. 예열된 250℃ 오븐이나 그릴에서 노릇하게 구워낸다.

Tip 구운 요리는 구운 향 때문에 염을 첨가하지 않고도 먹기에 적당하다.

영양소함량
182.6kcal
총중량 148g, 단백질 15.6g, 탄수화물 2.6g,
지방 12.8g, 나트륨 146mg

나트륨함량
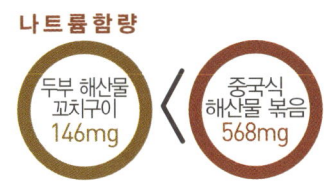

마 두부 오징어전

Low-Sodium Food 44

마를 갈아 으깬 두부와
다진 오징어와 섞어 지진 부침 요리

재 료
두부60g, 마60g, 표고버섯 마른것3.5g, 오징어6g, 소금0.2g, 후춧가루0.1g, 녹말0.8g, 식용유4.8g, 홍고추0.5g **양념장** : 간장1.5g, 조미술1.5g, 설탕0.5g, 식초0.5g

만 드 는 법
1. 두부는 소창에 싸서 으깬다.
2. 마는 껍질을 벗기고 강판에 간다.
3. 홍고추는 다지고 표고버섯은 물에 불린 후 잘게 다진다. 오징어도 손질하여 잘게 다진다.
4. 두부와 마, 다진 재료들을 모두 섞어 소금, 후춧가루로 간한다.
5. 반죽을 한 스푼씩 떠 식용유를 넣은 팬에 노릇하게 구워낸다.
6. 재료를 섞어 양념장을 만들어 함께 낸다.

영양소함량
173.3kcal
총중량 139.9g, 단백질 10.6g, 탄수화물 16.8g, 지방 8.8g, 나트륨 159mg

나트륨함량

Part 5_ 내아이를 위한 특별한 집밥 레서피

멸치 찹쌀양념 튀김

Low-Sodium Food 45

찹쌀가루로 풀을 쑨 것에 멸치를
넣고 한 입 크기로 튀겨내어
소스에 버무린 요리

재 료
멸치 중간것10g, 찹쌀가루5g, 식용유2g, 땅콩13g **고추장소스** : 고추장2g, 간장0.5g, 양파즙10g, 마늘즙1g, 생강즙0.5g, 맛술5g, 설탕3g, 물엿3g, 식용유2g, 참기름0.3g, 흑임자4g, 실파5g

만 드 는 법
1. 멸치는 티를 골라내어 선별해 두고 실파는 썬다.
2. 팬에 식용유를 두르고 소스의 양념들을 넣어 최대한 낮은 불에서 서서히 졸여 농도를 낸다.
3. 찹쌀가루 중 1/3만 묽게 풀을 쑤어 식힌다.
4. 멸치에 풀을 가볍게 입히고 남은 찹쌀가루를 묻힌다.
5. 튀김기름의 온도를 170~180℃ 에 맞추어 4의 멸치를 재빨리 튀겨낸 다음 식은 후에 2의 소스에 버무리거나 끼얹어 낸다.

영양소함량
212.9kcal
총중량 66.3g, 단백질 8.8g, 탄수화물 17.6g, 지방 13.1g, 나트륨 181mg

나트륨함량

멸치 찹쌀양념 튀김 181mg
<

멸치 조림 741mg

부추조갯살 콩비지조림

Low-Sodium Food 46

콩비지에 부추와 조갯살을 넣고 양념하여 볶은 요리

재료
콩비지20g, 조갯살20g, 부추5g, 당근5g
조림장 : 간장1g, 청주1g, 조미술1g, 설탕1g, 생강즙1g, 마늘 다진것0.5g

만드는 법
1. 조갯살은 연한 소금물로 헹구어 물기를 뺀다.
2. 부추는 2~3cm 길이로 썰고 당근은 짧게 채썬다.
3. 냄비에 조림장 재료를 전부 넣고 한소끔 끓어 오르면 조갯살을 넣어 살짝 데쳐 건져 둔다. 여기에 물 3컵을 더 넣고 당근을 넣어 조림장 분량이 2/3 정도 될 때까지 졸인다.
4. 다른 팬에 식용유를 넣지 않고 콩비지를 넣어 보슬보슬해질 때까지 볶다가 3에 전부 붓고 채썬 부추와 데친 조갯살도 넣어 간이 고루 들도록 저어가며 볶는다.

영양소함량
36kcal

총중량 55.5g, 단백질 3.3g, 탄수화물 5.3g, 지방 0.5g, 나트륨 62mg

나트륨함량

부추조갯살 콩비지조림 62mg

<

조갯살 조림 698mg

연어냉채

훈제연어와 싱싱한 채소 샐러드를 섞은 후 저나트륨 파인애플소스로 버무린 냉채

Low-Sodium Food 47

재료
훈제연어40g, 흰후춧가루0.01g, 녹말가루2.4g, 오이3.8g, 래디쉬15g, 셀러리7.5g, 배7.5g
저나트륨 파인애플소스 : 파인애플3.0g, 파인애플 통조림 국물4.5g, 올리브오일3.6g, 레몬즙1.5g, 사과4.5g, 소금0.2g, 설탕1.5g

만드는 법
1. 연어는 정육면체로 썰어 흰후춧가루를 살짝 뿌린 후 녹말가루를 묻혀 김오른 찜통에 찌고 식혀둔다.
2. 오이, 래디쉬, 셀러리, 배는 곱게 채썰어 냉수에 담갔다가 건진다.
3. 캔 파인애플을 잘게 썰어 분량의 재료들과 함께 믹서기에 곱게 간다.
4. 접시에 준비된 채소와 찐 연어를 담고 소스를 곁들인다.

Tip 저나트륨 파인애플 소스는 소금 양이 1/5 이상 적지만 파인애플 주스가 설탕, 올리브오일과 어우려져 싱겁게 느껴지지 않는다.

영양소함량
129kcal
총중량 95.01g, 단백질 9.4g, 탄수화물 7.4g, 지방 6.7g, 나트륨 398mg

나트륨함량

연어냉채 398mg
<

훈제연어와 소스 491mg

오징어말이 케첩조림

Low-Sodium Food 48

오징어를 데친 후 당근, 시금치, 표고버섯 썬 것을 속으로 넣어 말아 토마토케첩 소스에 졸인 요리

재 료
오징어80g, 당근17g, 시금치17g, 달걀19g, 표고버섯 마른것7g, 식용유1.4g, 밀가루1.1g
토마토케첩 소스 : 마늘 다진것1.1g, 양파 다진것1.1g, 토마토케첩2g, 물60g, 후춧가루0.1g

만 드 는 법
1. 오징어는 껍질을 벗긴 후 안쪽에 대각선으로 칼집을 넣어 데친다.
2. 당근, 시금치, 불린 표고버섯은 0.5cm 두께로 썬다.
   시금치는 끓는 물에 데쳐 차가운 물에 헹군 뒤 물기를 제거한다.
3. 도톰하게 달걀말이를 만든 후 당근처럼 썬다.
4. 오징어의 물기를 제거하고 밀가루를 살짝 뿌린 후 2, 3의 재료를 모두 넣어
   돌돌 말아 꼬치로 두 군데를 고정시킨다.
5. 토마토케첩 소스의 재료를 섞어 팬에서 졸이다가 4의 오징어를 넣고 소스를
   끼얹어가며 졸여 1.5cm의 두께로 썬다.

Tip 고추장이나 간장에 조리는 것보다 케첩은 염도가 낮으므로
케첩을 넣어 상큼하게 조리면 저나트륨 조리시 보완이 된다.

영양소함량
152.2kcal
총중량 206.8g, 단백질 20g, 탄수화물 8.8g,
지방 4.3g, 나트륨 190mg

나트륨함량

오징어말이 케첩조림 190mg < 오징어 조림 1468mg

오징어보쌈과 저나트륨 된장소스

데친 오징어와 갖은 채소 섞은 것을 상추에 얹어 저나트륨 된장소스와 같이 곁들인 요리

Low-Sodium Food 49

재　　　료
갑오징어50g, 당근9g, 오이9g, 상추7g **저나트륨 된장소스** : 된장1.6g, 양파1.3g, 물6.6g, 식초0.4g, 설탕0.2g, 청고추0.2g, 홍고추0.2g

만 드 는 법
1. 오징어는 반으로 갈라 껍질을 제거하고 몸통 안쪽에 대각선으로 칼집을 넣는다.
2. 칼집 낸 오징어를 끓는 물에 데친 후 한 입 크기로 썬다.
3. 오이는 돌려 깎아 3cm 길이로 채썰고 당근도 3cm 길이로 얇게 채썬다.
4. 드레싱에 들어갈 양파, 청·홍고추는 잘게 다져 분량의 재료와 섞어 저나트륨 된장소스를 만든다.
5. 상추에 준비된 오징어와 오이, 당근, 저나트륨 된장소스를 기호에 맞게 곁들여 먹는다.

Tip 된장은 보통 양의 1/5로 줄이고, 분량을 늘리기 위해 양파, 청고추, 홍고추를 잘게 다져서 넣는다.

영양소함량
46.2kcal
총중량 85.5g, 단백질 8.1g, 탄수화물 1.8g, 지방 0.7g, 나트륨 192mg

나트륨함량

 <

해산물 볶음

각종 해산물, 파, 버섯, 채소들을 재빨리 볶아낸 요리

재 료
해삼 불린것10g, 중새우10g, 갑오징어20g, 소라살10g, 패주10g, 표고버섯5g, 죽순5g, 양송이버섯10g, 홍피망5g, 청피망5g, 물녹말3g, 참기름0.5g, 청경채10g, 대파5g, 마늘3g, 콩기름5g, 굴소스1g, 후춧가루0.1g

만드는 법
1. 잘 불려낸 해삼은 5cm 크기로 넓게 어슷하게 썰어 놓는다.
2. 대파는 3cm 길이의 굵은 채, 마늘은 편으로 썰고 생강은 다져둔다.
3. 갑오징어, 소라, 패주는 편으로 썰고 중새우도 등쪽에 칼집을 내어 준비한다.
4. 표고버섯, 죽순, 양송이버섯, 청경채, 홍·청피망도 편으로 썬다.
5. 파, 마늘, 생강을 제외한 모든 재료를 끓는 물에 살짝 데쳐낸다.
6. 팬에 식용유를 넣고 파, 마늘, 생강을 넣어 볶다가 간장, 청주로 향을 낸 다음 끓는 물에 데쳐놓은 재료를 같이 넣어 볶는다.
7. 6에 육수를 붓고 굴소스, 후춧가루로 간을 본 뒤 끓으면 물녹말로 걸쭉하게 하여 참기름을 약간 넣고 섞는다.

영양소함량
119.9kcal
총중량 117.6g, 단백질 10.5g, 탄수화물 6.3g, 지방 6g, 나트륨 294mg

나트륨함량

 <

황태강정

황태를 불렸다가 찹쌀가루를 묻혀 튀긴 후 매운 저나트륨 조림소스를 넣어 버무린 요리

Low-Sodium Food 51

재 료
황태포20g, 찹쌀가루10g, 다진마늘2g, 간장0.5g, 흰후춧가루0.1g, 참기름0.5g, 식용유5g, 춘권20g
저나트륨 조림소스 : 양파2g, 생강0.1g, 마늘1g, 설탕1g, 저염케첩1g, 고추장1g, 물엿0.5g

만 드 는 법
1. 황태포는 옅은 소금물에 약 10분간 담가 충분히 부드러워 질 때까지 두었다가 머리, 가시, 지느러미 등을 손질한다.
2. 황태포를 한 입 크기로 잘라 간장, 다진마늘, 후춧가루, 참기름으로 양념한다.
3. 2의 황태에 찹쌀가루를 충분히 묻혀서 170~180℃ 에서 튀겨낸다. 춘권도 노릇하게 튀겨낸다.
4. 저나트륨 조림소스에 재료들을 모두 넣어 곱게 갈아 준비한다.
5. 깊은 팬에 저나트륨 조림소스의 양념들을 넣어 낮은 불에서 끓이다가 농도가 생기면 3의 황태를 재빨리 버무린다.
6. 튀긴 춘권을 돌려 담고 황태강정을 소스와 함께 그 위에 올려 담는다.
7. 땅콩이나 잣, 호박씨등의 견과류를 굵게 다져 뿌려 낸다.

영양소함량
233.4kcal
총중량 69.9g, 단백질 19g, 탄수화물 22.8g,
지방 6.6g, 나트륨 162mg

나트륨함량

황태강정 162mg < 북어찜 239mg

과일류

가장 손쉽게 비타민과 미네랄을 섭취할 수 있는
과일과 야채를 아이의 밥상에서 빼놓지 말자.
영양만점의 산해진미로 밥상 위를 가득 채워도
신선한 과일과 야채가 없으면
아이의 두뇌가 힘을 쓰지 못한다.
거리에 널린 군것질 대신 빛깔 좋은 과일과
푸른색 채소로 간식을 만들어준다면,
그 어떤 교육 못지않게 아이의 미래를 보장할 수 있다.

아보카도 두부 샐러드

Low-Sodium Food 52

연두부에 아보카도, 양파, 게살을 얹은 후 저나트륨 고추냉이 드레싱을 뿌린 요리

재 료
연두부50g, 아보카도 작은것35g, 냉동게살50g, 양파25g, 민트0.25g
고추냉이 드레싱 : 고추냉이 갠것6g, 간장1g, 소금0.2g, 레몬즙10g, 올리브유 엑스트라버진30g

만 드 는 법

1. 아보카도는 검은 빛이 돌면서 윤기가 흐르는 것을 골라 세로로 칼날을 넣어 칼날이 씨에 닿으면 한바퀴 돌린다. 그 다음 양손으로 아보카도 양 끝을 잡고 비틀면서 반으로 나누고 칼날 안쪽 모서리로 씨를 찔러서 빼낸다. 과육은 5mm 두께로 썬다.
2. 냉동 게살은 하룻밤 전에 냉장고로 옮겨 놓거나, 실온에서 해동시킨 후 잘게 찢는다. 양파는 얇게 채썰고 민트도 잘게 썬다.
3. 고추냉이 드레싱 재료를 섞는다.
4. 두부는 원형틀로 찍어두고 양파와 게살, 아보카도를 곁들이고 민트를 올린다.
5. 고추냉이 드레싱을 뿌린다.

Tip 저나트륨 소스는 염분이 적게 들어가므로 고추냉이 같은 강한 향의 향신료와 같이 사용하면 맛이 보완된다.

영양소함량
426.2kcal
총중량 207.45g, 단백질 11.6g, 탄수화물 8.5g, 지방 38.7g, 나트륨 362mg

나트륨함량

아보카도 두부 샐러드 362mg

<

아보카도 샐러드 810mg

과일 젤리

Low-Sodium Food 53

귤과 파인애플, 체리를
젤라틴을 녹인 자몽주스에 넣고
냉장고에서 굳힌 후식

재료
젤라틴5g, 자몽주스100g, 귤통조림20g, 파인애플 통조림5g, 체리15g, 설탕15g

만드는 법
1. 젤라틴을 물에 불려 놓는다.
2. 자몽주스에 설탕을 넣고 가열한 후 불린 젤라틴을 넣어 약한 불에서 녹인다.
3. 틀에 귤과 파인애플, 체리를 넣는다.
4. 틀에 젤라틴을 녹인 자몽주스를 넣고 냉장고에서 식힌다.

영양소함량
143.4kcal
총중량 160g, 단백질 1.1g, 탄수화물 32.8g,
지방 0.1g, 나트륨 25.3mg

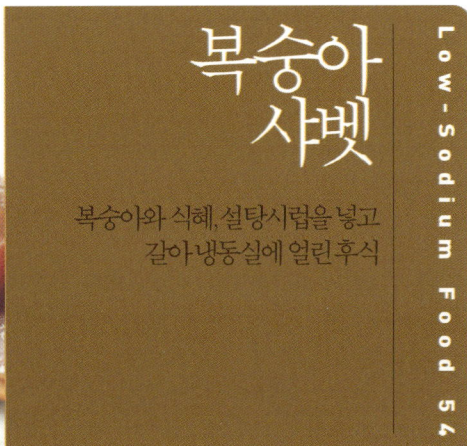

복숭아 샤벳

Low-Sodium Food 54

복숭아와 식혜, 설탕시럽을 넣고 갈아 냉동실에 얼린 후식

재료
복숭아150g, 식혜100g, 설탕시럽20g, 민트0.1g

만드는법
1. 복숭아는 반으로 갈라 씨를 발라내고 두께 0.5cm 가량만 남기고 속을 판다. 복숭아속과 식혜, 설탕시럽을 함께 믹서기에 굵게 간다.
2. 1을 1시간마다 숟가락으로 긁어주면서 5~6시간 정도 냉동실에서 얼린다.
3. 속을 파낸 복숭아도 함께 냉동실에서 얼려 샤벳 그릇으로 사용한다.
4. 2의 복숭아 식혜 샤벳이 얼면 떠서 얼린 복숭아 그릇에 담고 민트로 장식한다.

영양소함량
92.8kcal
총중량 270.1g, 단백질 1.6g, 탄수화물 24.3g, 지방 0.3g, 나트륨 7mg

과일주스 조림

Low-Sodium Food 55

포도주스에 설탕을 넣은 후
각종 생과일을 넣고 졸여낸 후식

재료
천도복숭아30g, 자두20g, 체리40g, 산딸기20g, 블루베리10g, 사과30g, 포도10g, 포도주스50g, 설탕20g

만드는 법
1. 천도복숭아는 반으로 갈라 씨를 제거하고 각각 2등분한다. 자두는 반으로 갈라 씨를 제거해둔다.
2. 사과는 8등분하여 씨를 제거해둔다.
3. 포도는 알알이 떼어내 준비하고 체리는 꼭지를 떼어내고 블루베리와 산딸기는 분량대로 준비해둔다.
4. 냄비에 포도주스와 설탕을 넣고 준비한 과일을 넣고 뭉근하게 끓인다.
5. 천도복숭아가 부드러워지고 포도주스에 농도가 생기면 불에서 내린다.
6. 접시에 졸인 과일과 주스를 함께 담는다.

영양소함량
92.8kcal
총중량 270.1g, 단백질 1.6g, 탄수화물 24.3g, 지방 0.3g, 나트륨 7mg

에 | 필 | 로 | 그

집밥의 전통은 계속 이어져야 한다

   구윤성, 최은정 씨 부부가 6남매 모두를 '엄친아'와 '엄친딸'로 키워낸 힘, 사교육 없이 국제고에 당당히 입학했던 온별이의 공부 비결, 그리고 아홉 살 성민이가 또래에 비해 놀라운 집중력을 가질 수 있었던 비결에는 한결같은 공통점이 있다.

   부모들은 모두 그 첫 번째 비결로 집밥의 힘을 강조했다. 당장 영어단어 하나, 수학공식 하나 암기시키는 것보다, 두뇌를 살리는 영양분을 충분히 공급해 뇌의 용량을 키워주는 것을 더 중요하게 생각했다는 것이다. 그래서 부모들은 집밥을 먹이기 위해 남들이 다 보내는 학원도 안 보내고, 과외도 안 시키며, 자율학습마저 빼먹게 했고, 때로는 지각도 불사했다. 그런가하면 영국의 리(Lee Buniak)를 폭력적이고 공격적인 아이로 만든 것도 음식이었고, 문제아였던 리를 다시 변화시키고 희망을 갖게 한 것도 또한 음식이었다.

   음식은 꼴찌를 일등으로, 폭력적인 아이를 온순한 아이로, 몸이 약한 아이를 건강한 아이로 바꾸었다.

   지금까지 이 책에서는 아이가 먹는 음식이 몸과 두뇌와 마음에 결정적인 영향을 미친다는 세계 각국의 연구 결과와 전문가들의 견해를 전했다. 그리고 아이의 두뇌를 신나게 하는 각각의 영양소와, 두뇌를 망치는 음식들에 대해서도 자세하게 다뤘다.

   그러나 밥상을 차릴 때마다 두뇌음식 리스트를 읊어가며 어렵게 생각할 필요는 없다. 쉽게 설명해서 두뇌음식이란 자연이 우리에게 선물해 준 음식이고, 두뇌를 망치는 음식은 자연을 가공하고 변형한 음식이라는 것만 기억해두면 된다. '자연과 멀어지면 질병에 가까워진다'는 괴테의 말은, 우리의 두뇌에도 해당되는 말이다.

그러나 여기서 부모가 또 한 번 빠지게 될 고민은, 아이에게 좋은 음식을 먹이려고 해도 잘 먹지 않을 때는 어떻게 해야 하느냐는 것일지도 모르겠다. 이미 가공식품과 패스트푸드를 선호하는 아이들의 입맛은 어떻게 바꿀 수 있을까?

사실 80년대 이후 태어난 아이 중에는, 특히 편식의 문제를 가진 아이들이 많다. 김치 먹기를 죽기보다 싫어하고, 푸른잎 채소라면 입에도 대기 싫어하는 아이가 있는가 하면, 혼자서도 피자 한 판을 뚝딱 해치우는 대식가도 있고, 청량음료를 입에 달고 사는 아이들도 있다. 패스트푸드와 인스턴트식품, 자연식품이 아닌 것들이 범람한 후 가장 큰 피해자는 아이들이었다.

가공식품이나 패스트푸드에 길들여지면 자연 고유의 맛을 좋아할 수 없다. 가공식품과 패스트푸드에 과다하게 들어있는 설탕, 소금, 화학조미료는 미세한 맛을 느끼는 미뢰의 민감도를 줄인다. 그래서 일단 가공식품에 맛을 들이면 자연식품이 도무지 맛없게 느껴진다. 계속해서 자극적인 맛의 가공식품을 찾을 수밖에 없게 한다. 가공식품 뿐 아니라 바깥에서 파는 대부분의 외식 메뉴도 설탕, 소금, 화학조미료가 과다하게 사용되어, 아이들의 입맛을 왜곡시키는 것은 마찬가지다. 그렇다면 이미 왜곡된 입맛을 가진 아이들의 밥상은 어떻게 바꿔야할까?

대부분의 식사를 치킨강정과 콜라, 햄버거세트, 치킨도시락, 피자 등으로 대신했던 아홉 살 민진이(가명)와 여섯 살 하진이(가명). 취재 당시 엄마는 아무리 집밥을 먹여보려 애써도, 특히 둘째 하진이가 고집불통이라며 고충을 털어놨다. 그런데 촬영을 마칠 무렵 하진이 엄마는 의미 있는 얘기를 꺼냈다.

> 첫째 민진이가 아기였을 때는 저희 부부가 장사를 하느라 할머니가 민진이를 맡아줬어요. 할머니들이 다 그렇듯이 바깥음식은 잘 안 사 먹이고, 대부분 집에서 나물 반찬을 해서 먹이셨고요. 그래서인지 민진이는 밥을 해주면 그런대로 잘 먹어요. 채소도 곧잘 먹고요. 그런데, 둘째 하진이는 어릴 때부터 제가 키워서 그런지 제 식습관을 그대로 따라가는 것 같아요. 제가 햄버거나 컵라면 같은 것을 무척 좋아하거든요. 아이들이 학교와 유치원에 가면 밥 대신 컵라면 먹을 때가 많을 정도로요. 하진이 엄마

아이는 부모의 식습관을 그대로 닮는다. 오이를 먹지 않는 엄마 밑에서 차란 아이는 오이를 싫어할 확률이 높다. 맵고 짠 음식을 좋아하는 집에서 자란 아

이는 맵고 짠 음식을 찾고, 인스턴트식품을 많이 먹는 집에서 자란 아이는 배고프면 인스턴트음식을 먼저 떠올리게 마련이다.

펜실베니아 펜 주립대학의 연구 결과를 보면 아이들은 부모의 식습관을 이어받는다고 한다. 주로 과일과 채소를 많이 먹는 5세 아이들을 조사해보니, 부모도 과일과 채소를 많이 먹는다는 사실이 확인되었다는 것이다.

아이에게 건강한 두뇌음식을 먹이려면 부모의 식습관이 먼저 바뀌어야 한다. 부모가 실천하지 않으면서 아이에게만 건강한 음식을 먹으라고 강요하면 아이들은 왜 그렇게 해야 하는지 이해하지 못한다. 부모가 먼저 밥상을 바꾼 후라면, 다음의 방법들이 도움이 될 것이다.

1. 두뇌에 해가 되는 음식은 아예 사두지 말자.

먼저 집안의 식생활 환경을 바꾸는 것이 우선이다. 인스턴트식품, 육가공식품, 통조림, 과자, 청량음료 등 두뇌에 해가 되는 음식은 아예 사두지 않는 것이 좋다.

아이는 학교에서 또는 친구들과 어울리면서, 이미 지나치게 많은 설탕, 소금, 식품첨가물을 섭취하고 있다. 보통 가정에서 비상식으로 준비해놓는 콘플레이크, 수입 밀가루로 만든 달고 부드러운 빵은 물론, 라면마저도 아예 사놓지 않는 것이 현명하다. 정 먹어야 할 일이 있으면 필요할 때마다 동네 슈퍼에서 사오도록 한다. 집에 두뇌를 망치는 식품을 버젓이 쌓아놓고, 아이와 전쟁을 치를 필요가 없다.

2. 채소, 견과류, 씨앗류, 과일 등 자연식품을 다양하게 준비한다.

아이의 먹을거리에 대해 끊임없이 아이디어를 내보자. 단, 집에는 두뇌와 건강에 좋은 음식만 놓아두어야 한다. 처음부터 아이의 입맛을 바꾸기란 쉽지 않을 것이다. 하지만 인스턴트식품과 가공식품이 없다고 투정하던 아이라도 배가 고프면 주변에 있는 음식을 먹게 마련이다.

3. 식생활에 많은 변화가 필요한 가정이라면 한 가지씩 시작하자.

이미 가공식품과 패스트푸드, 배달음식을 즐겨먹고 집밥은 거의 먹지 않는 데다 채소 섭취량마저 적은 집이라면, 모든 것을 한꺼번에 바꾸기가 어렵다. 갑자기 바꾸려들면 엄마도 금세 지치고 아이도 따라주지 않는다. 이때는 가족회의를 통해 당장 고칠 수 있는 것을 한 가지씩 골라 실천하는 것이 좋다. 예를 들어, 집밥 먹는 횟수부터 늘리거나, 흰쌀밥을 현미잡곡밥으로 바꾸거나, 육가공품 섭취를 절반으로 줄이거나, 과자나 청량음료를 점차적으로 줄이는 등, 무엇이든 실천이 쉬운 것부터 하나씩 시작하자.

4. 아이들과 두뇌에 좋은 음식과 나쁜 음식에 대해 대화한다.

두뇌에 좋은 음식과 나쁜 음식이 아이들에게 미치는 영향에 대해 꾸준히 대화하자. 이 책에 나온 사례자들을 활용해도 좋다. 대화 없이 갑자기 음식을 바꾸면 오히려 반발만 심해져서 오래가기 어렵다. 아이도 엄연한 인격체이고 자기주장이 있다. 특히 자녀가 10대 청소년이라면 부모가 읽은 책을 아이에게 읽게 하는 것도 좋다.

5. 강요하거나 억지로 먹이지 말자.

부모의 강요에 못 이겨 울다 지쳐 깻잎을 먹은 기억이 있는 아이는, 깻잎의 맛을 좋아하기 힘들다. 이 아이는 부모 앞에서 억지로 깻잎을 먹을 수는 있어도, 돌아서면 얼굴을 찡그리며 다른 음식을 찾을 것이다. 시간이 좀 걸리더라도 억지로 강요하기에 앞서 인내심을 갖고 자연스럽게 부모가 맛있게 먹는 모습을 보이는 편이 낫다.

6. 아이의 변화를 혼자 예측하지 마라.

아이들이 새로운 음식을 친숙하게 받아들이는 데는 8~15번이 걸린다는 연구 결과가 있다. 부모들의 75%가 아이에게 새로운 음식을 줄 때, 5번 정도 시도해보고 포기한다고 한다. 아이가 어떤 음식을 거부하더라고 계속 밥상에 차려놓고 권하라. 8~15번을 권해야 겨우 친숙하게 받아들인다. 이 역시 좋아하게 된다는 말은 아니다. 입맛은 강요로 만들어지는 것이 아니라 시간을 두고 길들여지는 것이다.

7. 많이 먹이려 들지 마라.

아이는 어른이 아니다. 같은 음식이라도 어른보다는 먹는양이 적고, 실제로 필요한 두뇌음식 양 역시 생각보다 많지 않다. 많이 먹이기보다는 조금씩이라도 꾸준히 먹는 편이 두뇌발달에 좋다.

자연식품이 가득한 밥상에서는 많든 적든 아이가 원하는 만큼 먹게 하면 된다. 아이 스스로 배고픔과 포만감을 느낄 수 있고, 또 몸이 필요로 하는 것에 따라 음식 섭취를 조절할 수 있다. 한 연구에 따르면 아이들이 선택하는 음식의 양과 종류는 매일 다르지만, 일정 기간을 두고 관찰해보면 평균적으로 일정한 양의 영양소를 골고루 섭취한다고 한다.

8. 일주일에 한 번 정도는 아이가 원하는 음식을 주자.

끼니의 90% 이상은 집밥을 먹는 것이 좋다. 하지만 가끔은 아이들이 원하는 음식을 주거나 외식을 하는 융통성도 필요하다. 라면이든, 햄버거든, 프렌치프라이든, 아이가 원하는 음식을 함께 먹으면서 포화지방이나 트랜스지방이 많은 음식에 치우치지 않도록 잘 설명해 주자. 무조건 못 먹게 통제하면, 부모 몰래 라면을 숨겨놓고 끓여먹거나, 거짓말을 하게 된다. 정말 먹고 싶은 음식을 절대로 못 먹게 한다면 아이는 스트레스만 받을 뿐, 결국은 부모 몰래 어떻게든 먹으려 들 것이다.

9. 간식으로 배를 채우지 말자.

간식은 다음 식사에 영향을 주지 않을 만큼, 달지 않은 음식을 소량 주는 것이 좋다. 추천할 만한 간식은 당근, 토마토 같은 채소나 감자, 고구마, 옥수수, 사과, 딸기 등의 제철 음식이다. 아이들 간식으로 과자나 빵, 음료수를 주는 엄마들이 많은데, 이 경우 밥보다 달콤한 군것질 거리를 더 좋아하게 마련인 아이들은, 밥을 점점 더 안 먹게 된다.

사교육 없이 온별이를 국제고등학교에 입학시킨 장재년 씨가 아예 집에 과자를 사다놓지 않고, 6남매를 모두 우등생으로 키워낸 구윤성 씨 부부가 집에서 만든 빵조차도 간식으로 주는 일은 거의 없었다는 것을 기억하자. 세끼 밥을 잘 먹는 것이 우선이다.

10. 하루 한 번은 가족식사를 준비하자.

거의 모든 가정이 시간이 부족하다. 저녁식사가 늘 완벽하지 않아도 좋다. 김치와 밥, 두부부침만 있더라도 대충 차려먹은 집밥이 외식이나 혼자먹는 밥보다 두뇌발달에 훨씬 좋다.

자연식품을 통해 미각신경이 회복되기 시작하면 자연식품 고유의 담백한 맛을 즐기게 되고, 가공식품을 먹거나 외식을 하는 양과 횟수가 점점 줄어든다. 다행히 우리의 뇌는 고정되어 있지 않고 유연하기 때문에 뒤늦게라도 건강한 식습관으로 바꾸면 뇌기능도 좋아진다. 물론 변화는 빠를수록 좋다.

한국인의 두뇌는 어느 분야에서도 뒤지지 않는다. 매년 각국의 지능지수(IQ)를 취합해 공개하는 영국의 심리학자 리처드 린 박사에 따르면, 한국인의 평균 IQ는 106으로 IQ 테스트를 실시하는 184개 나라 가운데 싱가포르에 이은 2위라고 한다. 한국인이 머리가 좋은 이유는 유전자의 영향과 배움을 강조했던 유교문화의 영향, 그리고 환경적인 영향과 젓가락을 사용하는 문화 등 여러 가지가 있겠지만, 그 중 하나로 대대로 이어져온 전통적인 집밥의 힘을 무시할 수 없다. 과거로 거슬러 올라갈수록 그야말로 두뇌가 왕성하게 활동하기에 최적인 음식들을 먹어왔으니 말이다.

그러나 오늘날 식습관은 점점 서구화되고 있다. 어른 아이 할 것 없이 모두가 바쁘다며 온갖 외식 메뉴과 가공식품에 한국 고유의 밥상을 내주고 있다. 오래전 어머니가 차려주셨던 집밥이 지금까지의 건강을 지켜준 비결이라 믿기 때문에, 어머니의 밥상을 딸들에게도 그대로 차려주고 있다는 장재년 씨. 장재년 씨는 취재 내내 집밥의 전통이 점점 사라져가고 있는 현실이 안타깝다고 했다.

> 나중에 과학 기술이 더 발전해서 밥 대신 알약 하나 삼키고 말게 될지는 모르겠지만, 사실 남겨 줄 유산은 먹는 것, 식문화라고 생각해요. 그 부분에 있어서 저도 더 많이 노력해야 한다고 생각하고요. 요리할 때마다 드는 생각은, 어머님 세대에는 장이며 김치며 다 직접 담그는 게 생활이었는데, 저희 세대는 그걸 얻어다 먹는 게 더 익숙하고, 이랫 세대는 요리를 얼마나 하려나…. 그런 걱정이 좀 들어요.
> 온별이 엄마 장재년 씨

장재년 씨의 바람은 손자들이 태어난 후 할머니 손맛이 나는 밥상을 차려주는 것, 그리고 딸들도 자신의 자녀들에게 집안의 식문화가 담긴 집밥을 차려주는 것이라고 했다. 집밥의 놀라운 힘을 경험했기 때문에 집밥의 문화가 더욱 소중하게 여겨진다는 것이다.

직접 앞치마를 두르고 집밥 차리기를 도맡았던 황철규 씨도 지금 아홉 살, 여섯 살인 성민이와 성재가 군대에 가서도 아빠가 해준 집밥의 맛을 기억하고 그 맛을 이어가주길 바란다고 했다.

오래 전부터 대대로 이어져 내려온 한국의 집밥. 한국의 집밥은 아이의 두뇌를 지켜주는 두뇌음식의 보고이자, 아이의 몸을 지켜주는 건강음식의 향연이다. 집밥의 문화를 이어가는 것이야말로 우리 아이들의 미래를 결정짓는 위대한 힘은 아닐까.

엮 | 은 | 이 | 의 | 말

밥상이 바뀌면 아이가 바뀌고, 아이가 바뀌면 세상이 바뀐다

'집밥'에 대한 방송을 준비한다고 할 때 주변 사람들의 반응은 한결같았다.
"집밥 좋지. 그런데, 집밥 좋은 거야 누구나 다 아는 것 아닌가?"
맞는 말이다. 그러나 너무나 당연한 사실이라 우리는 종종 그 소중한 가치를 잊는다.

집밥으로 큰 아이들과 외식으로 큰 아이들의 몸과 마음과 두뇌를 비교하고 그들이 먹는 음식을 분석하면서, 두뇌음식과 두뇌를 해치는 음식의 비밀이 밝혀질 때마다 나는 놀라지 않을 수 없었다. 그리고 나와, 함께 방송을 준비하는 제작진들에게 먼저 변화가 생겼다.
여유와는 거리가 먼 방송제작 현장에서 늘 당연하게 생각했던 외식과 가공식품들. 일단, 가급적 외식도 끊고, 집에 있던 라면과 햄 등 각종 가공식품을 싹 치웠다. 차츰 식성도 달라졌다. 채소를 그다지 좋아하지 않았으나, 제철에 나는 온갖 풀들을 즐겨먹게 됐고, 중요한 원고를 앞두고 비상약처럼 챙겨놓던 과자와 초콜릿 대신 고구마와 과일을 챙기게 됐다.
음식의 이력을 속속들이 알고 나니, 지금껏 먹지 않던 음식도 먹게 되고, 늘 즐겨먹던 음식들은 도저히 먹을 수가 없었다. 막연히 알던 것과 정확히 알고 검증된 연구 결과를 확인한 것과는 달랐다. 제대로 알게 되니, 변화가 시작됐다.

어떤 부모들은 집밥의 힘에 대해 얘기하면 돈 있는 사람들의 배부른 얘기가 아니냐고 한다. 값비싼 식재료를 망설이지 않고 구입해 다양한 반찬을 만들 시간적 여유와 경제적 여건이 되는 사람들만을 위한 얘기라는 것이다.

맞벌이로 지친 엄마들에게 또 하나의 짐을 지우는 것 같은 부담스러운 현실은 안타깝다. 사회 전체가 엄마가 아이를 위해 집밥을 차리는 마음으로, 음식점에서도 건강한 음식만 만들고, 식품 제조업체에서도 몸에 해로운 성분은 알아서 쓰지 않는 분위기가 조성된다면 얼마나 좋을까.

그러나 변화는 가정에서부터 시작되어야 한다. 가정의 밥상이 바뀌고, 몸과 두뇌를 살리는 바른 먹거리에 대한 인식이 자리잡히면, 소비자는 더 이상 해로운 음식을 구매하지 않게 되고, 비로소 식품 제조업체와 음식점에도 변화가 시작될 것이다.

또, 생각해보면 힘들게 맞벌이를 하는 것도, 결국 자식을 잘 키우고, 잘 먹고 잘 살자고 하는 일 아닐까. 몇 년 후에 잘 먹이는 것보다, 지금 당장 좋은 음식을 먹이기 시작하면 아이의 미래가 달라질 수도 있다. 된장국에 보리밥만 있어도, 현미밥에 김치와 두부부침만 먹어도, 패스트푸드나 인스턴트식품, 배달음식보다는 아이의 두뇌를 살리는 데 훨씬 좋다는 사실은 부모들의 부담을 덜어준다.

이 책은 공부하듯 앞장부터 읽을 필요는 없다. 어디든 내키는 곳부터 읽어도 좋다. 아이 밥상에 관심이 많은 부모라면 1장부터 읽어도 좋고, 당장 밥상 차리는 일이 부담으로 다가오는 부모라면, 두뇌를 망치는 음식을 다룬 3장부터 읽어도 좋다. 음식이 끼치는 해악에 대한 이야기가 다소 충격적이다 보니, 보다 빨리 온가족을 밥상 앞으로 불러 모을 지도 모른다. 해가 되는 음식은 하루라도 빨리 줄이는 게 중요하기 때문이다.

이 책이 독자들에게 밥상을 바꾸는 작은 계기가 되어준다면 더 이상 바랄 것이 없다. 밥상이 바뀌면 아이가 바뀌고, 아이가 바뀌면 가정이 바뀌고, 가정이 바뀌면 삶의 질이 달라진다는 사실을 생생하게 목격했기 때문이다.

프로그램을 제작하면서, 두뇌음식과 나트륨, 어린이 먹거리 문제 등 각 분야의 세계적인 권위자들을 만날 수 있었던 건 행운이었다. 두뇌음식 권위자인 패트릭 홀포드 박사, 나트륨 줄이기 운동의 선두주자인 그라함 맥그래거 교수, 어린이 먹거리 안전에 앞장선 김초일 박사님, 그리고 여러 분의 국내외 전문의들이 집밥의 놀라운 힘을 밝히는 데 큰 역할을 해 주셨다.

직접 제작에 참여하지 않고 도움을 주신 분들도 많다. 만성질환 환자들을 약이나 수술 없이 식생활 개선만으로 치료하고 있는 미국의 가정의학과 전문의 조엘 펄먼, 가공식품의 유해성을 알리고 그 해결책을 찾는 일에 삶을 바치고 있는 미국의 임상영양학자 캐롤 사이먼타치, 소년원 아이들의 식생활을 연구했던 일본의 교육심리학자 오사와 히로시, 식품첨가물 전문회사의 톱 세일즈맨에서 '첨가물 반대 전도사'로 변신해 자연식품 연구에 몰두하고 있는 일본의 아베 쓰카사, 유명 과자회사를 박차고 나와 가공식품의 유해성을 밝히는 데 주력하고 있는 안병수 소장님, 자연주의 식생활 개선운동에 앞장선 식생활전문가 김수현 선생님, 가정의학과 전문의 여에스더 선생님 등. 그분들이 수년간, 혹은 수십 년간 연구해 온 소중한 자료들을 바탕으로 다큐멘터리와 책이 만들어졌다. 도움을 주신 모든 분들께 감사의 말을 전한다.

-피정민(방송작가)

〈밥상머리의 작은 기적2-집밥의 힘〉 | 제 | 작 | 진

민인식 책임 피디 〈SBS스페셜〉의 총책임을 맡고 있으며, 시대를 반영하고 대중과 소통하는 다큐멘터리, 삶에 변화를 주는 다큐멘터리를 지향하고 있다. 일상의 소소한 음식의 가치를 재발견하고, 그 속에 숨겨진 사회의 단면, 환경문제, 교육문제를 화두로 삼았던 〈생명의 선택〉, 〈방랑식객〉, 〈밥상머리의 작은 기적 1, 2〉 등을 제작했다.

정갑수 피디 N미디어의 연출자로, KBS 〈인간극장〉, OBS 〈가족〉, SBS 〈국제공동제작 캄보디아〉, 〈SBS스페셜〉 등 따뜻한 시선으로 세상을 바라보는 프로그램들을 주로 연출했다. 이번 다큐멘터리를 제작하면서 가장 좋았던 것은, 출연자들의 집에서 맛있는 집밥을 많이 먹을 수 있었던 것과, 가족에게도 놀라운 변화가 시작되었다는 것이다.

이주훈 피디 N미디어의 연출자로, CBS 드라마 〈시루섬〉, SBS 〈SBS스페셜〉 등을 연출했다. 바쁜 생활 속에서 '무엇을', '어떻게' 먹어야 하는지는 신경 쓰지 않고 살다가 제작에 참여하게 됐다. 방송과 영화를 넘나드는 프로듀서가 되길 꿈꾸고 있는데, 그 내공은 집밥에서 나온다는 진실을 깨닫고, 쌀을 사고 콩을 사고 채소를 사고 요리책을 샀다.

박민경 작가 2009년부터 방송작가를 시작하여, EBS 〈요리비전〉, SBS 〈진짜 한국의 맛〉, 〈SBS스페셜〉에서 취재작가로 일했다. 밥상머리에서 기적을 경험한 출연자들을 만나고 그들의 이야기를 듣는 것은 가슴 뛰고 흥분되는 일이었다. 언젠가 결혼을 하고 아이를 낳으면, '내 아이에겐 꼭 삼시세끼 집밥을 먹이겠다' 고 벼르고 있다.

피정민 작가(엮은이) SBS 〈순간포착 세상에 이런 일이〉, 〈긴급출동 SOS 24〉, 〈인터뷰게임〉, 〈SBS스페셜〉 등 삶의 희로애락을 다루는 프로그램을 주로 집필했다. 이번 작업을 통해 집밥을 차려 주는 모든 손길은 숭고하다는 사실을 깨달았다. 보다 많은 사람들이 평범한 집밥에 숨겨진 위대한 진실을 알게 되기 바라며 〈밥상머리의 작은 기적2-집밥의 힘〉을 집필했다.

집밥의 힘

초판 1쇄 발행 2010년 10월 20일
초판 26쇄 발행 2024년 3월 11일

지은이 SBS 스페셜 제작팀 엮은이 피정민

발행인 이봉주 단행본사업본부장 신동해 편집장 김예원
마케팅 최혜진 신예은 홍보 반여진 허지호 정지연 송임선
제작 정석훈

브랜드 리더스북
주소 경기도 파주시 회동길 20
문의전화 031-956-7362 (편집) 031-956-7087 (마케팅)
홈페이지 www.wjbooks.co.kr
인스타그램 www.instagram.com/woongjin_readers
페이스북 www.facebook.com/woongjinreaders
블로그 blog.naver.com/wj_booking

발행처 ㈜웅진씽크빅
출판신고 1980년 3월 29일 제406-2007-000046호

ⓒ 2010 SBS 스페셜 제작팀, 저작권자와 맺은 특약에 따라 검인을 생략합니다.
ISBN 978-89-01-11428-6 13590

리더스북은 ㈜웅진씽크빅 단행본사업본부의 브랜드입니다.
저작권법에 따라 국내에서 보호받는 저작물이므로 무단전재와 복제를 금지하며,
이 책 내용의 전부 또는 일부를 이용하려면 반드시 저작권자와 ㈜웅진씽크빅의 서면 동의를 받아야 합니다.

※ 책값은 뒤표지에 있습니다.
※ 잘못된 책은 구입하신 곳에서 바꿔드립니다.